厦门大学·国家双一流学科教材

经济预测与决策

【第二版】

朱建平　主　编

靳刘蕊　副主编

厦门大学出版社
XIAMEN UNIVERSITY PRESS

国家一级出版社
全国百佳图书出版单位

图书在版编目(CIP)数据

经济预测与决策/朱建平主编.—2 版.—厦门:厦门大学出版社,2019.6(2022.3 重印)
ISBN 978-7-5615-7390-7

Ⅰ.①经… Ⅱ.①朱… Ⅲ.①经济预测—高等学校—教材 ②经济决策—高等学校—教材 Ⅳ.①F20

中国版本图书馆 CIP 数据核字(2019)第 075297 号

出 版 人 郑文礼
责任编辑 陈丽贞

出版发行 *厦门大学出版社*
社 址 厦门市软件园二期望海路 39 号
邮政编码 361008
总 机 0592-2181111 0592-2181406(传真)
营销中心 0592-2184458 0592-2181365
网 址 http://www.xmupress.com
邮 箱 xmup@xmupress.com
印 刷 厦门集大印刷有限公司

开本 720 mm×1 000 mm 1/16
印张 19.5
字数 370 千字
印数 6 001～9 000 册
版次 2019 年 6 月第 2 版
印次 2022 年 3 月第 3 次印刷
定价 46.00 元

本书如有印装质量问题请直接寄承印厂调换

厦门大学出版社
微信二维码

厦门大学出版社
微博二维码

第二版前言

《经济预测与决策》自 2007 年 8 月由厦门大学出版社出版发行以来,经过 2012 年 1 月修订完善,十余年来被许多高校采用,受到了广大教师和学生的普遍欢迎。随着大数据与人工智能的发展和国际化趋势的不断加强,社会对人才的需求趋向多层次、多规格、多类型,知识结构也随之变化,同时教材建设也面临新的要求。为了更好地实现数据科学为社会服务,进一步提高教材质量,根据"教育部高等学校统计学类教学指导委员会"关于教材建设的要求,我们在 2012 年版本的基础上对《经济预测与决策》进行修订改版。

这次修订编写力求以统计思想为主线,深入浅出地介绍各种预测与决策方法及其应用,本书仍然保持了原教材的基本框架,但是对内容进行了较大的修订。

1.对原教材的例子和案例数据进行了更新,案例的内容不仅体现了方法应用的基本思想,而且其分析结果对实践也有一定的指导意义。

2.对原教材的部分习题进行了调整,并替换和增加了新的数据。这样将会进一步提高学生的学习兴趣和学习效率。

3.对预测部分进行了较大幅度的完善。在第四章时间序列分析预测法中,增加了一节 ARIMA 模型的预测;增加了一章灰色预测法作为第七章,使得本教材的知识结构更加合理。

这次修订工作由厦门大学朱建平、河南财经政法大学靳刘蕊、阚珍珍、张莹、王意如共同完成,并由朱建平担任主编、靳刘蕊担任副主编,负责全书的整体修订设计与定稿工作。

本教材在修订、编写和出版过程中,得到了厦门大学管理学院、厦门大学健康医疗大数据国家研究院、厦门大学数据挖掘研究中心、河南财经政法大学统计学院、浙江工商大学现代商贸流通体系协同创新中心和厦门大学出版社的支持,在此一并表示衷心感谢!尽管我们在修订、编写本教材的过程中尽心竭力,但书中难免有疏漏或不妥之处,恳请读者多提宝贵意见,以便今后进一步修改与完善。

朱建平

2019 年 5 月于厦门大学

前　言

本书是在原《经济预测与决策》的基础上修订编写而成。原《经济预测与决策》是厦门大学出版社于 2007 年出版的投资决策分析系列教材之一,近年来该书供各高校使用,为我国教材改革和创新作出了一点贡献,同时也得到了社会的认可。

这次修订编写仍然保持了原教材的基本框架和内容体系,其全书分为两部分,第一部分介绍经济预测的方法及应用,包括第一章至第六章的内容,具体介绍经济预测基本概念、定性经济预测法、回归预测法、时间序列预测法、非线性趋势外推预测法、马尔科夫预测法等;第二部分介绍经济决策的方法及应用,包括第七章至第十二章的内容,具体介绍经济决策基本概念、确定型决策、非确定型决策、多目标决策、对策论及其应用、贝叶斯决策等。我们根据经济和管理人员应用经济预测与决策的实际要求,对各章的例子、案例和习题进行了较大的变动,在注重贯穿方法的基本思想、注重体现方法的实用性、注重加强实践操作的培养等原有特点的基础上,力求体现以下特点:

1.通过案例分析进一步加强统计理论和方法的应用,注重训练学生解决实际问题的能力,提高综合分析问题的素质。

2.通过对原教材的例子和案例数据进行更新,使得理论与实践更好地结合。案例的内容不仅体现方法应用的基本思想,而且其分析结果对实践也有一定的指导意义。

3.通过对原教材的部分习题进行调整、替换和增加新的数据,使得习题更贴切地反映实际问题,从而进一步提高学生的学习兴趣和学习效率。

这次修订编写工作由朱建平、靳刘蕊和王雷共同完成,并由朱建平担任主编、靳刘蕊担任副主编,负责整体修订设计与定稿工作。

本书在修订编写和出版过程中,得到了厦门大学经济学院统计系、河南财经政法大学和厦门大学出版社的支持,陈丽贞同志为本书的组稿、编辑做了大量的工作,在此表示衷心感谢! 同时也感谢原书的参编者何海鹰和罗薇薇。编写一本好的书并不容易,尽管我们努力想奉献给读者一本满意的书,但仍有达不到读者各方面要求的内容。书中难免有疏漏或错误之处,恳请读者多提宝贵意见,以便今后进一步修改与完善。

编　者

2011 年 10 月于厦门大学

经
济
预
测
与
决
策

目
录
◀

目录▶

经
济
预
测
与
决
策

目
录

③

第一章 经济预测概述

1.1 经济预测的基本概念

"预测"在《韦伯斯特辞典》中被定义为"以现有的相应资料的理论研究和分析成果来计算或预报未来的某些事件或情况"。预测的理论和方法可广泛地应用于自然现象和社会现象的各个领域,从而形成社会预测、经济预测、气象预测、科学技术预测、政治预测、军事预测等。

经济预测就是在一定的经济理论指导下,根据经济发展的历史和现状资料、客观的环境条件以及主观的经验教训,对经济的未来发展预先做出科学的推测。

预测的历史源远流长,例如《孙子兵法》中"生死之地,存亡之道,不可不察也",这里的"察"指的就是预测。同样,经济预测也产生得很早,例如《史记》中记载,春秋后期越国范蠡就提出了根据商品的供求数量来预测价格的思想:"以物相贸易 …… 论其有余不足,则知贵贱;贵上极则反贱,贱下极则反贵;贵出如粪土,贱取如珠玉",这种至今还有实用价值的预测方法使他"三致千金,家产累万"。

传统的经济预测方法比较简单,以定性预测为主,主要是凭经验进行推断,精确性不高,缺乏数量化。为适应社会化大生产发展的需求,数学方法、统计方法、逻辑方法和计算机技术等被引入预测,使经济预测的理论和方法日趋科学,体系逐步完善,精确性不断提高,成为应用经济学中的一门独立学科。伴随着经济预测在现实问题中的广泛应用,世界上许多国家,尤其是欧美一些国家相继建立了预测的研究机构和咨询机构,开展经济预测的研究和咨询活动。20 世纪 70 年代世界各国已有 2 500 多家专业咨询机构,其中美国 356 家,英国 84 家,法国 70 家,前苏联、东欧 600 多家。著名的美国兰德公司和 DRI(Data Resource Inc.)等预测公司为美国联邦政府、各州政府及其他国家政府和经济组织提供了宏观经济预测、行业经济预测和其他经济预测服务,并为企业的经济活动提供预测和咨询,同时对经济预测的理论和方法进行深入研究,促进了经济预测的应用和学科的发展。此外,举世闻名的预测机构还有:美国斯坦福国家咨询研究所、英国伦敦战略研究所、日本野村综合战略研究所、德国工业设备企业公司、人类 2000 年协会、世界未来学会、国际应用系统分析研究所、罗马尼亚科技协会和科技预测组等。

1.2　经济预测的意义

经济活动总是不断发展和变化的,具有不确定性。为了提高经济管理的科学水平,提高经济决策的正确性,增强对未来的可预见性,减少决策的盲目性,进行经济预测是必要和迫切的。预测是手段而不是目的。经济预测的目的和意义在于利用预测的结果指导现在和未来的经济活动,避免或降低可预测的风险。

第一,经济预测是制定计划、确定政策和进行经济决策的依据。

经济计划、经济政策和经济决策都是对未来经济活动的指导,以使其达到预定的目标。如果脱离实际来制定计划、确定政策或进行决策,必然难以实现目标。因此,需要对未来的经济发展进行预测,并以此为依据进行决策。例如,我国每五年的"五年计划"在起草之前,国家统计局、中国社科院、国家信息中心会分别建立宏观经济模型对经济发展进行预测,然后把预测结果上报国务院,以作为"五年计划"的编制依据。

第二,科学的经济预测可以提高企业的经济效益。

法国展望与预测中心学者马赛尔·巴扬指出:"在任何时候,我们都要先于竞争对手捕捉到未来技术的发展前景和消费者的要求。同时,要有足够勇气利用预测成果做出决策。许多企业家遭受失败 …… 是没有进行预测或者预测错误。"企业只有对产品的市场需求、自身的生产能力、环境等各方面的发展变化进行正确的预测,了解市场供求情况,及时掌握市场的发展方向和趋势,才能根据市场的发展调整产品的品种、生产数量和质量,从而在激烈的市场竞争中获得比较好的经济效益。否则,在不了解市场需求的情况下进行主观计划和盲目生产,会造成产销脱节和产品积压,使企业效益下降,甚至出现亏损和破产。

第三,经济预测是企业经营管理的重要环节。

正如人们通常所说的,"管理的关键在于经营,经营的关键在于决策,决策的关键在于预测",经济预测已成为当前企业经营管理的重要环节。只有做到"心中有数",才能更好地对经济活动进行计划、调节、指挥、协调、控制和决策。

1.3　经济预测的分类

根据预测目标和特征的不同,可以把经济预测划分为不同的类别。分类有助于对预测的研究和预测方法的选择。一般来说,大致有以下四类:

1.按预测结果的属性分为定性经济预测和定量经济预测

定性经济预测主要是对预测对象未来表现的性质和未来的发展方向、趋势及造成的影响等所做出的判断性的预测。例如,股票市场中大盘的未来短期走势预测,某新产品的市场销售前景预测,自然灾害、技术突破是否会发生的预测等。定性经济预测主要依赖于预测者自身的业务理论水平和经验、对预测对象的调查研究以及分析判断能力。因此,不同的人可能会有不同的预测结果。它往往在缺乏数据资料或无法定量的情况下进行。具体方法有头脑风暴法、德尔菲法、主观概率法、领先指标法、交互影响分析法等。

定量经济预测是对预测对象未来的数量所进行的预测。例如国民经济的增长速度预测,某产品的销售量、销售额预测等。它是利用经济统计方法和数学模型,根据有关统计数据对预测对象的未来数量进行的推算。它按预测结果的数字表现形式分为点预测和区间预测。定量经济预测的准确性主要取决于预测者所掌握的统计资料的全面性和准确性、所建立模型的适宜性以及预测对象发展的稳定性。具体方法有回归预测法、时间序列预测法、增长型曲线趋势外推预测、Box-Jenkins 法等。

定性经济预测和定量经济预测各有缺点。实践中,往往将两种方法结合使用,定性经济预测采用定量分析,而定量经济预测在定性分析的基础上进行,从而提高预测结果的准确性。

2.按预测的范围分为宏观经济预测和微观经济预测

宏观经济预测是对大系统总体的、综合性的预测,是对整个国民经济,部门、行业、地区的经济活动的发展前景的预测。例如,国内生产总值(GDP)及其增长率的预测、三次产业的比例关系预测、国民经济各部门的积累和消费关系预测、社会物价总水平的预测、社会再生产的投资规模预测、投资倾向对社会发展的影响预测等都属于宏观经济预测。其特征是以整个社会或某个区域的社会经济发展作为考察对象,研究各项指标的发展变化以及相关指标之间的联系。

微观经济预测是对单个基层企业或单个经济单位的经济活动的发展前景的预测。例如,对一个企业产品的产量、销售量、利润、市场占有率的预测,对一个家庭在各种商品上的消费预测等都属于微观经济预测。其特征是以单个经济单位的经济活动的发展变化作为考察对象,研究其各项经济指标的发展变化以及相关指标之间的联系。

宏观经济预测与微观经济预测有着密切的关系。宏观经济预测为微观经济预测提供指导,微观经济预测为宏观经济预测提供参考。

3.按预测期限长短分为长期、中期、近期和短期经济预测

一般地,长期经济预测是指对五年以上的经济发展前景的预测,它是制定经济长期发展任务、远景规划的依据。一年以上、五年以下(含五年)的经济预测为中期经济预测。三个月以上、一年以下(含一年)的经济预测为近期经济预测。三个月以下(含三个月)的经济预测为短期经济预测。

但是对于一些领域,长期、中期、近期和短期的划分也是有所不同的。例如,对于产品销售量的预测,长期预测的期限为两年左右,而技术预测的短期预测期限为三年到五年。

4.按预测的内容分为国民收入分配预测、生产预测和市场预测

国民收入分配预测是对国民收入总量及其构成、国民收入的初次分配和再分配的发展变化的预测。

生产预测是对劳动力、固定资产、流动资金、生产技术等的发展变化的预测。

市场预测是对物资供应、商品流通、对外贸易、价格、购买力、市场占有率等的发展变化的预测。

1.4　经济预测的原理和基本步骤

一、经济预测的原理

经济活动的发展变化是一个十分复杂的过程,它受到来自人类社会和自然界的许许多多因素的影响。人们并不能完全控制经济活动的发展变化。但是,表面上看似偶然的现象,实质上都要受到内部必然规律的支配。由于经济系统中各因素的发展变化是相互联系和相互制约的,因此,经济活动的发展变化遵循一定的客观规律。经济预测的总原理是利用科学的方法对已有资料进行分析,找出经济活动的内在客观规律,从而对其发展变化进行预测。具体来说,有以下几个基本原理:

1.惯性原理

惯性原理是指根据事物或现象发展变化的惯性或延续性进行推理和判断。惯性是指事物或现象的发展变化遵循一定的内在客观规律,支配过去和现在的规律也将延续到未来。所以,过去和今天的发展状况将会或多或少地影响到其未来。

经济活动常常具有较强的惯性。但是,不同经济活动的惯性大小不同,同一经济活动在不同时期或不同方面的惯性大小也可能不同。对于特定的经济活动来说,影响惯性大小的因素有两个:时间和规模。经济活动所经历的时间越长,其内在结构及其与外部的联系就越稳定,其惯性也就相对较大;反之则相对较小。经济活动的规模越大,涉及的范围越广,则其惯性就相对较大;反之则相对较小。

需要注意的是,只有当事物的发展变化具有相对稳定性时,才能应用惯性原理进行预测。

2.类推原理

类推原理是指根据事物或现象之间的相似性进行推理和判断。通过寻找并分析与预测对象类似事物的规律,根据已知事物的发展变化规律及特征,推断预测对象未来的状态或特征。

利用类推原理进行经济预测的条件是,在一定的环境条件下事物或现象之间必须存在相似性。此外,只能由已知事物或现象来推测未知事物或现象,而不能由一个未知的来推测另一个未知的。

3.相关原理

相关原理是指根据经济现象之间的相关性进行推理和判断。经济现象之间的相关性是指许多经济变量之间存在某种有规律的、不是严格确定性的关系。这种关系可能是线性或非线性的,可能是因果关系、互为因果关系或共变关系。

利用相关原理进行预测是经济预测中常用的十分重要的方法,例如线性回归法。在利用相关原理之前,首先要检验变量之间是否存在相关关系。不具有相关关系或相关关系太弱,则不能利用该原理进行预测。

4.概率推断原理

概率推断原理是指根据小概率原理进行推理和判断。在概率论中,小概率原理认为在一次试验中,概率很小的事件几乎不会发生,若该事件发生了,就认为事件的概率不是很小。由于各种随机因素的干扰,经济现象的发展变化往往具有不确定性。当出现多种预测结果时,概率推断原理选择可能出现的概率最大的结果作为最终的预测结果。

利用概率推断原理进行预测的条件是,预测对象的发展变化具有多种可能性,并且可以分别计算出各种可能性出现的概率。

二、经济预测的基本步骤

对于不同的预测目标和不同的预测方法,经济预测的步骤不是完全相同的。但一般地说,其基本步骤如下:

1.确定预测的目标

从管理和决策的要求出发,确定预测的目标,并根据目标确定预测的具体内容、时间等。这是进行预测工作的前提。

2.确定预测因子

根据确定的预测目标,选择与其相关或有一定影响的因素作为预测因子。

3.收集、整理所需资料

收集各因素(包括预测对象和预测因子)的历史和现状资料。收集资料的途径一般有两种:一种是从现有的统计资料、各种信息数据库和文献等中获取二手资料,另一种是根据预测目标的要求进行专门的市场调查以获取第一手资料。

对收集上来的资料还需要进行分析、加工、整理,判断它们是否满足要求达到的适用性、完整性、准确性和可靠性。这影响到经济预测的结果是否准确可靠。

4.选择经济预测的方法

资料审核整理后,根据资料结构的性质和经济理论,在考虑费用、精确性的情况下,选择合适的经济预测方法。任何一种预测方法都是建立在一定的假设条件之上的,都有自己的适用条件。要根据预测因子、预测环境和条件,选择合适的经济预测方法。在精确性和费用问题上,要根据具体情况权衡两者轻重的程度,进而选择使用哪种预测方法。

　　在资料不够完备、预测精度要求不高的情况下,可采用德尔菲法、主观概率法、头脑风暴法等定性预测方法;在收集的资料比较完备,预测精度要求比较高的情况下,可采用回归预测法、时间序列预测法、曲线趋势外推预测法等定量预测方法。

5.建立预测模型

　　选定预测方法之后,根据已有资料即可建立预测模型,并对模型参数做出估计。对于已建立的预测模型还需要进行各种检验,以确保预测模型是有效的。只有通过检验的模型才可以用于预测。

6.利用模型进行预测

　　利用已通过检验的预测模型,根据预测因子的相关资料,推断预测对象未来发展变化的结果。

7.分析和评价预测结果

　　由于预测模型是对实际情况的近似模拟,所以预测结果不可能与实际情况完全一致。预测误差虽然是不可避免的,但若超出了允许的范围,则模型的预测功效就不合乎要求。此时需要分析误差产生的原因,进而对模型进行修正和改进。

　　也可分别采用多种不同的经济预测方法进行预测,并对各种方法进行评价、比较和综合,进而选择适当的方法。这样可以避免预测过程的系统误差,提高预测的可信度。

8.提出预测报告

　　即把预测的最终预测结果写成报告,向有关部门上报或以一定的形式对外公布,即提供和发布预测信息,供有关部门和企业在决策时参考和应用。

1.5　经济预测的准确度

一、预测准确度的度量

　　预测准确度指预测结果与实际情况的符合程度。它与误差大小呈反向变动关系,因而可以用误差指标反映。具体来说,可用以下指标度量:

1.预测的误差

又称为预测的偏差,指预测对象的实际值与预测值之差。用 Y 表示实际值,$\hat{Y}$表示预测值,则预测的误差为$Y - \hat{Y}$,记为e,即$e = Y - \hat{Y}$。若$e > 0$,则$\hat{Y}$为低估预测值;若$e < 0$,则$\hat{Y}$为高估预测值;若$e = 0$,则$\hat{Y}$为准确预测值。

2.预测的相对误差

指预测误差占实际值的百分比,记为$\bar{e}$。

$$\bar{e} = \frac{e}{Y} = \frac{Y - \hat{Y}}{Y} \times 100\%$$

从上式可以看出,预测的相对误差不受指标量纲的影响,因此,可用于不同预测问题准确度的比较。

3.预测的平均误差

指n次预测误差的平均值,记为MD。

$$\mathrm{MD} = \frac{\sum\limits_{i=1}^{n}(Y_i - \hat{Y}_i)}{n} = \frac{\sum\limits_{i=1}^{n}e_i}{n}$$

其中,$\sum\limits_{i=1}^{n}(Y_i - \hat{Y}_i)$为$n$次预测误差的总和。由于每次的预测误差可能为正,也可能为负,加总时一部分正负值将相互抵消,所以MD的大小无法真正反映预测误差的大小,但它可作为修正预测值的依据。若$\mathrm{MD} > 0$,说明预测值平均来说比实际值低;若$\mathrm{MD} < 0$,说明预测值平均来说比实际值高。

4.预测的平均绝对误差

指n次预测误差的绝对值的平均值,记为MAD。

$$\mathrm{MAD} = \frac{\sum\limits_{i=1}^{n}|Y_i - \hat{Y}_i|}{n} = \frac{\sum\limits_{i=1}^{n}|e_i|}{n}$$

MAD可用来表示预测误差的平均大小。它计算简单,但受指标量纲的影响。

5.预测的平均绝对相对误差

指n次预测的相对误差的绝对值的平均值,记为AARE。

$$\mathrm{AARE} = \frac{1}{n}\sum_{i=1}^{n}|\bar{e}_i| = \frac{1}{n}\sum_{i=1}^{n}\left|\frac{e_i}{Y_i}\right| \times 100\% = \frac{1}{n}\sum_{i=1}^{n}\left|\frac{Y_i - \hat{Y}_i}{Y_i}\right| \times 100\%$$

AARE不受量纲的影响。

6.预测的方差和标准差

预测的方差是n次预测误差平方的平均值,记为S^2。

$$S^2 = \frac{1}{n}\sum_{i=1}^{n}e_i^2 = \frac{1}{n}\sum_{i=1}^{n}(Y_i - \hat{Y}_i)^2$$

预测的标准差就是方差的算术平方根,记为 S。

$$S = \sqrt{\frac{1}{n}\sum_{i=1}^{n} e_i^{\,2}} = \sqrt{\frac{1}{n}\sum_{i=1}^{n}(Y_i - \hat{Y}_i)^2}$$

7.THEIL 不等系数和修正的 THEIL 不等系数

THEIL 不等系数 μ 的计算公式为:

$$\mu = \frac{\sqrt{\dfrac{1}{n}\sum_{i=1}^{n}(Y_i - \hat{Y}_i)^2}}{\sqrt{\dfrac{1}{n}\sum_{i=1}^{n}Y_i^{\,2}} + \sqrt{\dfrac{1}{n}\sum_{i=1}^{n}\hat{Y}_i^{\,2}}}$$

其中,$0 \leqslant \mu \leqslant 1$。$\mu$ 值越小,说明预测的准确度越高。当 $\mu = 0$ 时,每次的预测值都等于真实值,这是预测的一种理想和完美情况;当 $\mu = 1$ 时,每次的预测值都等于真实值的负数,即 $\hat{Y}_i = -Y_i$,表示预测值的变化趋势与真实值完全相反,预测极不准确。μ 越接近于 0,表示预测值 $\hat{Y}$ 越接近于真实值 Y,预测的准确度越高。注意,当 Y_i 或 $\hat{Y}_i$ 中有一个总是为 0 时,也会出现 $\mu = 1$。

修正的 THEIL 不等系数 μ^* 的计算公式为:

$$\mu^* = \sqrt{\frac{\displaystyle\sum_{i=1}^{n}(Y_i - \hat{Y}_i)^2}{\displaystyle\sum_{i=1}^{n}Y_i^{\,2}}}$$

其中,$0 \leqslant \mu^* \leqslant +\infty$。$\mu^*$ 越接近 0,表示预测越准确。当 $\mu^* = 0$ 时,每次的预测值都等于真实值,同样这是预测的一种理想和完美情况。

二、影响经济预测准确度的因素

为了达到经济预测任务所要求的准确度,我们首先需要了解影响预测准确度的各种因素,然后才能从各因素入手对预测过程进行把关和修正,以得到更准确的预测结果。影响经济预测准确度的因素很多,主要有以下几个方面:

1.经济活动具有偶然性

经济的发展变化是一个必然性和偶然性相结合的过程。经济发展的客观规律性,决定了经济发展过程的发展前景和方向,这是它的必然性。人们通过采用正确的观点和科学的方法,可以认识经济活动过程的客观规律,因此可以科学地预测未来。但是,必然性又存在于偶然性之中。经济的发展过程又同时受到许许多多不确定性因素的影响,从而表现出偶然性的波动和变化,这是经济预测存在误差的主要原因。

2.预测者分析判断的能力

预测过程中的分析指对经济过程的分析,例如,分析经济运动在不同的条件下分别是怎样发展的。判断是结合预测结果对经济运动未来的发展变化所做出的判断。预测者分析判断能力的强弱影响着预测的准确度。分析判断能力的形成取决于多方面的因素。一方面,人类对客观经济规律的认识不是一次完成的,而是一个逐步深化的过程,且受到人类生存的社会环境和客观条件的制约;另一方面,即使认识了某一经济现象的客观规律,但由于预测对象的复杂性和预测方法的限制,无法将众多的影响因素以及影响因素之间的复杂关系都考虑到模型中去,因而必须进行简化,这个过程就形成了误差;此外,预测者个人的实践经验和素质也是影响分析判断能力的一个重要因素。

3.资料的准确性和完整性

准确、完整的资料是得出准确预测结果的前提条件。资料不准确或不完整,都会使预测结果产生偏差。因此,为了提高预测的准确度,必须在收集整理资料上下工夫,力求取得准确、完整的资料,减少由于资料原因引起的误差。

4.模型的合适性

预测模型仅是对客观经济运动过程的一种简化。根据不同的预测方法所建立的不同的模型是对同一经济运动过程进行的不同的描述和简化,因此,首先要选择合适的预测方法和模型,这样能减少预测误差。同时,如前所述,由于预测对象的复杂性和预测方法的限制,只能把一小部分影响因素引进模型中加以考虑。如果某些重要的因素被忽略,则会对预测准确度造成比较大的影响。所以,要达到一定的预测准确度,应对进入模型的影响因素进行正确的选择,尽可能选择那些对预测对象有较强解释能力的影响因素。

从以上分析可以看出,进行准确的经济预测并非一件易事。随着社会、科学的进步,人们对客观规律的认识会不断深化。只要经济研究方法及其他方法不断地发展,并提高预测者的素质,就会减小预测误差,提高预测的准确度。

思考与练习 〰〰〰〰〰〰〰〰〰〰〰〰〰〰〰〰〰〰〰〰〰〰〰〰〰〰

1.什么是经济预测?进行经济预测有什么意义?

2.简述经济预测的原理。

3.简述进行经济预测的基本步骤。

4.请列举常用的度量经济预测准确度的指标。

5.简述影响经济预测准确度的因素。

第二章　定性经济预测方法

定性预测是相对于定量预测的一种方法。如第一章所述,它主要是对预测对象未来表现的性质和未来的发展方向、趋势及造成的影响等所做出的判断性的预测。虽然有些定性预测的结果可以用数值表示,但它们都是根据预测人员的经验主观判断估计出来的。

尽管定性预测法具有主观性的一面,但它可以克服定量预测法自身的一些局限性。例如,失真、缺失的数据会影响定量预测的准确性;经济将要发生转折性的变化时,通过历史数据所建立的定量模型无法用来预测未来;定量预测法所需的一些信息无法获得或很难获得,如社会和政治因素对未来经济发展的影响等。这些局限性的存在说明仅采用定量预测法是不够的。

2.1　头脑风暴法

头脑风暴法(brain storming method)是由美国 BBDO 广告公司经理奥斯邦(A.F.Osborn)提出的一种集体开发创造性思维的方法。brain storming 原是神经学术语,指精神病患者头脑中短时间出现的思维紊乱现象,病人会产生大量的胡思乱想。奥斯邦本借用这个词来形容思维高度活跃,打破常规从而产生大量创造性设想的状况。20 世纪 50 年代,头脑风暴法在美国得到推广应用,麻省理工学院等许多大学相继开设头脑风暴法课程。之后,这一技法又相继传到西欧、日本、中国等地,得到了广泛的应用。

一、头脑风暴法的基本原理

头脑风暴法指围绕某一问题召开专家会议,通过共同讨论进行信息交流和相互诱发,激发出专家们创造性思维的连锁反应,产生许多有创造性的设想,从而进行集体判断预测的预测方法。它既可以获取所要预测事件的未来信息,也可以把一些问题和影响,特别是一些交叉事件的相互影响分析清楚。

头脑风暴法可分为直接头脑风暴法和质疑头脑风暴法。直接头脑风暴法是针对所要解决的问题,组织专家开会讨论,使与会者敞开思想各抒己见,相互激发创造性,产生尽可能多的解决问题的方案。质疑头脑风暴法则是召开专家会议,对已提出的某种设想或方案逐一质疑,对不合理的部分进行修改,对不完善的部分进行补充,使其具有现实可行性。

二、头脑风暴法预测的操作程序

头脑风暴法一般按以下操作程序进行:

1.预测准备阶段

确定所要预测的主题;选择参加会议的专家;将会议的时间、地点、所要预测的主题、可供参考的资料等事宜提前通知与会人员,请大家做好充分的准备。参加会议的专家不宜过多,一般 5 ~ 15 人为宜。

2.预测实施阶段

第一步,明确问题。组织者简明扼要地提出所要预测的主题。

第二步,讨论问题。各位专家针对所要预测的主题进行发言并讨论,组织者对发言进行记录。

第三步,重新表述问题。经过一段时间的讨论后,大家对问题已经有了较深的理解。这时,为了使大家对问题的表述能够具有新角度、新思维,组织者对发言记录进行整理和归纳,找出富有创意的见解和具有启发性的表述,供下一步畅谈时参考。

第四步,再次进行畅谈。畅谈是头脑风暴法的创意阶段。各位专家针对所要预测的问题畅所欲言,使彼此相互启发、相互补充,组织者将会议发言记录进行整理。

3.结果处理阶段

会议结束后的一两天内,组织者应向与会者了解会后的新想法和新思路,以补充会议记录。然后将大家的想法整理成若干方案,再根据一般标准,诸如可识别性、创新性、可实施性等标准进行筛选。经过多次反复比较和优中择优,最后确定最佳方案作为最终的预测结果。

4.提出预测报告

预测报告应介绍预测的组织情况、资料的整理情况、预测结论以及政策建议等。

三、运用头脑风暴法预测时应遵守的原则

（1）选择专家。一般来说，专家小组应由下列人员组成：预测学领域的专家（预测专家）、专业领域的专家（设想产生者）、专业领域的高级专家（分析者）、具有较强逻辑思维能力的专家（演绎者）。选取专家的原则是：如果参加者相互认识，要从同一职位（职称或级别）的人员中选取，领导人员不应参加，以免对参加者造成压力。如果参加者互不认识，可从不同职位（职称或级别）的人员中选取，这时不应宣布参加人员职称，不论成员的职称或级别的高低，都应同等对待。参加者的专业应力求与所论及的决策问题相一致，尽管这并不是专家组成员的必要条件。但是，专家中最好包括一些学识渊博，对所论及问题有较深理解的其他领域的专家。

（2）延迟评判。对各种意见、方案的评判必须放到最后阶段，此前不能对别人的意见提出批评和评价。

（3）自由畅谈。创造一种自由发表意见的气氛和环境，使参加者能解除思想顾虑，畅所欲言，激发参加者的积极性。

（4）禁止批评。不对别人的意见提出怀疑，不能放弃和中止讨论任何一个设想，不管该种设想是否适当和可行。

（5）探索取长补短和改进的方法。除提出自己的意见外，鼓励参加者对他人已经提出的设想进行补充、改进和综合。鼓励利用别人的灵感加以想象、变化、组合等以激发更多的灵感。

（6）严格限制预测对象的范围。尽力使参加者把注意力集中于所涉及的问题上，能对所论问题提出具体看法。同时要规定使用统一术语。

（7）头脑风暴法的组织者最好委托给预测专家担任。这是因为预测专家熟悉头脑风暴法的处理程序和处理方法。当所论及问题涉及的专业面较窄时，组织工作则应邀请精通所论及问题的专家与预测专家共同担任。

四、头脑风暴法的特点

头脑风暴法是一种直观的预测方法，既有明显的优点，也有难以克服的缺点。

它的优点是：

（1）低成本，高效率。通过信息交流，产生思维共振，进而激发创造性思

维,能在短期内得到创造性的成果。

(2)能获取广泛的信息和创意,考虑较多的因素,通过互相启发,集思广益,在大脑中掀起思考的风暴,可提供较全面的预测方案。

它的缺点是:

(1)易受权威和名誉的影响。由于专家的地位及声誉的影响,有些专家不敢或不愿当众说出与他人相异的观点。

(2)易受表达能力的影响。

(3)易受个人自尊心的影响。有些专家听不进不同意见或不愿意公开修正自己的意见。

(4)易受多数人的影响。

2.2　德尔菲法

德尔菲法(Delphi method)又称专家调查法。它是在20世纪40年代由奥拉夫·赫尔默和诺曼·达尔基首先创立的。1946年,美国兰德公司为避免头脑风暴法中存在的屈从权威和盲目服从多数的缺陷,首次采用德尔菲法进行定性经济预测。此后,该方法被广泛采用。

德尔菲是古希腊的一个地名,是阿波罗神殿的所在地。传说太阳神阿波罗对未来有很强的预见能力,因此德尔菲就成了一个预卜未来的神谕之地。于是,人们就借用德尔菲来命名此预测方法。

一、德尔菲法的基本原理

德尔菲法是采用匿名发表意见的方式,针对所要预测的问题,调查人员分别对各位专家进行多轮调查,经过反复征询、归纳、修改,最后汇总成基本一致的看法,作为预测的结果。

德尔菲本质上是一种匿名反馈函询法,通过函询形式进行集体匿名思想交流。

二、德尔菲法预测的操作程序

1.预测准备阶段

确定所要预测的主题和各个具体项目,设立负责预测组织工作的临时机构,选择熟悉所预测主题的专家。专家人数的多少根据预测课题的大小和涉及面的宽窄等具体情况而定,一般是 10～50 人。

2.预测实施阶段

这是一个多轮函询的过程,通常包括三到五轮。

第一轮:(1)组织者向专家寄去第一轮函询表,包括所要预测的主题和各个具体项目,并提供背景资料和信息。第一轮函询表是开放式的,不带任何框框,只提出预测问题,请专家围绕预测主题提出预测事件。(2)组织者对专家寄回来的第一轮函询表进行汇总整理,归并同类事件,剔除次要事件,用准确术语对第一轮的预测事件进行统一的描述,制作一个预测事件一览表,作为第二轮函询表。

第二轮:(1)将第二轮函询表寄给专家。专家对函询表上所列的每个事件做出评价,例如,说明事件发生的时间、叙述争论问题和事件或迟或早发生的理由。(2)预测组织者收到第二轮专家意见后,对专家的意见作统计处理,整理出第三张函询表。第三张函询表包括:事件、事件发生时间的中位数和上下四分点,以及事件发生的时间在四分点外侧的理由。

第三轮:(1)把第三张函询表寄给专家,请专家重审争论,对上下四分点外的对立意见作一个评价,给出自己新的评价(尤其是在上下四分点外的专家,应重述自己的理由)。如果修正自己的观点,也请叙述为何改变,原来的理由错在哪里,或者说明哪里不完善。(2)专家们的新评论和新争论返回到组织者手中后,组织者的工作与第二轮十分类似:统计中位数和上下四分点,归纳总结各种意见的理由和争论点,形成第四张函询表。

第四轮及此后的更多轮,具体操作与第三轮类似。

最后一轮:经过上述多轮的反复修正和汇总后,当预测结果较为统一或基本一致时,组织者进行统计整理和意见归纳,并以此为依据形成最终的预测结果。

3.预测结果处理阶段

以上各轮,尤其是最后一轮所得到的调查资料,需要进行归纳整理,处理专家们分散的意见。这时,要适当地运用数理统计方法。最后的预测结果应与专家意见相一致。

4.提出预测报告

预测报告中应介绍预测的组织情况、资料的收集整理情况、预测结论以及决策建议。

三、运用德尔菲法预测时应遵循的原则

（1）匿名性。不披露所选择专家的名单，各位专家只与调查人员进行联系，专家间彼此互不联系。这样既不会受权威意见的影响，也不会使应答者在改变自己意见时对是否会影响到自己的威信有所顾虑，各种论点都可以得到充分的发表，保证反馈信息的代表性和客观性。

（2）反馈性。函询过程至少要经过三至四轮，给专家以充分反馈意见的机会。专家从反馈回来的函询表上可以了解到预测意见的发展状况，以及同意或反对各个观点的理由，并依此各自做出新的判断，从而构成专家之间的匿名相互影响。

（3）收敛性。对每次专家反馈回来的意见进行归纳整理，使专家意见趋于一致。

四、函询表的设计

函询调查表是德尔菲法对专家进行调查的主要工具，它的设计是否科学合理，直接关系到预测结果的优劣。函询调查表的设计因预测主题的不同而不同，但都应注意以下几点：

（1）问题要集中，要有针对性，不能过于分散。各个问题要按等级由浅入深地排列，这样易引起专家应答的兴趣。

（2）避免组合问题。如果一个问题包括两个方面，一个方面是专家同意的，而另一方面则是不同意的，这时专家就难以做出回答。

（3）用词要确切。所列问题应该明确，含义不能模糊。

（4）函询调查表要简化。调查表应有助于专家做出评价，应使专家把主要精力用于思考问题而不是用在理解复杂和混乱的调查表上。

（5）防止诱导现象的出现。调查人员的意见不能表现在函询调查表中，避免使专家的意见向调查人员的意见靠拢。如果出现了诱导现象，那么预测结果的可靠性是值得怀疑的。

五、专家意见的统计处理

由函询表收集的专家意见是分散的,经过统计处理后才能用来进行经济预测。不同类型的专家意见有不同的统计处理方法。

(一)对于择一意见可计算频率

当预测目标是预测未来发展结果的某种类别时,专家的意见是从多个可能分类结果中选出他们认为最有可能发生的一个。对于这类预测意见,可以计算各类数据出现的频率。频率就是某类结果出现的次数占各类结果出现总次数的比重。设有 m 类结果,用 f_j 表示第 j 类结果出现的次数,$j=1,2,\cdots,m$,则第 j 类结果出现的频率为 $\dfrac{f_j}{\sum\limits_{j=1}^{m}f_j}$。

【例2-1】20位专家预测明年春季女士皮鞋主要流行什么款式。三个备选答案为:A.圆头皮鞋;B.方头皮鞋;C.尖头皮鞋。有12位专家认为是A款,2位专家认为是B款,6位专家认为是C款。

A,B,C出现的频率分别为 $60\%,10\%,30\%$。据此,可预测明年春季女士皮鞋主要流行A,B,C款的可能性分别为 $60\%,10\%,30\%$。

(二)对于等级比较意见可采取评分法进行处理

当预测目标是对一些方案进行排序比较时,可采用评分法对专家的意见进行处理。设对 m 个方案 $X_1,X_2,\cdots,X_j,\cdots,X_m$ 按重要性进行排序,专家 i 的意见为 $X(1),X(2),\cdots,X(j),\cdots,X(m)$,其中 $X(j)$ 表示按重要性处于第 j 位的方案。令方案 $X(1)$ 的得分为 m,方案 $X(2)$ 的得分为 $m-1$,依此类推,方案 $X(m)$ 的得分为1。若两方案的重要性相同,则用排序位次的平均数作为它们的位次。将方案 X_j 分别在 n 个专家排序结果中的得分加总,作为其总得分。然后以各方案的总得分作为标准进行比较,这种方法称为总分法。

也可在总得分的基础上,计算出各方案的平均得分、各方案得分占全部方案总得分的比重等来作为相互比较的依据,分别称为平均分法、比重系数法等。它们的原理与总分法是相同的。

【例2-2】采用德尔菲法请5位专家预测五年后4个方案的重要性,排序结果如表2-1所示。其中,括号内是与其排序相应的评分。

表 2-1   各方案的重要性预测表

专家	A	B	C	D
1	3(2)	4(1)	1(4)	2(3)
2	4(1)	3(2)	1(4)	2(3)
3	4(1)	2(3)	1(4)	3(2)
4	3(2)	4(1)	2(3)	1(4)
5	4(1)	3(2)	2(3)	1(4)

方案 A 的总分为：$2+1+1+2+1=7$

方案 B 的总分为：$1+2+3+1+2=9$

方案 C 的总分为：$4+4+4+3+3=18$

方案 D 的总分为：$3+3+2+4+4=16$

按总分对四个方案的重要性进行排序，结果为：C,D,B,A。

（三）对数值意见可计算中位数、四分位数

当预测目标是用数值表示时，可采用中位数和上、下四分位数来处理专家们的意见，中位数作为预测的期望值，上、下四分位数和四分位距则代表专家们意见的分散程度。计算方法如下：

设 n 个专家的预测值分别为 $x_1,x_2,\cdots,x_n$，将其按从小到大的顺序排列得到新的序列 $x(1)\leqslant x(2)\leqslant\cdots\leqslant x(n)$。

1.中位数

当 n 为奇数时，中位数 $Q_2=x\left(\dfrac{n+1}{2}\right)$

当 n 为偶数时，中位数 $Q_2=\dfrac{x\left(\dfrac{n}{2}\right)+x\left(\dfrac{n}{2}+1\right)}{2}$

2.四分位数及四分位距

当 $n+1$ 为 4 的整数倍数时：

下四分位数 $Q_1=x\left(\dfrac{n+1}{4}\right)$

上四分位数 $Q_3=x\left(\dfrac{3(n+1)}{4}\right)$

当 $n+1$ 不是 4 的整数倍数时：

下四分位数 $Q_1=$

$$x\left(\left[\frac{n+1}{4}\right]\right)\times\left(\left[\frac{n+1}{4}\right]+1-\frac{n+1}{4}\right)+x\left(\left[\frac{n+1}{4}\right]+1\right)\times\left(\frac{n+1}{4}-\left[\frac{n+1}{4}\right]\right)$$

上四分位数 $Q_3 =$

$$\frac{x\left(\left[\frac{3(n+1)}{4}\right]\right)\times\left(\left[\frac{3(n+1)}{4}\right]+1-\frac{3(n+1)}{4}\right)+x\left(\left[\frac{3(n+1)}{4}\right]+1\right)\times\left(\frac{3(n+1)}{4}-\left[\frac{3(n+1)}{4}\right]\right)}{2}$$

四分位距 $= Q_3 - Q_1$

计算公式中的"[ ]"表示对其中的数值取整数。

【例 2-3】对于某新开发商业区明年的商户入住率,7 位专家的意见分别是:80%,60%,75%,70%,80%,90%,85%。

首先对上述数据按从小到大的顺序排序:60%,70%,75%,80%,80%,85%,90%。

计算下四分位数、中位数、上四分位数及四分位距分别如下:

$$Q_1 = x\left(\frac{7+1}{4}\right) = x(2) = 70\%$$

$$Q_2 = x\left(\frac{7+1}{2}\right) = x(4) = 80\%$$

$$Q_3 = x\left(\frac{3\times(7+1)}{4}\right) = x(6) = 85\%$$

四分位距 $= 85\% - 70\% = 15\%$

上述结果表明,7 位专家认为该新开发商业区明年的商户入住率约为 80%,有 50% 以上的专家认为在 70% ~ 85% 之间。

六、德尔菲法的特点

德尔菲法是一种常用的定性经济预测方法。它的优点主要是避免了头脑风暴法中的屈从权威等弊病,具有一定科学性和实用性;同时,由于匿名性和反馈性,参加的专家有独立思考的时间和空间,比较容易修改意见和接受结论,大家发表的意见也可以较快地收敛,在一定程度上具有综合意见的客观性。但是德尔菲法也有其缺点,由于专家的选择没有客观标准,而预测结果在很大程度上依赖于所选专家的主观判断,因此它归根结底仍是一种集体主观判断的预测方法;与头脑风暴法相比,德尔菲法函询过程至少要经过三至四轮,调查阶段所用时间比较长,专家的回答往往比较草率;背靠背的函询方式使专家之间缺乏信息交流和思想交锋,减少了创意;此外,函询表的回收率也是个不容忽视的问题。

七、德尔菲法的改进

为了克服德尔菲法的上述缺点,实践中人们主要进行了以下改进:

(1)部分取消匿名。先匿名征询,专家意见大致接近时,再召开专家会议进行面对面的讨论,最后再次匿名做出预测。这样既保持了德尔菲法匿名性带来的优点,又吸取了头脑风暴法低成本、高效率、互相启发、广泛获取信息和创意的优点,可以加快预测进度。

(2)减少反馈信息量和反馈轮数。减少反馈信息量,如只反馈四分位数区间而不反馈中位数,可以防止专家"随大流",简单地向中位数靠拢。通过提供较多的相关背景资料和前轮预测意见,可适当减少反馈轮数,避免让专家产生厌烦和反感情绪。

(3)要求专家对预测事件给出多重数据,如要求给出不同可靠程度(概率)下的最低值、最可能值、最高值等的预测。

2.3　主观概率法

一、主观概率法的概念

主观概率预测法是指利用主观概率对各种预测意见进行集中整理,得出综合性预测结论的一种预测方法。

概率是反映某种不确定现象发生的可能性大小,它分为客观概率和主观概率。客观概率是指一个含有某种事件的试验被反复进行多次时,该事件出现的相对次数。例如,在相同的条件下重复抛掷一枚匀质硬币,多次试验中出现正面的次数约占总次数的一半。因此,抛掷硬币出现正面的概率是0.5。但许多现象无法进行重复试验,或重复试验的代价太高,这时预测就不得不采用主观概率。主观概率就是预测者根据自己的实践经验和判断分析能力,对某种事件在未来发生的可能性大小的估计数值。例如,高考填报志愿时,某考生填报某大学的依据就是主观概率。根据自己的考试成绩和往年该大学的录取分数,他认为自己今年被录取的概率为95%。

同客观概率一样,主观概率也必须满足以下条件:$0 \leqslant P_i \leqslant 1, \sum_{i=1}^{m} P_i =$

$1(i=1,2,\cdots,m)$，其中 P_i 为事件 i 发生的主观概率。

需要注意的是，主观概率有两个不同于客观概率的特点：

（1）不同的人对同一事物在同一条件下发生的概率的估计可能会不同。

（2）无法核对主观概率是否正确。例如，某企业的一个销售人员认为明年销售量增加的概率为 95%，另一个销售人员认为明年销售量增加的概率为 70%，这种情况下无法判断谁提出的概率是正确的。即使销售量增加了，也无法确认增加的概率是 95% 还是 70%。

由于主观概率的以上两个特点，根据主观概率进行预测时就有必要调查较多人的主观估计和判断，并了解他们做出判断的依据。

常用的主观概率预测法包括主观概率加权平均法和累积概率中位数法。下面对这两种方法分别作介绍。

用主观概率法进行预测的基本步骤如下：

（1）准备背景资料供专家参考；

（2）编制主观概率调查表；

（3）对调查资料进行汇总整理；

（4）做出预测。

二、主观概率加权平均法

主观概率加权平均预测法是以主观概率为权数，对各种预测意见进行加权平均，综合求得预测结论的方法。

【例 2-4】某企业的三名销售人员和两名销售经理，对产品下一季度的销售额分别进行预测，结果如表 2-2 所示。根据以往的预测经验，销售人员和经理预测能力的主观概率分别为 0.4，0.6。预测该公司下一季度的销售额。

表 2-2　销售额预测表

预测者		预测销售额（万元）		概率	期望值（万元）
销售人员	A	最高销售额	700	0.4	560
		最可能销售额	500	0.5	
		最低销售额	300	0.1	
	B	最高销售额	800	0.3	640
		最可能销售额	600	0.6	
		最低销售额	400	0.1	
	C	最高销售额	900	0.3	720
		最可能销售额	700	0.5	
		最低销售额	500	0.2	

续表

预测者		预测销售额(万元)		概率	期望值(万元)
销售经理	甲	最高销售额	850	0.2	710
		最可能销售额	700	0.6	
		最低销售额	600	0.2	
	乙	最高销售额	900	0.1	735
		最可能销售额	750	0.7	
		最低销售额	600	0.2	

以主观概率为权数,计算每人预测的最高销售额、最低销售额和最可能销售额的加权算术平均数,作为个人期望值。

销售员 A 的预测期望值为:
$$700 \times 0.4 + 500 \times 0.5 + 300 \times 0.1 = 560(万元)$$

销售员 B 的预测期望值为:
$$800 \times 0.3 + 600 \times 0.6 + 400 \times 0.1 = 640(万元)$$

销售员 C 的预测期望值为:
$$900 \times 0.3 + 700 \times 0.5 + 500 \times 0.2 = 720(万元)$$

设三名销售人员的判断能力相同,即预测的主观概率均为 $\frac{1}{3}$,则销售人员预测销售额的平均数为:
$$(560 + 640 + 720)/3 = 640(万元)$$

同理,两名销售经理预测销售额的平均数为:
$$(710 + 735)/2 = 722.5(万元)$$

已知销售人员和经理预测能力的主观概率分别为 0.4,0.6,则该公司下一季度的预测销售额为:
$$640 \times 0.4 + 722.5 \times 0.6 = 689.5(万元)$$

三、累积概率中位数法

累积概率中位数法是根据累积概率,确定专家预测意见的中位数,对经济现象的未来进行点估计和区间估计的方法。

【例 2-5】某企业想用主观概率法预测 2018 年第四季度的产品销售量,要求预测误差不超过 8 万件。

第一步,准备该企业过去若干年的产品销售和当前市场状况等相关背景资料,以供专家进行预测时参考。其中,该产品销售量的历史资料如表 2-3 所示:

表 2-3 产品销售量的历史资料

单位:万件

年份	季度			
	第一季度	第二季度	第三季度	第四季度
2016 年	80	75	60	85
2017 年	82	78	58	90
2018 年	90	85		

第二步,编制主观概率调查表。主观概率调查表中要列出不同销售额可能实现的概率。概率要在 0 与 1 之间分出多个层次,如 0.010,0.125,0.250,…,0.990 等,由调查人员填写可能实现的销售额。一般用累积概率,如表 2-4 所示:

表 2-4 主观概率调查表

被调查人姓名_____编号_____

累积概率	0.010 (1)	0.125 (2)	0.250 (3)	0.375 (4)	0.500 (5)	0.625 (6)	0.750 (7)	0.875 (8)	0.990 (9)
销售量(万件)									

表中第(1)栏累积概率为 0.010 的商品销售额是可能的最小数值,表示商品销售额小于该数值的可能性只有 1.0%。表中第(9)栏累积概率为 0.990 的商品销售额是可能的最大数值,说明商品销售额大于该数值的可能性只有 1.0%。表中第(5)栏累积概率为 0.500 的商品销售额是最大值和最小值之间的中间值,说明商品销售额大于和小于该数值的概率都是 50.0%。

第三步,汇总整理。本例共调查了 5 人,对填好的调查表进行汇总整理,并计算各栏的平均数。主观概率汇总表如表 2-5 所示:

表 2-5 主观概率汇总表

被调查人标号	累积概率								
	0.010 (1)	0.125 (2)	0.250 (3)	0.375 (4)	0.500 (5)	0.625 (6)	0.750 (7)	0.875 (8)	0.990 (9)
	产品预测销售量(万件)								
1	70	75	80	86	92	95	97	99	105
2	75	77	80	82	85	88	92	95	110

续表

被调查人标号	累积概率								
	0.010 (1)	0.125 (2)	0.250 (3)	0.375 (4)	0.500 (5)	0.625 (6)	0.750 (7)	0.875 (8)	0.990 (9)
	产品预测销售量(万件)								
3	80	82	85	87	90	93	95	100	108
4	73	75	80	85	87	92	94	96	112
5	82	85	87	90	98	100	103	105	120
平均	76	79	82	86	90	94	96	99	111

第四步,做出预测。从表 2-5 中可以看出,该公司 2018 年第四季度的销售量只有 1.0% 的可能小于 76 万件,也只有 1.0% 的可能大于 111 万件。大于或小于 90 万件的可能各有 50.0%,90 万件是最大值和最小值之间的中间值,可作为销售量期望值的估计数。

取预测误差为 8 万件,则销售量的预测区间为(82,98)万件。由表 2-5 可以看出,销售量小于 82 万件的可能性是 25.0%,大于 99 万件的可能性为 12.5%,因此,销售量在 82 万件和 98 万件之间的可能性约为 62.5%。

四、主观概率法偏差的修正

主观概率法的估计结果要受到经验丰富程度、个人性格、个人偏见等主观因素的影响。例如,对同一对象进行预测时,乐观的人容易高估,而悲观的人容易低估。因此,主观概率法会产生预测偏差。在应用时,应根据实际情况对估计结果进行偏差的修正。

偏差的修正方法是根据每个估计人员之前预测的历史偏差情况,对各自的预测值分别进行修正,然后对修正后的各个预测值进行加权平均。

设估计人员 $i(i=1,2,\cdots,m)$ 之前 n 次预测的情况如表 2-6 所示:

表 2-6 估计人员的历史预测情况表

序号	1	2	$\cdots$	n
预测值 x_{ij}	x_{i1}	x_{i2}	$\cdots$	x_{in}
实际值 y_{ij}	y_{i1}	y_{i2}	$\cdots$	y_{in}
偏差率 r_{ij}	r_{i1}	r_{i2}	$\cdots$	r_{in}

偏差率的计算公式为 $r_{ij} = x_{ij}/y_{ij}$，则估计人员 i 的平均偏差率为 $\overline{r_i} = \sum\limits_{j=1}^{n} r_{ij}/n$。若 $\overline{r_i} > 1$，表明平均来说估计人员 i 预测时高估，即预测值大于实际值；若 $\overline{r_i} < 1$，表明平均来说估计人员 i 预测时低估，即预测值小于实际值；若 $\overline{r_i} = 1$，表明估计人员 i 的预测值平均来说等于实际值。

利用 $\overline{r_i}$ 可对估计人员 i 的预测值 x_i 进行修正，修正值记为 x_i'。具体修正方法有积差法和比率法：

(1) 积差法的修正公式为：

$$x_i' = x_i[1 + (1 - \overline{r_i})]$$

(2) 比率法的修正公式为：

$$x_i' = x_i \div \overline{r_i}$$

注意：当且仅当 $\overline{r_i} = 1$ 时，这两种修正法得出的修正值才相等。

【例 2-6】已知例 2-4 中三名销售人员和两名销售经理的平均偏差率分别为 0.80，0.90，1.05，0.98，1.01。对例 2-4 的预测值采用积差法进行偏差修正。

销售员 A 预测期望值的修正值为：

$$x_A' = x_A[1 + (1 - \overline{r_A})] = 560 \times [1 + (1 - 0.80)] = 672(万元)$$

同理，可算出其他预测人员预测值的修正值，如表 2-7 所示：

表 2-7　预测值的修正值

预测人员	A	B	C	甲	乙
预测期望值 x_i	560	640	720	710	735
偏差率 $\overline{r_i}$	0.80	0.90	1.05	0.98	1.01
修正值 x_i'	672	672	684	724.2	727.65

设三名销售人员的判断能力相同，即预测的主观概率均为 1/3，则销售人员修正后的预测销售额的平均数为：

$$(672 + 672 + 684) \div 3 = 676(万元)$$

同理，两名销售经理修正后的预测销售额的平均数为：

$$(724.2 + 727.65) \div 2 = 725.93(万元)$$

已知销售人员和销售经理预测能力的主观概率分别为 0.4，0.6，则该公司下一季度的修正后的预测销售额为：

$$676 \times 0.4 + 725.93 \times 0.6 = 705.96(万元)$$

2.4 其他定性预测方法

一、交互影响预测法

交互影响预测法就是从分析各个事件之间由于相互影响而引起的变化，以及变化发生的概率，来研究各个事件在未来发生的可能性的一种预测方法。由于每个事件出现的概率以及事件之间相互影响的程度需要用主观判断来估计，所以交互影响预测法也是一种主观预测方法。

交互影响预测法的一般步骤为：

第一步，通过主观判断估计各种有关事件发生的概率。

第二步，构造交互影响矩阵。把各种事件之间的逻辑关系用矩阵的形式描述出来，通过概率的变化反映各事件相互影响的程度。

第三步，根据相关事件之间的相互影响，修正各事件发生的概率，根据修正后的结果做出预测。

设有一组预测事件 $D_1, D_2, \cdots, D_n$，通过主观判断，估计其各自发生的概率分别为 $P_1, P_2, \cdots, P_n$，事件 D_i 的发生将对事件 D_j 产生的影响程度为 a_{ij} $(i, j = 1, 2, \cdots, n)$。a_{ij} 被称为交互影响系数。若事件 D_i 对事件 D_j 有正的影响，则 $a_{ij} > 0$；若事件 D_i 对事件 D_j 有负的影响，则 $a_{ij} < 0$；若事件 D_i 对事件 D_j 没有影响，则 $a_{ij} = 0$。此外，$a_{ii} = 0$。交互影响矩阵表如表 2-8 所示：

表 2-8 交互影响矩阵表

事件	发生概率	事件受影响程度			
		D_1	D_2	$\cdots$	D_n
D_1	P_1	0	a_{12}	$\cdots$	a_{1n}
D_2	P_2	a_{21}	0	$\cdots$	a_{2n}
$\vdots$	$\vdots$	$\vdots$	$\vdots$	$\vdots$	$\vdots$
D_n	P_n	a_{n1}	a_{n2}	$\cdots$	0

如果事件 D_i 的发生对事件 D_j 产生影响，则事件 D_i 发生后，事件 D_j 发生的概率将不再是 P_j。因此，需要修正事件 D_i 发生后事件 D_j 发生的概率。经

验的修正公式为：

$$P'_j = P_j + a_{ij}P_j(1-P_j) \quad (i,j=1,2,\cdots,n;i \neq j)$$

其中，P'_j 为事件 D_i 发生后事件 D_j 发生的概率。

因为 $0 \leqslant P_j \leqslant 1$，所以有 $P_j(1-P_j) \geqslant 0$。因此，若事件 D_i 对事件 D_j 有正的影响（$a_{ij}>0$）时，$P'_j > P_j$，推进 D_j 的发生；若事件 D_i 对事件 D_j 有负的影响（$a_{ij}<0$）时，$P'_j < P_j$，抑制 D_j 的发生；若事件 D_i 对事件 D_j 没有影响（$a_{ij}=0$），$P'_j = P_j$，不影响 D_j 的发生。

下面以能源政策评价的预测分析为例，介绍根据经验的修正公式运用计算机模拟法求解修正概率的步骤。

【例 2-7】影响能源政策的因素主要有三个：以煤代油（D_1），降低石油价格（D_2），控制环境污染（D_3）。根据分析可知，"以煤代油"事件的发生，会使"降低石油价格"的可能性提高，会使"控制环境污染"的可能性降低；"降低石油价格"事件的发生，会使"以煤代油"的可能性降低，会使"控制环境污染"的可能性提高；"控制环境污染"事件的发生，会使"以煤代油"的可能性降低，会使"降低石油价格"的可能性提高。设交互影响矩阵如表 2-9 所示。试对能源政策评价做出预测。

表 2-9　能源政策影响因素的交互影响矩阵表

事件 D_i	概率 P_i	对其他事件的影响		
		D_1	D_2	D_3
D_1	0.3	0	0.3	-0.6
D_2	0.7	-0.4	0	0.2
D_3	0.9	-0.8	0.2	

（1）任选一个事件 D_i，由 P_i 模拟 D_i 是否发生。

例如，先选 D_3，由于 $P_3=0.9$，其发生的概率很大，故模拟 D_3 发生。以 $P_j^{(m)}$ 表示事件 D_j 第 m 次修正后的概率。因此，有 $P_3^{(1)}=1$（因为先设定事件 D_3 一定发生）。根据修正公式 $P'_j = P_j + a_{ij}P_j(1-P_j)$ 可计算 D_3 发生对 D_1 和 D_2 发生可能性的影响：

$$P_1^{(1)} = P_1 + a_{31}P_1(1-P_1) = 0.3 + (-0.8) \times 0.3 \times 0.7 = 0.132$$

$$P_2^{(1)} = P_2 + a_{31}P_2(1-P_2) = 0.7 + 0.2 \times 0.7 \times 0.3 = 0.742$$

这说明，由于 D_3 发生，使 D_1 发生的可能性由 0.3 下降到 0.132，使 D_2 发生的可能性由 0.7 上升到 0.742。

（2）在没有模拟过的事件中再任选一个事件进行模拟。

例如，从 D_1 和 D_2 中选择 D_1。由于 $P_1^{(1)} = 0.132$，故模拟其不发生。因此，有 $P_1^{(2)} = 0$。对 D_2，D_3 的概率进行第二次修正：

$$P_2^{(2)} = P_2^{(1)} + a_{12} P_2^{(1)} (1 - P_2^{(1)}) = 0.742 + 0.3 \times 0.742 \times 0.258 = 0.799$$

$$P_3^{(2)} = P_3^{(1)} + a_{13} P_3^{(1)} (1 - P_3^{(1)}) = 1 - 0.6 \times 1 \times 0 = 1$$

（3）对最后一个没有模拟的事件进行模拟。

对于 D_2，由于 $P_2^{(2)} = 0.799$，故模拟其发生。因此，有 $P_2^{(3)} = 1$。对 D_1，D_3 的概率进行第三次修正：

$$P_1^{(3)} = P_1^{(2)} + a_{21} P_1^{(2)} (1 - P_1^{(2)}) = 0 - 0.4 \times 0 \times 1 = 0$$

$$P_3^{(3)} = P_3^{(3)} + a_{23} P_3^{(2)} (1 - P_3^{(2)}) = 1 + 0.2 \times 1 \times 0 = 1$$

这三次的修正概率列表如表 2-10 所示：

表 2-10 修正概率

	D_1	D_2	D_3
P_i	0.300	0.700	0.9
$P_i^{(1)}$	0.132	0.742	1.0
$P_i^{(2)}$	0.000	0.799	1.0
$P_i^{(3)}$	0.000	1.000	1.0

重复上述步骤多次，设本例重复了 30 次，并将每次模拟后得到的第三次修正概率进行登记，如表 2-11 中间部分所示：

表 2-11 模拟结果记录表

重复次数	1	2	…	30	发生次数合计	修正概率
D_1	0	1	…	1	8	0.27
D_2	1	0	…	1	24	0.80
D_3	1	1	…	0	28	0.93

合计每个事件发生的次数（取值为 1 的次数），计算其发生的频率，即用发生次数除以重复的总次数。例如，D_1 发生的频率为 8/30 = 0.27。这组频率值可作为考察了一组事件的交互影响后事件发生概率的估计值，即修正概率。

从表 2-11 最后一列可以看出，考虑了交互影响后，预测影响能源政策的三个因素中，"以煤代油"发生的概率为 0.27，"降低石油价格"发生的概率为 0.80，"控制环境污染"发生的概率为 0.93。

运用计算机模拟法对一组有交互影响的事件发生的可能性进行预测时，为了得到较为精确的预测结果，从理论上讲，模拟重复的次数应在1 000次以上。

二、领先指标法

社会经济现象之间存在着密切的联系，它们相互影响、相互制约。经济现象之间的联系有时表现为变动时间上呈现先后顺序。例如，原材料价格的上涨（下跌），先于制成品价格的上涨（下跌）；汽车购买量的增加（减少），先于汽油需求量的增加（减少）。根据经济指标之间的时差关系，可将各种经济时间序列分为三种类型：领先指标、同步指标和滞后指标。

领先指标法就是根据上述分类，通过调查研究领先指标的变动情况来预测同步指标或滞后指标的变动。该方法不仅可以预测研究对象的发展趋势，而且可以预测其发生转折的时间。领先指标法的一般预测步骤为：

（1）根据预测指标找出领先指标，并分析、研究领先指标的变化规律。

（2）根据领先指标、同步指标的时间序列资料，找出领先指标出现峰点的时刻 t_2，同步指标出现峰点的时刻 t_1，计算领先时间 $\tau = t_2 - t_1$。

（3）进行预测。若领先指标在时刻 t_3 出现谷点，则可预测同步指标将在 $t_4 = t_3 + \tau$ 时刻出现谷点。

领先指标法既可用于微观经济预测，也可用于宏观经济预测。当对宏观经济进行预测时，领先指标法通常不是使用一个领先指标，而是选择多个领先指标，通过构造合成指数或离散指数来做出预测。

例如，国家信息中心景气监测指标图显示，描述未来经济运行趋势的先行合成指数与描述目前经济运行状况的一致合成指数呈现不同的走势。先行指数在2005年12月份开始从谷底反弹，而一致指数早在2005年10月份就开始下滑。从先行指数领先于一致指数5～7个月的经验判断，那么在2006年5月份前后一致指数将出现反弹，届时宏观经济才会重现增长势头。

1.扩散指数（DI）

扩散指数是指领先指标中本期上升指标个数占领先指标总数的比重。它反映了领先指标数值变动的方向。

设选择了 n 个领先指标 $x_{it}(i=1,2,\cdots,n)$，w_i 为第 i 个领先指标 x_{it} 重要性的权重，$\sum_{i=1}^{n} w_i = 1$。若第 i 个领先指标在第 t 期上升，即 $x_{it} > x_{i(t-1)}$，则记

$l_i=1$；反之，若 $x_{it} < x_{i(t-1)}$，则记 $l_i=0$。我们称 $\sum_{i=1}^{n} l_i w_i$ 为扩散指数（DI）。当

$DI = \sum_{i=1}^{n} l_i w_i > 0.5$ 时，可预测所研究的经济现象将上升；当 $DI = \sum_{i=1}^{n} l_i w_i < 0.5$ 时，可预测所研究的经济现象将下降。

2.合成指数（CI）

合成指数是单个领先指标的加权平均数。它反映了领先指标的量的变化。它的计算公式为：

$$CI = \sum_{i=1}^{n} w_i x_{it}^{'}$$

其中，$x_{it}^{'}$ 是经过标准化处理后的无量纲数据。一般情况下，我们采用的标准化形式为：$x_{it}^{'} = x_{it} / \overline{x_i}$，其中 $\overline{x_i} = \sum_{t=1}^{T} x_{it}$。

在编制合成指数时，还需要注意：若某些领先指标与同步指标是反方向变化的关系，需要对这些领先指标进行反方向处理。例如，对其取倒数。

三、PERT 预测法

PERT 预测法又称综合判断法。它是一种来源于 PERT（program evaluation and review technique，计划评审技术）中的生产估计的方法。PERT 方法产生于 20 世纪 50 年代。最初，美国将它应用于北极星导弹的试制，用该方法统一协调和指导了参与这一工程的11 000家企业的进程，结果使工程由原计划的 10 年完成提前到 8 年完成。60 年代中期，著名数学家华罗庚教授把它引进我国并进行了推广，取得了显著效果。该方法主要用于大型工程建设、大型复杂的科研工程、新产品试制、设备大修理、技术改造项目和作业计划安排等。同时，也被扩大应用到预测与决策的各个领域。在商业上常常应用它作为销售量的判断预测。下面以销售预测为例，介绍此法的基本原理与方法。

PERT 预测法在进行销售预测时的一般步骤为：

第一步，对具有预测判断能力的 n 个销售人员和 m 个管理人员进行调查，获取每一个被调查者对最高销售量、最可能销售量和最低销售量的三个估计值。

第二步，按照下面的公式对每个被调查者的估计值求出平均值和方差，i

$=1,2,\cdots,n,n+1,\cdots,n+m$,其中 $1,2,\cdots,n$ 为销售人员的编号,$n+1,\cdots,$ $n+m$ 为管理人员的编号。

$$平均预测销售量\overline{x_i}=\frac{最高销售量+4\times最可能销售量+最低销售量}{6}$$

$$预测销售量的方差\,\sigma_i^2=\frac{(最高销售量-最低销售量)^2}{36}$$

第三步,分别计算销售人员群体和管理人员群体对销售量的预测值和方差,公式为:

$$销售人员群体对销售量的预测值\,x_{销}=\frac{\sum\limits_{i=1}^{n}w_i\,\overline{x_i}}{\sum\limits_{i=1}^{n}w_i}$$

$$预测值方差\,\sigma_{销}^2=\frac{\sum\limits_{i=1}^{n}w_i^2\sigma_i^2}{(\sum\limits_{i=1}^{n}w_i)^2}$$

$$管理人员群体对销售量的预测值\,x_{管}=\frac{\sum\limits_{i=n+1}^{n+m}w_i\bar{x}_i}{\sum\limits_{i=n+1}^{n+m}w_i}$$

$$预测值的方差\,\sigma_{管}^2=\frac{\sum\limits_{i=n+1}^{n+m}w_i^2\sigma_i^2}{(\sum\limits_{i=n+1}^{n+m}w_i)^2}$$

其中,w_i 为每个被调查者预测水平的权重。

第四步,综合销售人员和管理人员的预测值和方差,做出点预测或区间预测。

设销售人员和管理人员预测水平的权重分别为 $w_{销}$、$w_{管}$,则销售量的点预测值为:

$$x=\frac{w_{销}\,x_{销}+w_{管}\,x_{管}}{w_{销}+w_{管}}$$

预测值的方差为:

$$\sigma^2=\frac{w_{销}^2\,\sigma_{销}^2+w_{管}^2\,\sigma_{管}^2}{(w_{销}+w_{管})^2}$$

则预测销售量的值在区间 $(x-\sigma,x+\sigma)$ 内的可能性约为 68.26%,在区间

$(x-2\sigma,x+2\sigma)$ 内的可能性约为 95.46%。

2.5 德尔菲法预测案例

上海某销售公司欲独家代理深圳市某公司开发的一新款电子产品在上海的销售。由于该产品在上海还没有销售记录可以参考,为了预测该电子产品的销售情况,该销售公司采用了德尔菲法。具体步骤如下:

1.该销售公司成立了调查领导小组,聘请了业务经理、产品专家和推销员等 11 位专家。

2.向各位专家发出第一轮函询表,内容包括:对产品的样品、特点和用途作详细介绍,并对同类产品的价格和销售情况进行介绍。请专家做出该产品在上海的销售情况预测。

3.经过三次反馈,得出如表 2-12 所示的结果:

表 2-12 三次反馈结果

专家编号	第一次判断	第二次判断	第三次判断
1	1 200	1 200	1 300
2	1 200	1 200	1 200
3	1 300	1 500	1 400
4	1 000	1 000	1 100
5	900	1 100	1 200
6	1 400	1 400	1 300
7	900	800	800
8	800	1 000	900
9	800	800	900
10	1 500	1 500	1 400
11	600	800	1 000
平均	1 055	1 118	1 136

4.对 11 位专家的第三次判断计算中位数和四分位数。

(1)将第三次判断按预测值的高低进行排序:

800,900,900,1 000,1 100,1 200,1 200,1 300,1 300,1 400,1 400

(2)销售量的中位数为:$Q_2 = x\left(\dfrac{n+1}{2}\right) = x(6) = 1\ 200$

(3)销售量的四分位数及四分位距

下四分位数为：$Q_1 = x\left(\dfrac{11+1}{4}\right) = x(3) = 900$

上四分位数为：$Q_3 = x\left(\dfrac{3(11+1)}{4}\right) = x(9) = 1\,300$

四分位距 $= Q_3 - Q_1 = 1\,300 - 900 = 400$

5.根据上述计算结果，可以预测该产品在上海的销售量为 1 200 万台。11 位专家中有 50% 以上的专家认为销售量在 900 万 ～ 1 300 万台之间。

思考与练习

1.简述采用头脑风暴法进行预测的基本原理及其优缺点。

2.简述德尔菲法的基本原理、操作程序及特点。

3.如果让你组织采用德尔菲法对 2018 年我国高等教育普及率进行预测，你将：

(1) 如何挑选专家？挑选多少位专家？

(2) 怎样设计函询表？请列出表格。

(3) 怎样处理专家意见以得到预测结果？

4.采用德尔菲法请专家预测四个方案的重要性。五位专家对四个方案的排序结果如下表所示：

专家	方案一		方案二		方案三		方案四	
	排序	评分	排序	评分	排序	评分	排序	评分
1	1		2.5		2.5		4	
2	1		2		4		3	
3	1.5		1.5		3		4	
4	1		4		2		3	
5	1		2		3		4	

(1) 计算各位专家对各个方案的评分。

(2) 根据五位专家的意见，对四个方案的重要性进行排序。

5.什么是主观概率法？如何利用主观概率加权平均法和累积概率中位数法进行预测？

6.某公司的三位销售人员对下一季度的产品销售量分别进行了预测，结果如下表所示：

销售人员	预测销售额（万台）		主观概率
甲	最高销售量	20	0.3
	最可能销售量	18	0.6
	最低销售量	14	0.1
乙	最高销售量	22	0.2
	最可能销售量	18	0.6
	最低销售量	16	0.2
丙	最高销售量	18	0.3
	最可能销售量	16	0.5
	最低销售量	14	0.2

采用主观概章法预测该公司下一季度的产品销售量。

7.用领先指标法预测下一年我国宏观经济景气状况。

8.简述交互影响预测法的原理和步骤。

第三章 回归分析预测法

生物统计学家高尔顿（F.Galton）在研究豌豆和人体身高的遗传规律时，首先提出"回归"的思想。1887年，他第一次将"回复"（reversion）作为统计概念使用，后改为"回归"（regression）一词。1888年他又引入"相关"（correlation）的概念。原来，他在研究人体身高的遗传规律时发现，有一个趋势：父母高，儿女也高；父母矮，儿女也矮。虽然有这个趋势，但后代身高并不向高、矮的极端方向变化，而是有向其祖先平均身高回归的倾向。对回归的现代解释却大不相同。回归分析是通过利用数学模型来研究一个变量（称为因变量）对另一个或者多个变量（称为自变量）的依赖关系，从而通过后者的已知值来估计或预测前者的总体均值或个别值的方法。

回归分析按照自变量的个数可以分为一元回归和多元回归，前者是指两个变量之间的回归分析，如产品需求对价格变化的实际反应等；后者是指三个或三个以上变量之间的关系，如作物收成对气温、降雨量、阳光和施肥量的依赖关系等。回归分析按照因变量和自变量之间具体的变动形式可以分为线性回归和非线性回归。将以上两种分类标志结合起来就有一元线性回归和一元非线性回归，多元线性回归和多元非线性回归四种类型。其中，一元线性回归是指两个相关变量之间的关系可以用数学中的线性组合来描述，又称为简单线性回归；多元线性回归是指三个或三个以上相关变量之间的关系可以用数学中的线性组合来描述。

3.1　一元线性回归分析预测法

一、一元线性回归模型的建立

一元线性回归模型假定因变量 Y 主要受自变量 X 的影响,它们之间存在近似的线性函数关系。在实际生活中,尽管一种现象的发生常受多种因素的影响,但很多时候,这些因素中某一因素的影响起了主导或决定性的作用。这种情况下,只需研究该现象与影响它的主要因素之间的依赖关系即可。一元线性回归模型是只有一个因变量和一个自变量的最简单、最基本的回归模型。

(一)一元线性总体回归模型

$$Y_i = \beta_0 + \beta_1 X_i + u_i \quad i = 1, 2, \cdots, n \qquad (3-1)$$

式(3-1)称为一元线性总体回归模型。其中,X 为自变量(解释变量),并假定它是可控制的、无测量误差的非随机变量;Y 为因变量(被解释变量),是随机变量;u 为随机误差(干扰)项,是一个随机变量,可用来代表所有未在模型中考虑的、作用可以相互抵消的随机因素的影响;β_0 和 β_1 是未知却固定的总体参数,称为回归参数,也分别被称为截距和斜率。

由式(3-1)可以看出,变量 Y 的取值可以被分割为两部分:一部分是确定的、可由变量 X 来解释的线性变化部分 $\beta_0 + \beta_1 X$;另一部分是由其他一切随机因素引起的、不能用 X 解释的随机项 u。

例如,随着家庭人均可支配收入增加,收入中用于食品方面的支出比例越来越小,即恩格尔系数越来越小。但是,家庭人均可支配收入并不能完全决定恩格尔系数的取值,由于消费观念和习惯、地理位置、气候条件等其他因素的影响,人均可支配收入相同的家庭的恩格尔系数并不一定相同,这一差异就应用总体回归模型中的 u 来体现。

(二)随机误差项的意义和标准假定

如前所述,随机误差项 u 是集体影响着因变量 Y 的,它是模型中被省略的全部变量的替代物。不能将所有的变量都引进模型的原因是多方面的,例如:理论的含糊性使得影响因变量的一些因素不可知或知而不确;有时候理论上影响显著的变量,其数据却难以取得或不可取得,从而不得不将其从模型中删除;有时核心变量的影响起决定性作用,而周边变量的影响甚微且其联合影响也只是一种随机的影响,此时从实际考虑,把周边变量一一引入模型是一种浪费;人类行为的内在随机性使得被解释变量无论如何都不能完全由解释变量来说明;根据经济原则想保持一个尽可能简单的回归模型,等等。

随机误差项 u 是无法直接观测的,为了进行回归分析,通常设其满足以下标准假定:

1.u_i 的期望为 0,即:

$$E(u_i) = 0 \quad i = 1, 2, \cdots, n$$

2.u_i 的方差为一常数,即:

$$\mathrm{Var}(u_i) = \sigma^2 \quad i = 1, 2, \cdots, n$$

3.u_i 与 u_j 相互独立,即:

$$\mathrm{Cov}(u_i, u_j) = 0 \quad i \neq j; i, j = 1, 2, \cdots, n$$

4.随机误差项 u_i 与自变量 X_j 不相关,即:

$$\mathrm{Cov}(X_j, u_i) = 0 \quad i, j = 1, 2, \cdots, n$$

5.$u_i(i = 1, 2, \cdots, n)$ 服从正态分布。

(三) 样本回归模型

在大多数情况下,所要研究的现象的总体单位数是很多的,甚至是无限的,因此无法掌握因变量 Y 的全部取值。从而,总体回归模型一般是未知的,亦即总体回归参数是未知的。回归分析的主要任务就是利用能获得的样本信息估计总体的回归参数。显然,样本回归模型的形式应与总体回归模型一致,于是有下述样本回归模型:

$$y_i = \hat{\beta}_0 + \hat{\beta}_1 x_i + e_i \quad i = 1, 2, \cdots, n \qquad (3\text{-}2)$$

式中 $\hat{\beta}_0, \hat{\beta}_1$ 和 e_i 是根据所获得的一个样本对总体回归参数 β_0, β_1 和 u_i 的估计,n 为该样本的容量,e_i 被称为残差。

对于给定的一个样本,总体回归模型式(3-1)的近似估计为:

$$\hat{y} = \hat{\beta}_0 + \hat{\beta}_1 x \qquad (3\text{-}3)$$

式(3-3)称为样本回归方程,又称为经验方程,$\hat{y}_i$ 为 y_i 的估计。通常,$\hat{\beta}_0$ 表示样本回归线在纵坐标轴上的截距,$\hat{\beta}_1$ 表示样本回归线的斜率。在实际应用中,如果模型自变量的取值范围包含 $x=0$,则 $\hat{\beta}_0$ 可以认为是当 $x=0$ 时 y 的估计;如果不包括 $x=0$,$\hat{\beta}_0$ 只是回归方程的截距项,没有具体意义。$\hat{\beta}_1$ 表示 x 每增加一个单位时 y 的平均变化量的估计值。因此,式(3-2)又可表示为:

$$y_i = \hat{y}_i + e_i \qquad (3\text{-}4)$$

样本回归模型是对总体回归模型的估计,但是两者之间存在区别。第一,总体回归线只有一条,而抽取的不同样本能拟合出不同的样本回归线;第二,总体回归模型中的回归参数 β_0,β_1 是未知的常数,而样本回归参数 $\hat{\beta}_0,\hat{\beta}_1$ 是随机变量,其值随所抽取样本的不同而变化;第三,总体回归模型中的 u_i 是实际观测点与总体回归线垂直方向的距离且不可观测,而样本回归模型中的 e_i 是实际观测点与样本回归线垂直方向的距离,当样本给定时,可以通过拟合样本回归线计算 e_i 的数值。

二、一元线性回归模型参数的估计

对于给定的一个样本,有 $y_i = \hat{y}_i + e_i$,为使估计值 $\hat{y}_i$ 接近其观测值 y_i,残差 e_i 越小越好。由于残差有正有负,若求简单代数和则正负相互抵消。因此,为了从数学上便于处理,用样本的所有残差的平方和来综合反映残差的总量大小就显得更为合适,这种方法称为最小二乘法(OLS)。具体表示就是:

$$Q = \sum e_i^2 = \sum (y_i - \hat{y}_i)^2 = \sum (y_i - \hat{\beta}_0 - \hat{\beta}_1 x_i)^2 \qquad (3\text{-}5)$$

根据微分学中求极值的原理,分别对式(3-5)中的 $\hat{\beta}_0,\hat{\beta}_1$ 求偏导,并令其为零,得到如下方程组:

$$\begin{cases} \sum y_i = n\hat{\beta}_0 + \hat{\beta}_1 \sum x_i \\ \sum x_i y_i = \hat{\beta}_0 \sum x_i + \hat{\beta}_1 \sum x_i^2 \end{cases} \qquad (3\text{-}6)$$

解方程组(3-6)可得:

$$\begin{cases} \hat{\beta}_1 = \dfrac{\sum (x_i - \bar{x})(y_i - \bar{y})}{\sum (x_i - \bar{x})^2} = \dfrac{n \sum x_i y_i - \sum x_i \sum y_i}{n \sum x_i^2 - (\sum x_i)^2} \\ \hat{\beta}_0 = \bar{y} - \hat{\beta}_1 \bar{x} = \dfrac{1}{n} \sum y_i - \hat{\beta}_1 \dfrac{1}{n} \sum x_i \end{cases} \qquad (3\text{-}7)$$

式(3-7)解得的 $\hat{\beta}_0,\hat{\beta}_1$ 就是总体回归参数 β_0,β_1 的最小二乘估计量,具有以下优良性质:

(1)线性。最小二乘估计量 $\hat{\beta}_0,\hat{\beta}_1$ 均为因变量的观测值 y_i 的线性组合,即可

表示为 $\hat{\beta}_1 = \sum w_i y_i$，$\hat{\beta}_0 = \sum v_i y_i$，其中 $w_i = \dfrac{(x_i - \bar{x})}{\sum (x_i - \bar{x})^2}$，$v_i = \dfrac{1}{n} - w_i \bar{x}$。

（2）无偏性。最小二乘估计量 $\hat{\beta}_0$，$\hat{\beta}_1$ 的期望分别等于总体回归参数 β_0，β_1，即 $E(\hat{\beta}_0) = \beta_0$，$E(\hat{\beta}_1) = \beta_1$。

（3）有效性。在总体回归参数 β_0，β_1 的所有线性无偏估计量中，最小二乘估计量 $\hat{\beta}_0$，$\hat{\beta}_1$ 的方差最小。

【例 3-1】以我国城市居民家庭人均可支配收入和消费性支出的关系为例来说明回归模型参数的估计方法，资料见表 3-1。

表 3-1　我国城镇居民家庭人均可支配收入和消费性支出

单位：千元

年份	人均可支配收入	人均消费性支出	年份	人均可支配收入	人均消费性支出
2002 年	7.703	6.030	2010 年	19.109	13.471
2003 年	8.472	6.511	2011 年	21.810	15.161
2004 年	9.422	7.182	2012 年	24.565	16.674
2005 年	10.493	7.943	2013 年	26.955	18.488
2006 年	11.760	8.697	2014 年	29.381	19.968
2007 年	13.786	9.997	2015 年	31.790	21.292
2008 年	15.781	11.243	2016 年	33.616	23.079
2009 年	17.175	12.265			

资料来源：历年《中国统计年鉴》。

根据表 3-1 可列出计算表，如表 3-2 所示。

表 3-2　计算表

年份	x	y	x^2	y^2	xy
2002 年	7.703	6.030	59.336 2	36.360 9	46.449 1
2003 年	8.472	6.511	71.774 8	42.393 1	55.161 2
2004 年	9.422	7.182	88.774 1	51.581 1	67.668 8
2005 年	10.493	7.943	110.103 0	63.091 2	83.345 9
2006 年	11.760	8.697	138.297 6	75.637 8	102.276 7
2007 年	13.786	9.997	190.053 0	99.940 0	137.818 6
2008 年	15.781	11.243	249.040 0	126.405 0	177.425 8

续表

年份	x	y	x^2	y^2	xy
2009 年	17.175	12.265	294.980 6	150.430 2	210.651 4
2010 年	19.109	13.471	365.153 9	181.467 8	257.417 3
2011 年	21.810	15.161	475.676 1	229.855 9	330.661 4
2012 年	24.565	16.674	603.439 2	278.022 3	409.596 8
2013 年	26.955	18.488	726.572 0	341.806 1	498.344 0
2014 年	29.381	19.968	863.243 2	398.721 0	586.679 8
2015 年	31.790	21.292	1 010.604 1	453.349 3	676.872 7
2016 年	33.616	23.079	1 130.035 5	532.640 2	775.823 7
合 计	281.818	198.001	6 377.084 0	3 061.702 0	4 416.193 0

从表 3-2 可以看出：$\sum x_i = 281.818, \sum y_i = 198.001, \sum x_i^2 = 6\ 377.084\ 0,$ $\sum x_i y_i = 4\ 416.193\ 0, \bar{x} = 281.818/15 = 18.788, \bar{y} = 198.001/15 = 13.200$。

将以上数据代入式(3-7)，可得：

$$\hat{\beta}_1 = \frac{15 \times 4\ 416.193\ 0 - 281.818 \times 198.001}{15 \times 6\ 377.084\ 0 - 281.818^2} \approx 0.643\ 2$$

$$\hat{\beta}_0 = 13.200 - 0.643\ 2 \times 18.788 \approx 1.115\ 6$$

样本回归方程为：

$$\hat{y}_i = 1.115\ 6 + 0.643\ 2 x_i$$

本例中，$\hat{\beta}_1$ 称为边际消费倾向，$\hat{\beta}_0$ 称为基本消费水平。从上式可以看出，2002 年到 2016 年间我国城镇居民家庭人均可支配收入每增加 1 千元，人均消费性支出就会平均增加 0.643 2 千元；人均基本消费水平为 1.115 6 千元。

三、一元线性回归模型的检验

进行预测是建立回归模型的目的。只有当所建立的回归模型是正确的、显著有效的时，才可以利用它来进行经济预测。

（一）经济检验

经济检验就是检验估计出来的参数的符号、大小是否与经济理论和实际经验相符合,即是否具有经济意义。例如,根据实际经验,城市居民家庭的人均消费性支出是随着人均可支配收入的增加而增加的,因此,在城市居民家庭人均可支配收入对人均消费性支出所建立的一元线性回归模型中,人均可支配收入前的参数的符号应该为正号,例 3-1 中 $\hat{\beta}_1$ 为 0.674 2,因此它是有经济意义的。如果所估计出来的参数没有经济意义,则该模型不能用来进行预测。

(二)统计检验

1.对回归参数的检验(t 检验)

对回归参数的检验就是对回归参数 β_1 是否显著不为 0 的 t 检验。只有当 β_1 显著地不为 0 时,回归模型中因变量和自变量之间确实存在线性关系,所建立的模型才有统计意义。

对回归参数 β_1 进行 t 检验的程序为:

(1)提出假设

$$H_0:\beta_1=0;H_1:\beta_1\neq 0$$

(2)计算 T 统计量的值

$$T=\frac{\hat{\beta}_1}{S_{\hat{\beta}_1}} \tag{3-8}$$

其中,$S_{\hat{\beta}_1}$ 是 $\hat{\beta}_1$ 的方差的无偏估计量,其计算公式为:$S_{\hat{\beta}_1}=\sqrt{\dfrac{S^2}{\sum(x_i-\bar{x})^2}}=$

$\sqrt{\dfrac{\sum(y_i-\hat{y}_i)^2}{(n-2)\sum(x_i-\bar{x})^2}}=\sqrt{\dfrac{\sum y_i^2-\hat{\beta}_0\sum y_i-\hat{\beta}_1\sum x_iy_i}{(n-2)(\sum x_i^2-n\bar{x}^2)}}$。在 $H_0(\beta_1=0)$

成立的条件下,$T=\dfrac{\hat{\beta}_1}{S_{\hat{\beta}_1}}\sim t(n-2)$。

(3)查出临界值并做出判断

根据自由度 $n-2$ 和给定的显著性水平 α,从 t 分布表查得临界值 $t_{\alpha/2}$。若 $|T|>t_{\alpha/2}$,则可以拒绝原假设 $H_0(\beta_1=0)$,接受备择假设 $H_1(\beta_1\neq 0)$,认为回归模型中因变量和自变量之间确实存在线性关系,自变量 X 的变化能显著地解释因变量 Y 的变化;若 $|T|\leqslant t_{\alpha/2}$,则可以接受原假设 $H_0(\beta_1=0)$,认为因变量和自变量之间不存在线性关系,模型不能用来预测。

【例 3-2】对例 3-1 所建立的一元线性回归模型中的可支配收入的回归参数 β_1 进行显著性检验,$\alpha=1\%$。

由表 3-2 中数据可计算出

$$s = \sqrt{\frac{\sum y_i^2 - \hat{\beta}_0 \sum y_i - \hat{\beta}_1 \sum x_i y_i}{n-2}}$$

$$= \sqrt{\frac{3\,061.702 - 1.115\,6 \times 198.001 - 0.643\,2 \times 4\,416.193}{15-2}}$$

$$\approx 0.043\,3$$

$$S_{\hat{\beta}_1} = \frac{s}{\sqrt{\sum x_i^2 - n\bar{x}^2}} = \frac{0.043\,3}{\sqrt{1\,082.325}} \approx 0.001\,32$$

代入式(3-8),有:

$$t_{\hat{\beta}_1} = \frac{0.643\,2}{0.001\,32} \approx 487.273$$

根据自由度 13 和 $\alpha = 1\%$,查 t 分布表可得临界值为 3.012。因为 $|t_{\hat{\beta}_1}| >$ 3.012,所以拒绝原假设,它表明在 1% 的显著性水平下,人均可支配收入对消费性支出有显著的影响。

2.回归方程的拟合优度(判定系数 R^2)

总变差是因变量的样本观测值与其样本均值的离差平方和,反映了因变量的总变异程度,即 $\sum(y - \bar{y})^2$,它又被称为总的离差平方和,记为 TSS(total sum of squares)。因为

$$y - \bar{y} = (\hat{y} - \bar{y}) + (y - \hat{y}) = (\hat{y} - \bar{y}) + e \tag{3-9}$$

所以总方差可分解为:

$$\sum(y - \bar{y})^2 = \sum(\hat{y} - \bar{y})^2 + \sum(y - \hat{y})^2 + 2\sum(\hat{y} - \bar{y})(y - \hat{y})$$

可以证明,当 $\hat{y} = \hat{\beta}_0 + \hat{\beta}_1 x$ 成立时,$\sum(\hat{y} - \bar{y})(y - \hat{y}) = 0$。从而有:

$$\sum(y - \bar{y})^2 = \sum(\hat{y} - \bar{y})^2 + \sum(y - \hat{y})^2 \tag{3-10}$$

上式中,$\sum(\hat{y} - \bar{y})^2$ 是因变量的样本回归值与其样本均值的离差平方和,反映了因变量的总变动中被样本回归方程 $\hat{y} = \hat{\beta}_0 + \hat{\beta}_1 x$ 所解释的部分,通常称为回归平方和或回归变差,记为 ESS(explained sum of squares);$\sum(y - \hat{y})^2 = \sum e^2 = Q$ 是因变量的回归残差的平方和,通常称为残差平方和或剩余变差,记为 RSS(residual sum of squares)。从而式(3-10)可简记为:

$$TSS = ESS + RSS \tag{3-11}$$

即总的离差平方和可分解为回归平方和与残差平方和两部分。

在因变量的总变动中,被样本回归方程所解释的部分越多说明样本观测

值与回归直线的拟合效果越好,否则,就说明样本观测值与回归直线的拟合效果不理想。因此,可以用回归平方和占总的离差平方和的比重来衡量模型的拟合优良程度,称其为判定系数,记作 R^2,即:

$$R^2 = \frac{\mathrm{ESS}}{\mathrm{TSS}} = 1 - \frac{\mathrm{RSS}}{\mathrm{TSS}} \tag{3-12}$$

需要特别指出的是,判定系数 R^2 的定义是在回归模型为线性模型即模型包含常数项且回归参数是采用最小二乘估计的条件下给出的。当这些条件不满足时,用 R^2 去评判模型的优劣就会存在问题。

由定义可以看出:判定系数 R^2 的取值范围为 $0 \leqslant R^2 \leqslant 1$,判定系数 R^2 的值越接近于 1,回归平方和在总的平方和中所占的比重就越大,样本回归方程对因变量观测值的拟合就越好;反之,判定系数 R^2 的值越接近于 0,回归平方和在总的平方和中所占的比重就越小,样本回归方程对因变量观测值的拟合就越差。

可以证明:

$$R^2 = \frac{(n \sum x_i y_i - \sum x_i \sum y_i)^2}{\left[n \sum x_i^2 - (\sum x_i)^2 \right]\left[\sum y_i^2 - (\sum y_i)^2 \right]} \tag{3-13}$$

从式(3-13)可以看出判定系数 R^2 与样本相关系数 r 的密切关系:判定系数的平方根就是样本相关系数 R。

【例 3-3】对例 3-1 拟合的样本回归方程进行拟合优度检验。

根据计算表 3-2 中的有关数据可计算出:

$$\mathrm{TSS} = \sum (y_i - \bar{y})^2 = \sum y_i^2 - (\sum y_i)^2/n$$
$$= 3\,061.702 - 198.001^2/15 \approx 448.075\,6$$

$$\mathrm{ESS} = \hat{\beta}_1^2 \left[\sum (x_i - \bar{x})^2 \right] = \hat{\beta}_1^2 \left[\sum x_i^2 - (\sum x_i)^2/n \right]$$
$$= 0.643\,2^2 \times [6\,377.084 - 281.818^2/15] \approx 447.764$$

将以上数据代入式(3-13)可得:

$$R^2 = \frac{447.764}{448.075\,6} \approx 0.999\,3$$

判定系数 R^2 为 0.999 3,说明所观测到的我国城镇居民家庭人均消费性支出的值与其均值的偏差的平方和中有 99.93% 可以通过人均可支配收入来解释。因此,该回归方程对因变量观测值的拟合比较好。

3.对回归方程的显著性检验(F 检验)

回归方程显著性检验是对回归模型总体的显著性进行检验,也就是判定回归方程的所有解释变量 x 对被解释变量 y 的影响的显著性,即检验是否所有参数全部为零。这实际上就是对回归方程拟合优度的检验，F 检验满足这一要求。由于一元线性回归模型只有一个解释变量，所有 F 检验就是检验回归参数 β_1 是否显著不为 0。因此，一元线性回归模型的 F 检验与 t 检验的作用相同。F 检验留待多元回归分析预测法中介绍。

（三）经济计量检验

经济计量检验主要是用来检验所采用的计量经济方法是否令人满意，计量经济方法的假设条件是否得到满足，从而确定统计检验的可靠性。主要包括随机误差项 u_i 的序列相关检验、异方差检验和解释变量的多重共线性检验等。一元线性回归模型只有一个解释变量，不存在多重共线性问题。这里只介绍随机误差项 u_i 的序列相关检验——DW 检验。

如前所述，回归模型的随机误差项 u_i 之间不应该存在序列相关。如果存在序列相关，则该回归模型就不能用来进行预测。DW 检验是序列相关的一种有效检验方法，检验步骤如下：

1.建立假设。

$$H_0 : \rho = 0 ; H_1 : \rho \neq 0$$

ρ 为随机误差项 u_i 的一阶自相关系数。

2.计算检验统计量的值。

$$d = \frac{\sum_{i=2}^{n} (e_i - e_{i-1})^2}{\sum_{i=1}^{n} e_i^2} \tag{3-14}$$

式中 $e_i = y_i - \hat{y}_i$ 为 u_i 的估计量。可以证明：

$$d \approx 2(1 - \hat{\rho}) \tag{3-15}$$

由式(3-15)可以看出：$0 \leqslant d \leqslant 4$。如果 $\hat{\rho} = 0$，则 $d \approx 2$，u_i 没有自相关；如果 $\hat{\rho} = 1$，则 $d \approx 0$，u_i 有很强的正自相关；如果 $\hat{\rho} = -1$，则 $d \approx 4$，u_i 有很强的负自相关。

3.根据给定的显著性水平 α、样本容量 n 和自变量个数 m，查 DW 检验临界值表可得到 d 统计量的下限 d_L 和上限 d_U。

4.根据以下准则做出判断(如图 3-1 所示)：

(1) 若 $d < d_L$，认为 u_i 之间存在正的序列相关；

(2) 若 $d_U < d < 4 - d_U$，认为 u_i 之间不存在序列相关；

(3) 若 $d > 4 - d_L$，认为 u_i 之间存在负的序列相关；

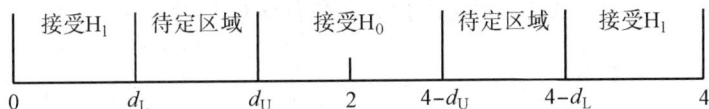

| 接受H_1 | 待定区域 | 接受H_0 | 待定区域 | 接受H_1 |

图 3-1 DW 检验判定区域图

（4）若 $d_L \leqslant d \leqslant d_U$ 或者 $4 - d_U \leqslant d \leqslant 4 - d_L$，则不能确定 u_i 之间是否存在序列相关。

随机扰动项之间的序列相关可能是以下三方面的原因引起的：省略了重要的自变量或错误设定模型形式；对数据进行平滑、修匀等统计处理过程中随机扰动项被平均化了；一些情况下，序列相关是随机扰动项的自身行为特征，例如有些随机事件一旦发生，对经济变量的影响会持续几个时期，这时随机因素本身就是自相关的。因此，当运用 DW 检验法检验出存在自相关时，应查找原因，进行修正。也可以从估计方法的角度考虑，对模型进行变换处理来消除自相关。对式（3-1）滞后一期并乘 ρ，有：

$$\rho Y_{i-1} = \rho \beta_0 + \rho \beta_1 X_{i-1} + \rho u_{i-1} \tag{3-16}$$

式（3-1）减去式（3-16），有：

$$Y_i - \rho Y_{i-1} = (1 - \rho) \beta_0 + \beta_1 (X_i - \rho X_{i-1}) + (u_i - \rho u_{i-1}) \tag{3-17}$$

令 $Y_i^* = Y_i - \rho Y_{i-1}, X_i^* = X_i - \rho X_{i-1}, \beta_0^* = (1 - \rho) \beta_0, v_i = u_i - \rho u_{i-1}$，其中 $i = 2, \cdots, n$。并令 $Y_1^* = \sqrt{1 - \rho^2} Y_1, X_1^* = \sqrt{1 - \rho^2} X_1$。式（3-17）可写为：

$$Y_i^* = \beta_0^* + \beta_1 X_i^* + v_i \tag{3-18}$$

由于 v_i 满足非序列相关假定，可用 OLS 法估计参数。ρ 一般是未知的，可用 $\rho = 1 - \dfrac{d}{2}$ 来估计。

四、利用一元线性回归模型进行预测

如果所拟合的样本回归方程通过了各种检验，则该样本回归方程可用来进行预测。

（一）点预测

对于自变量 X 的给定值 $X = x_0$，根据式（3-3）可以得出因变量的点预测值为：

$$\hat{y}_0 = \hat{\beta}_0 + \hat{\beta}_1 x_0 \tag{3-19}$$

可以证明,该预测量是最优线性无偏估计量(BLUE)。

(二)区间预测

对于预测问题,不知道预测的精度而仅得出点预测值是没有多大应用意义的,我们往往更希望在显著水平 α 下,对应于给定的 $X=x_0$,将实际值 Y_0 以 $1-\alpha$ 的概率估计在一个预测区间 $(\hat{y}_L, \hat{y}_U)$(也称为预测置信带)内,即此时有:

$$P(\hat{y}_L < Y_0 < \hat{y}_U) = 1-\alpha$$

若以 e_0 表示预测残差,可以证明其方差为:

$$\sigma_{e_0}^2 = \sigma^2 \left[1 + \frac{1}{n} + \frac{(x_0 - \bar{x})^2}{\sum (x_i - \bar{x})^2} \right] \tag{3-20}$$

一般情况下,σ^2 是未知的,可用其无偏估计量 S^2 代替。

$$S^2 = \frac{Q}{n-2} = \frac{\sum y_i^2 - \hat{\beta}_0 \sum y_i - \hat{\beta}_1 \sum x_i y_i}{n-2} \tag{3-21}$$

若记 S_{e_0} 为预测标准误差的估计值,则其计算公式为:

$$S_{e_0} = S \sqrt{1 + \frac{1}{n} + \frac{(x_0 - \bar{x})^2}{\sum (x_i - \bar{x})^2}} \tag{3-22}$$

在样本容量较大的情况下,可以得出置信度为 $1-\alpha$ 的预测区间为:

$$(\hat{y}_0 - zS_{e_0}, \hat{y}_0 + zS_{e_0}) \tag{3-23}$$

式(3-23)中,z 表示置信度为 $1-\alpha$ 的正态分布的临界值。

从式(3-22)可以看出,样本容量 n 或自变量的离差平方和 $\sum (x_i - \bar{x})^2$ 越大,或者 x_0 越靠近样本均值 $\bar{x}$,则 S_{e_0} 越小,预测精度就越高。由此可见,为了提高预测精度,样本容量应尽可能大一些,且样本数据 $x_1, x_2, \cdots, x_n$ 不能太集中;所给定的 x_0 越靠近样本均值 $\bar{x}$,预测效果越好。当 $x_0 = \bar{x}$ 时,预测效果最好;反之,当 x_0 的取值与估计模型的样本均值有较大的差距时,预测精度就会大大降低。这可以从预测区间的示意图(见图3-2)上看出。

【例3-4】假定例3-1拟合的样本回归方程通过了各种检验,预测城镇居民家庭的人均可支配收入为10千元时的人均消费性支出。

将 $x_0 = 10$ 代入样本回归方程可得:

$$\hat{y}_0 = 1.1156 + 0.6432 x_0 = 1.1156 + 0.6432 \times 10 = 7.5476$$

根据前面的计算结果,得:

$$S_{e_0} = S \sqrt{1 + \frac{1}{n} + \frac{(x_0 - \bar{x})^2}{\sum (x_i - \bar{x})^2}}$$

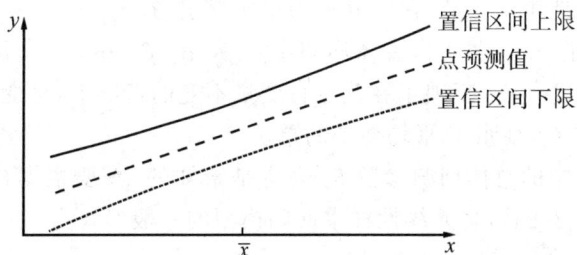

图 3-2　回归预测的置信区间

$$= 0.0433 \times \sqrt{1 + \frac{1}{15} + \frac{(10-18.788)^2}{1\ 082.323}} \approx 0.0493$$

因此,当城镇居民家庭的人均可支配收入为 10 千元时,人均消费性支出的点预测值为 7.547 6 千元;置信度为 95% 的预测区间为

$$(7.547\ 6 - 1.96 \times 0.049\ 3, 7.547\ 6 + 1.96 \times 0.049\ 3) 千元$$

即(7.451 0,7.642 2)千元。

3.2　多元线性回归分析预测法

一元线性回归分析预测法讨论的是一个因变量和一个自变量的回归预测问题,这在实践中往往是不适宜的。因为,在实际问题中,因变量一般受多个重要因素的影响,而不是一个。例如,在人均消费性支出和可支配收入的例子中,无形中我们假定了只有可支配收入是影响消费性支出的重要因素,但根据经济理论可知,消费者的财富是另外一个重要因素;对某商品的需求不仅依赖于它本身的价格,还依赖于其替代商品的价格、互补商品的价格和消费者收入水平等因素。因此,在许多情况下,需要考虑一个因变量与多个自变量之间的回归分析,即多元回归分析。多元线性回归分析的原理和方法同一元线性回归分析基本相同。

一、多元线性回归模型的建立

多元线性总体回归模型的一般形式为:

$$Y_i = \beta_0 + \beta_1 X_{1i} + \beta_2 X_{2i} + \cdots + \beta_k X_{ki} + u_i \qquad (3\text{-}24)$$

因变量 Y 是随机变量,它可分解为确定部分 $\beta_0 + \beta_1 X_{1i} + \beta_2 X_{2i} + \cdots + \beta_k X_{ki}$ 和随机部分 u_i 之和。总体回归参数 $\beta_0, \beta_1, \beta_2, \cdots, \beta_k$ 又称为偏回归参数。$\beta_j (j=1,2,\cdots,k)$ 反映了在其他自变量不变的情况下,自变量 X_j 变动一个单位所引起的因变量 Y 平均变动的单位。

式(3-24)中的总体回归参数 β_j 通常是未知的,需要根据样本数据来估计。对应于式(3-24),多元线性样本回归模型的一般形式为:

$$y_i = \hat{\beta}_0 + \hat{\beta}_1 x_{1i} + \hat{\beta}_2 x_{2i} + \cdots + \hat{\beta}_k x_{ki} + e_i, i=1,2,\cdots,n \qquad (3\text{-}25)$$

样本回归方程为:

$$\hat{y}_i = \hat{\beta}_0 + \hat{\beta}_1 x_{1i} + \hat{\beta}_2 x_{2i} + \cdots + \hat{\beta}_k x_{ki}, i=1,2,\cdots,n \qquad (3\text{-}26)$$

将 n 组样本数据写成矩阵形式,有:

$$\boldsymbol{Y} = \begin{bmatrix} y_1 \\ y_2 \\ \vdots \\ y_n \end{bmatrix}, \hat{\boldsymbol{Y}} = \begin{bmatrix} \hat{y}_1 \\ \hat{y}_2 \\ \vdots \\ \hat{y}_n \end{bmatrix}, \boldsymbol{X} = \begin{bmatrix} 1 & x_{11} & \cdots & x_{1k} \\ 1 & x_{21} & \cdots & x_{2k} \\ \vdots & \vdots & & \vdots \\ 1 & x_{n1} & \cdots & x_{nk} \end{bmatrix}, \hat{\boldsymbol{\beta}} = \begin{bmatrix} \hat{\beta}_0 \\ \hat{\beta}_1 \\ \vdots \\ \hat{\beta}_k \end{bmatrix}, \boldsymbol{e} = \begin{bmatrix} e_1 \\ e_2 \\ \vdots \\ e_n \end{bmatrix}$$

依照矩阵运算法则,式(3-25)、式(3-26)可分别表示为:

$$\boldsymbol{Y} = \boldsymbol{X}\hat{\boldsymbol{\beta}} + \boldsymbol{e} \qquad (3\text{-}27)$$

$$\hat{\boldsymbol{Y}} = \boldsymbol{X}\hat{\boldsymbol{\beta}} \qquad (3\text{-}28)$$

为了进行多元线性回归分析,除了上一节提出的标准假定以外,还假定多元线性回归模型所包含的自变量之间不具有较强的线性相关关系,即不存在多重共线性。

二、多元线性回归模型参数的估计

实践中,回归参数的估计通常采用普通最小二乘法。

残差平方和为:

$$Q = \sum_{i=1}^{n} e_i^2 = \sum_{i=1}^{n} (y_i - \hat{y}_i)^2$$

$$= \sum_{i=1}^{n} (y_i - \hat{\beta}_0 - \hat{\beta}_1 x_{1i} - \hat{\beta}_2 x_{2i} - \cdots - \hat{\beta}_k x_{ki})^2 \qquad (3\text{-}29)$$

分别对式(3-29)中的 $\hat{\beta}_0, \hat{\beta}_1, \hat{\beta}_2, \cdots, \hat{\beta}_k$ 求偏导,并令其为零,得到如下正规方程组:

$$\begin{cases} \sum_{i=1}^{n} y_i = n\hat{\beta}_0 + \hat{\beta}_1 \sum_{i=1}^{n} x_{1i} + \hat{\beta}_2 \sum_{i=1}^{n} x_{2i} + \cdots + \hat{\beta}_k \sum_{i=1}^{n} x_{ki} \\ \sum_{i=1}^{n} x_{1i} y_i = \hat{\beta}_0 \sum_{i=1}^{n} x_{1i} + \hat{\beta}_1 \sum_{i=1}^{n} x_{1i}^2 + \hat{\beta}_2 \sum_{i=1}^{n} x_{1i} x_{2i} + \cdots + \hat{\beta}_k \sum_{i=1}^{n} x_{1i} x_{ki} \\ \sum_{i=1}^{n} x_{2i} y_i = \hat{\beta}_0 \sum_{i=1}^{n} x_{2i} + \hat{\beta}_1 \sum_{i=1}^{n} x_{1i} x_{2i} + \hat{\beta}_2 \sum_{i=1}^{n} x_{2i}^2 + \cdots + \hat{\beta}_k \sum_{i=1}^{n} x_{2i} x_{ki} \\ \qquad\qquad\qquad\qquad \vdots \\ \sum_{i=1}^{n} x_{ki} y_i = \hat{\beta}_0 \sum_{i=1}^{n} x_{ki} + \hat{\beta}_1 \sum_{i=1}^{n} x_{1i} x_{ki} + \hat{\beta}_2 \sum_{i=1}^{n} x_{2i} x_{ki} + \cdots + \hat{\beta}_k \sum_{i=1}^{n} x_{ki}^2 \end{cases} \tag{3-30}$$

正规方程组(3-30)的矩阵形式为:

$$\boldsymbol{X'Y} = \boldsymbol{X'X\hat{\beta}} \tag{3-31}$$

解正规方程组可得出回归参数的估计值:

$$\boldsymbol{\hat{\beta}} = (\boldsymbol{X'X})^{-1} \boldsymbol{X'Y} \tag{3-32}$$

除了回归参数以外,多元线性回归模型中需要估计的另一个未知参数是随机扰动项的方差 σ^2。其无偏估计量为:

$$S^2 = \frac{\sum_{i=1}^{n} e_i^2}{n - (k+1)} \tag{3-33}$$

S^2 越大表明样本回归方程的代表性越弱;反之,S^2 越小表明样本回归方程的代表性越强。

对于多元线性回归模型,残差平方和常用的计算公式为:

$$\sum_{i=1}^{n} e_i^2 = e'e = \boldsymbol{Y'Y} - \boldsymbol{\hat{\beta}' X'Y} \tag{3-34}$$

三、多元线性回归模型的检验

同一元线性回归模型一样,在利用所建立的多元线性回归模型进行预测之前,需要对其进行各种检验。首先进行经济理论检验,再进行统计检验和计量检验。经济理论检验的理论与前面所述相同,这里不再重复。

(一)统计检验

1.拟合优度检验

建立在总离差平方和分解基础上的多元线性回归模型判定系数(复判定

系数）记为 R^2，以区别于一元线性回归模型判定系数 r^2。其计算公式为：

$$R^2 = 1 - \frac{\sum_{i=1}^{n} e_i^2}{\sum_{i=1}^{n}(y_i - \bar{y})^2} \tag{3-35}$$

需要注意的是：在样本容量一定的情况下，R^2 是自变量个数的非递减函数。而多元线性回归模型中各个回归模型所含变量个数有可能不同，为了在利用 R^2 比较不同模型的拟合优度时不受自变量个数多少的影响，需计算用自由度调整的判定系数 $\bar{R}^2$，其定义式为：

$$\bar{R}^2 = 1 - \frac{\sum_{i=1}^{n} e_i^2 \Big/ (n-k-1)}{\sum_{i=1}^{n}(y_i - \bar{y})^2 \Big/ (n-1)} = 1 - \frac{n-1}{n-k-1}(1-R^2) \tag{3-36}$$

上式中，$n-1$ 和 $n-k-1$ 分别为总离差平方和与残差平方和的自由度。可以看出，$\bar{R}^2 \leqslant R^2 \leqslant 1$。注意：$\bar{R}^2$ 未必都大于零，在拟合极差的情况下，有可能小于零。

2.回归方程的显著性检验

如上节所述，对设定的回归模型在整体上是否适当我们要进行显著性检验。检验的具体步骤为：

（1）对于多元线性回归模型式(3-24)，提出假设

H$_0$:$\beta_1 = \beta_2 = \cdots = \beta_k = 0$;H$_1$:至少有 $\beta_j \neq 0$,$j = 1, 2, \cdots, k$

如果原假设 H$_0$ 成立，则表明引入模型的自变量对因变量都没有影响，所以设定的模型是不适当的。

（2）列出方差分析表（如表 3-3）

表 3-3　回归方差分析表

方差来源	平方和	自由度	均方	F 值
回归	$ESS = \sum_{i=1}^{n}(\hat{y}_i - \bar{y})^2$	k	ESS/k	
残差	$RSS = \sum_{i=1}^{n}(y_i - \hat{y}_i)^2$	$n-k-1$	$RSS/(n-k-1)$	$F = \dfrac{ESS/k}{RSS/(n-k-1)}$
总离差	$TSS = \sum_{i=1}^{n}(y_i - \bar{y}_i)^2$	$n-1$		

可以证明，在原假设成立的条件下，F 服从于第一自由度为 k、第二自由

度为 $n-k-1$ 的 F 分布。

（3）查出临界值并做出判断

根据给定的显著性水平 α 和自由度，从 F 分布表查得临界值 F_α。若 F 值大于该临界值，则拒绝原假设 H_0，接受备择假设 H_1，认为所设定的回归模型整体上是合适的；若 F 值小于该临界值，则接受原假设 H_0，认为所设定的回归模型整体上是不合适的。

3.各回归参数的显著性检验

F 检验是对整个回归模型的检验，即使在该检验中否定了原假设，也并不意味着每个自变量都对因变量有显著的影响。因此，还必须对模型中每个自变量的重要性即是否对因变量有显著性影响进行检验，以便在模型中剔除影响微弱的自变量，保证模型的简练实用。

多元线性回归模型中回归参数检验的方法和步骤与一元线性回归模型的参数检验相同，采用 t 检验。t 统计量为：

$$t_{\hat{\beta}_j}=\frac{\hat{\beta}_j}{S_{\hat{\beta}_j}}\sim t(n-k-1),j=0,1,\cdots,k \tag{3-37}$$

式（3-37）中，$S_{\hat{\beta}_j}$ 为 $\hat{\beta}_j$ 的标准差的估计值，其计算公式为：

$$S_{\hat{\beta}_j}=\sqrt{S^2\cdot\psi_{(j+1)(j+1)}} \tag{3-38}$$

其中，$\psi_{(j+1)(j+1)}$ 是矩阵 $(\boldsymbol{X}'\boldsymbol{X})^{-1}$ 的第 $j+1$ 个对角线元素，$j=0,1,\cdots,k$。S^2 是随机扰动项方差的估计值。

（二）经济计量检验

1.序列相关检验

检验多元线性回归模型的随机误差项 u_i 是否存在序列相关的较有效的方法仍是 DW 检验法。检验步骤与第一节所述相同。

2.多重共线性检验

多重共线性是多元线性回归中出现的问题，一元线性回归不存在此问题。多重共线性指自变量之间具有较强的线性相关关系。这种关系会导致模型设定错误，降低预测精度，甚至使预测失效。

由于多重共线性主要是一种样本现象，它主要来源于非实验性质的数据，所以没有度量它的强度的唯一方法，但有一些经验规则可以利用。下面加以简单介绍：

（1）判定系数 R^2 值高而回归参数显著的 t 值少。这是多重共线性的"经典"征兆。

（2）自变量之间有高度的两两相关。经验的规则是，如果每两个自变量的相关系数较高，比如说，超过 0.8，则多重共线性的问题是严重的。

（3）辅助回归的判定系数 R_i^2 大于 R^2。用 k 个自变量中的自变量 X_i 对其余自变量建立回归方程（辅助回归），并求出每个回归方程的判定系数 R_i^2，$i=1,2,\cdots,k$。如果某一个或多个判定系数大于 R^2，则多重共线性是严重的。

当模型存在多重共线性时，要进行补救。例如，补充新数据，横截面与时间序列数据并用，剔除存在共线性的变量之一，利用先验信息等。也可采用多元统计技术如因子分析、脊回归来解决多重共线性问题。这里不再一一进行详细介绍。

四、多元线性回归模型的预测

所设定的多元线性回归模型若通过了各种检验，则可以用于预测。多元线性回归模型的公式为式（3-26）。对于给定的一组自变量（$x_{10}, x_{20}, \cdots, x_{k0}$），因变量的点预测为：

$$\hat{y}_0 = \hat{\beta}_0 + \hat{\beta}_1 x_{10} + \hat{\beta}_2 x_{20} + \cdots + \hat{\beta}_k x_{k0} \tag{3-39}$$

记：

$$\Delta = t_{a/2} S (1 + \delta^2)^{\frac{1}{2}} \tag{3-40}$$

$$\delta^2 = S^2 (1, x_{10}, x_{20}, \cdots, x_{k0})(\boldsymbol{X}'\boldsymbol{X})^{-1}(1, x_{10}, x_{20}, \cdots, x_{k0})' \tag{3-41}$$

$$S^2 = \frac{\sum_{i=1}^{n}(y_i - \hat{y}_i)^2}{n - k - 1} \tag{3-42}$$

则在显著性水平 α 下，因变量的预测区间为：

$$(\hat{y}_0 - \Delta, \hat{y}_0 + \Delta) \tag{3-43}$$

3.3 非线性回归分析预测法

一、非线性回归分析的意义及分类

现实经济问题中，广泛存在着因变量和自变量之间的非线性相关关系。例如，产品平均成本与产品产量之间的 U 形相关关系，货币工资变化率与失业率之间的倒数相关关系等。对这些情况进行非线性回归分析能够更正确地反映客观现象之间的真实联系,从而做出正确的预测。

非线性相关关系存在以下两种情况:一是因变量和参数之间的关系是线性的。这种情况可通过变量代换转化为线性的形式。例如,$Y = \beta_0 + \beta_1 X^2 + u$,令 $X' = X^2$ 即可化为线性的形式:$Y = \beta_0 + \beta_1 X' + u$。二是因变量和参数之间的关系是非线性的。这种情况下,有些模型可以找到适当的变换而化为线性模型,例如,$Y = AK^\alpha L^\beta e^u$,对该式两边取自然对数并进行变量代换可转化成线性模型 $Y' = \beta_0 + \alpha X_1 + \beta X_2 + u$,其中,$Y' = \ln Y$,$\beta_0 = \ln A$,$X_1 = \ln K$,$X_2 = \ln L$。但也有一些模型找不到合适的变换,难以化为线性模型。

对于可化为线性模型的回归问题,一般先化为线性模型,然后用最小二乘法对参数进行估计,最后经过适当的变换,可得到所求的回归曲线。然后再利用这些回归曲线进行预测。

二、几种常见的非线性模型及其线性化方法

(一)多项式函数模型

形如:

$$Y = \beta_0 + \beta_1 X + \beta_2 X^2 + \cdots + \beta_K X^K + u \tag{3-44}$$

的模型称为多项式函数模型。若令 $Z_1 = X, Z_2 = X^2, \cdots, Z_K = X^K$,则得线性模型:

$$Y = \beta_0 + \beta_1 Z_1 + \beta_2 Z_2 + \cdots + \beta_K Z_K + u \tag{3-45}$$

(二)双曲线模型

双曲线模型的形式为:

$$Y = \beta_0 + \beta_1 \frac{1}{X} + u \tag{3-46}$$

若令 $Z = \frac{1}{X}$,则得线性模型:

$$Y = \beta_0 + \beta_1 Z + u \tag{3-47}$$

(三)半对数模型和双对数模型

形如:

$$\ln Y = \beta_0 + \beta_1 X + u \tag{3-48}$$

$$Y = \beta_0 + \beta_1 \ln X + u \tag{3-49}$$

的模型称为半对数模型。形如：

$$\ln Y = \beta_0 + \beta_1 \ln X + u \tag{3-50}$$

的模型称为双对数模型。若令 $Y^* = \ln Y, X^* = \ln X$，则得到对应于式(3-48)、式(3-49)和式(3-50)的线性模型分别是：

$$Y^* = \beta_0 + \beta_1 X + u \tag{3-51}$$

$$Y = \beta_0 + \beta_1 X^* + u \tag{3-52}$$

$$Y^* = \beta_0 + \beta_1 X^* + u \tag{3-53}$$

（四）指数模型

指数模型的形式为：

$$Y = \alpha\, e^{\beta X + u} \tag{3-54}$$

若对式(3-54)两边取自然对数,有：

$$\ln Y = \ln \alpha + \beta X + u$$

令 $Y^* = \ln Y, \beta_0 = \ln \alpha$，则得到线性模型：

$$Y^* = \beta_0 + \beta X + u \tag{3-55}$$

（五）幂模型

幂模型的形式为：

$$Y = \alpha X^\beta e^u \tag{3-56}$$

对式(3-56)两边取自然对数,有：

$$\ln Y = \ln \alpha + \beta \ln X + u$$

若令 $Y^* = \ln Y, \beta_0 = \ln \alpha, X^* = \ln X$，则得到线性模型：

$$Y^* = \beta_0 + \beta X^* + u \tag{3-57}$$

（六）S 形模型

S 形模型的形式为：

$$Y = \frac{1}{\beta_0 + \beta_1 e^{-X} + u} \tag{3-58}$$

若令 $Y^* = \dfrac{1}{Y}, X^* = e^{-X}$，则得到线性模型：

$$Y^* = \beta_0 + \beta_1 X^* + u \tag{3-59}$$

3.4　进行回归分析预测时应注意的问题

一、在定性分析的基础上进行回归分析预测

在定性分析的基础上进行回归分析是保证正确运用回归分析预测法的必要条件。回归分析可以加深人们对客观现象之间相关关系的认识，因而是对客观现象进行分析预测的有效方法，但是，它也有一定的局限性。回归分析本身无法准确判断现象之间是否存在内在的相关关系，也不能解释相关关系产生的原因。内在联系的判断和因果关系的确定，必须建立在以经济理论为指导，结合专业知识和实际经验的定性分析的基础之上。然后通过回归分析从数量上反映现象之间的联系形式及其密切程度。对没有内在联系的现象进行回归分析，不仅没有意义，而且必将导致"虚假相关"的错误。因此，在应用回归分析来对客观现象进行预测时，一定要始终注意把定性分析和回归分析结合起来，在定性分析的基础上进行回归分析预测。

二、要注意现象质的界限和相关关系作用的范围

许多情况下，现象之间只是在一定范围内才具有相关关系。例如：施肥量和农作物生产量只在一定范围内才有正相关关系，施肥量超过一定的限度，产量不但不会增加，反而减少；密植也是如此，密植过度也会减少产量；其他许多现象如价格和销售量、生产量和成本等也是如此。

此外，回归分析中的回归方程通常都是根据一定范围内的有限样本资料计算得到的，由于最小二乘法的原理是对现有样本资料范围拟合一条"最佳"线，如果利用该回归线外推到范围以外，就不一定是"最佳"线了。因此，其有效性一般只适用于该范围内，不适用于该范围外。也就是说，回归方程一般只适用于内插预测，不宜用于外推预测。忽视相关关系建立的条件，而把这种关系无限制地向外推广所得到的结论是值得怀疑的。

因此，在进行回归分析预测时要注意现象质的界限及相关关系作用的范围，超出了这个范围，预测结果就会歪曲事实。

对相关关系的范围的认识实质上也是一种定性认识，但在做这种定性判断时也应与统计方法结合，如编制相关表、绘制相关图、运用分组法等。

三、重视具体问题具体分析

回归方程是根据实际统计资料计算的,一般是一种经验公式,条件类似或相对稳定时,应用它就比较准确。如果有些重要条件发生变化,则不能机械照搬,利用它来进行推算或预测,就可能造成失误。例如,利用实际资料建立的生产模型,反映了在一定的生产技术水平下,劳动、资本的投入和产出之间的数量关系。当生产技术水平提高以后,该生产模型所反映的投入产出关系就不再准确,此时,需要对模型进行修正。此外,利用回归方程对经济现象进行分析,最后得到的经济变量之间的数量关系是一种统计关系,要使我们所得到的这种关系具有真实性、可靠性,排除偶然性,除了要对大量经济现象进行观察外,也要注意具体问题具体分析。

四、要考虑社会经济现象的复杂性

社会经济现象之间的关系比自然技术现象之间的关系要复杂得多,影响社会经济现象之间的关系的因素不仅有自然技术因素,还有政治的、经济的、道德的甚至心理的因素等。而且社会条件的变化既大又快,因此,在进行回归分析预测时,要注意社会经济现象的复杂性。

例如:价格上涨,销量减少;价格下降,销量增加。这是一般的规律。根据过去的经验资料可以拟合回归方程,并且可以根据这种回归方程去推算价格下降多少,销量一般会增加多少。但是这里还可能会有另一些因素在起作用。在某种情况下,人们会想:价格跌了,可能还会再跌,于是观望等待。或者相反,价格涨了,但人们担心再涨价,反而增加购买量。这些情况是回归模型所不能完全包含的。

3.5 多元回归分析预测案例

【例3-5】现有某商品过去 15 个时期的销售量、价格和广告支出额资料如表3-4所示,试根据表中资料利用回归预测法对该商品价格为38元/件、广告支出额为8.00 万元时的销售量进行预测。

表 3-4　某商品的销售量、价格和广告支出资料

时期	销售量（万件）	价格（元/件）	广告支出额（万元）	时期	销售量（万件）	价格（元/件）	广告支出额（万元）
1	50	100	5.50	9	125	60	7.50
2	69	90	6.30	10	115	60	6.90
3	90	80	7.20	11	125	55	7.15
4	104	70	7.00	12	130	50	6.50
5	90	70	6.30	13	135	50	7.25
6	108	70	7.35	14	150	40	8.00
7	80	70	5.60	15	160	40	8.25
8	110	65	7.15				

我们可以将数据导入 SPSS 进行数据分析，建立多元线性回归模型具体步骤如下：

在 SPSS 中打开该数据，如图 3-3 所示。

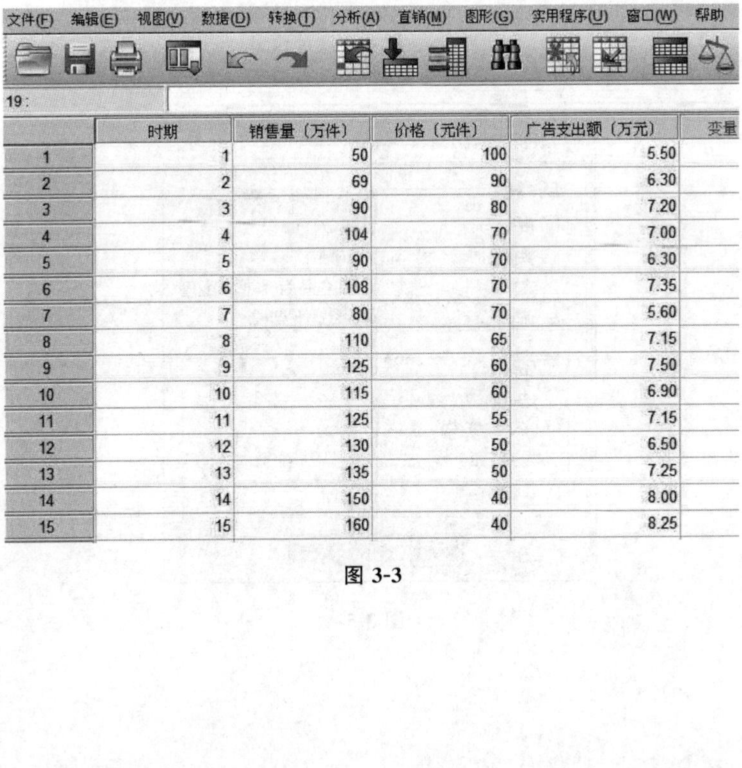

图 3-3

点击"分析"—"回归"—"线性",打开如图 3-4 的对话框。

选择自变量和因变量,在本例题中,点击"统计量"选项,勾选"共线性诊断",其余设为默认设置,如图 3-4 和图 3-5 所示。

单击"确定"按钮,得到输出结果。

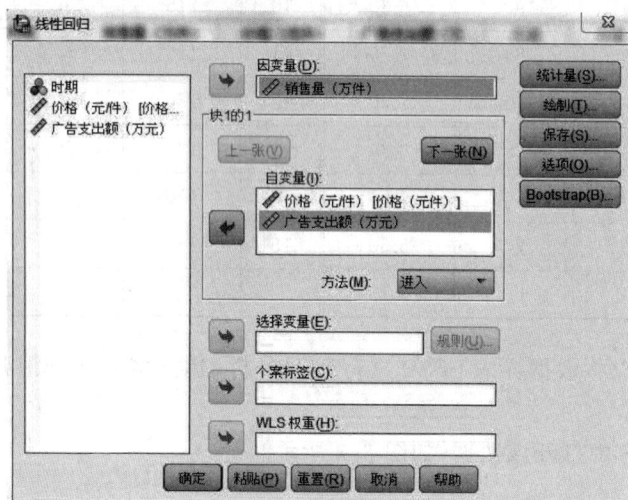

图 3-4

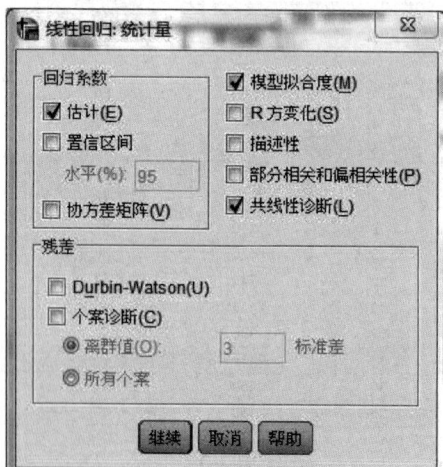

图 3-5

可以得到如表 3-5 所示结果：

表 3-5　输入／移出的变量

模型	输入的变量	移去的变量	方法
1	广告支出额(万元)，价格(元/件)		输入

注：1.已输入所有请求的变量。

　　2.因变量：销售量(万件)。

表 3-5 显示，模型最先引入变量"广告支出额(万元)"，第二个引入的变量是"价格(元／件)"，没有变量被剔除。

表 3-6　模型汇总

模型	R	R^2	调整 R^2	标准估计的误差
1	0.993	0.986	0.984	3.806

注：预测变量：(常量)，广告支出额(万元)，价格(元／件)。

表 3-6 显示模型的拟合情况。从表中可以看出，模型的复相关系数(R)为 0.993，拟合优度(R^2)为 0.986，调整后的 $\overline{R^2}$ 为 0.984，标准估计的误差是 3.806，因此从 $\overline{R^2}$ 来判断，该模型有很好的拟合优度。

表 3-7　方差分析

模型		平方和	自由度	均方	F	显著性
1	回归	12 441.730	2	6 220.867	429.357	0.000
	残差	173.866	12	14.489		
	总计	12 615.600	14			

注：1.预测变量：(常量)，广告支出额(万元)，价格(元／件)。

　　2.因变量：销售量(万件)。

表 3-7 列出了模型的方差分析数据，我们可以得到该模型的回归平方和(ESS)是 12 441.730，残差平方和(RSS)是 173.866，总离差平方和是 12 615.600。根据给定的显著性水平 $\alpha = 0.05$ 和自由度(2,12)，从 F 分布表查得临界值 $F_{0.05} = 3.890$。$F = 429.357 > F_{0.05}$，并且 $P = 0.000$，拒绝原假设 H_0，接受备择假设 H_1，认为所设定的回归模型整体上是合适的。

表 3-8　系数

	非标准化系数		标准化系数	t	显著性	共线性统计量	
	B	标准误差	试用版			容差	VIF
1(常量)	108.063	17.440		6.196	0.000		
价格（元/件）	-1.307	0.086	-0.738	-15.198	0.000	0.487	2.052
广告支出额（万元）	12.385	1.875	0.321	6.606	0.000	0.487	2.052

因变量:销售量(万件)

$$Y_i = \beta_0 + \beta_1 X_{i1} + \beta_2 X_{i2} + u_i$$

其中,变量 Y_i, X_{i1}, X_{i2} 分别表示商品的销售量、价格和广告支出额。

样本回归模型为:

$$y_i = \beta_0 + \beta_1 x_{i1} + \beta_2 x_{i2} + e_i$$

样本回归方程为:

$$y_i = \hat{\beta}_0 + \hat{\beta}_1 x_{i1} + \hat{\beta}_2 x_{i2}$$

从表 3-8 中可以得到,$\hat{\beta}_0 = 108.063, \hat{\beta}_1 = -1.307, \hat{\beta}_2 = 12.385$,并且它们对应的 t 统计量的值分别为 6.196,-15.198,6.606。从 t 分布表查得显著性水平 $t = 0.05$ 和自由度为 12 时的临界值 $t_{0.025} = 2.179$。由于 $|t_{\hat{\beta}_j}| > t_{0.025}$,可以拒绝原假设（$H_0: \beta_j = 0$）,接受备择假设 $H_1(\beta_j \neq 0, j = 0, 1, 2)$。即可以认为某商品的价格和广告支出额对该商品的销售量的影响是显著的。

本模型的 $\overline{R}^2 = 0.984$,且各个回归参数的 t 值都较高,从这一方面来看没有严重的多重共线性的征兆。我们可以从表中看出 VIF 值是 $2.052 < 5$,因此自变量之间不存在严重的多重共线性。

所设定的模型通过了前述各种检验,因此可以用于预测。

由题知,$x_{01} = 38, x_{02} = 8$,代入样本回归方程,可得:

$$\hat{y}_0 = 108.062\ 7 - 1.306\ 6 \times 38 + 12.385\ 4 \times 8 = 157.495\ 1(万件)$$

在显著性水平 $\alpha = 0.05$ 时,$t_{0.025} = 2.179$。为了构造预测区间,进行以下运算:

$$\delta^2 = 14.481\ 4 \times (1, 38, 8)(\boldsymbol{X'X})^{-1}(1, 38, 8)'$$
$$= 14.485\ 6 \times 0.256\ 5$$
$$= 3.715\ 6$$

$$\Delta = 2.179 \times 3.806 \times \sqrt{1 + 3.715\ 6} = 18.009\ 2$$

$$\hat{y}_0 - \Delta = 157.495\ 1 - 18.009\ 2 = 139.485\ 9$$

$$\hat{y}_0 + \Delta = 157.495\ 1 + 18.009\ 2 = 175.504\ 3$$

因此,该商品价格为 38 元 / 件、广告支出额为 8 万元时的销售量的点预测值为 157.495 1 万件。在 95% 置信水平下的区间预测为 (139.485 9,175.504 3) 万件。

思考与练习 ～～～～～～～～～～～～～～～～～～～～～～～～～～～～

1.什么是回归分析? 进行回归分析时应注意哪些问题?

2.简述一元线性回归的标准假定。

3.为什么要对建立的回归模型进行检验?

4.对于一元线性回归模型和多元线性回归模型分别应该进行哪些检验?

5.简述多元线性回归模型与一元线性回归模型的标准假定有哪些不同之处。

6.某公司近 8 个季度的广告费用支出和销售额资料如下表所示:

项目	季度编号							
	1	2	3	4	5	6	7	8
广告费用支出(万元)	2	3	5	6	7	9	10	12
销售额(万元)	6	8	11	14	16	19	22	25

(1)建立一元线性回归模型,对模型参数进行估计。

(2)当显著性水平 $\alpha = 0.05$ 时,对模型进行拟合优度和显著性检验。

(3)当显著性水平 $\alpha = 0.05$ 时,对模型参数进行显著性检验。

(4)该公司打算下一季度广告费用支出 16 万元,对销售额进行预测,并求出 95% 的置信区间。

7.某产品 10 年的销售量、价格和居民人均收入资料如下表所示:

项目	年份编号									
	1	2	3	4	5	6	7	8	9	10
产品销售量(万件)	10	10	15	13	14	20	18	24	19	23
产品价格(元/件)	20	30	20	50	40	30	40	30	50	40
居民人均收入(元)	5 000	7 000	8 000	9 000	9 000	10 000	10 000	12 000	13 000	15 000

(1)建立产品销售量对产品价格和居民人均收入的二元线性回归模型,对参数进行估计。

(2)当显著性水平 $\alpha = 0.05$ 时,对模型进行统计检验。

（3）当产品价格为 45 元／件，居民收入达到 20 000 元时，预测该产品的销售量是多少？其 95% 的置信区间是什么？

8.下表是某企业 16 个月度的产品产量和单位成本资料。

月度序号	产量（台）	单位成本（元/台）	月度序号	产量（台）	单位成本（元/台）
1	4 300	346.23	9	6 024	310.82
2	4 004	343.34	10	6 194	306.83
3	4 300	327.46	11	7 558	305.11
4	5 016	313.27	12	7 381	300.71
5	5 511	310.75	13	6 950	306.84
6	5 648	307.61	14	6 471	303.44
7	5 876	314.56	15	6 354	298.03
8	6 651	305.72	16	8 000	296.21

（1）拟合单位成本与产量的双曲线模型，并进行统计检验。

（2）假设该企业第 17 个月计划生产 10 000 台产品，试预测单位成本。

第四章 时间序列分析预测法

所谓时间序列,是指由同一现象在不同时间上的相继观察值排列而成的序列,也称时间数列、动态数列。时间序列分析预测法,就是通过对时间序列进行分析,找出现象随时间发展变化的数量规律性,并对这种数量规律性进行类推或延伸,来预测现象的未来发展变化趋势。

时间序列分析预测法是根据预测对象本身随时间变化的规律性来推断未来的。这不同于利用预测对象与其影响因素之间的关系进行预测的回归分析预测法。

4.1 时间序列分解法

一、时间序列变动的影响因素分解

影响经济时间序列变化的因素可划分为以下四种:

(一)长期趋势因素(T)

长期趋势因素是指使社会经济现象在某一段较长时期内呈现持续发展变化趋势的因素。这是由于许多经济现象有一种稳定的、长期起作用的因素存在。社会经济现象的长期趋势主要表现为持续上升、持续下降、水平发展的线性趋势。在某些情况下也表现为某种类似指数或其他曲线的非线性趋势,例如指数曲线型、二次曲线型、修正的指数曲线型等。长期趋势因素是时间序列的主要构成要素。例如,我国国内生产总值、人均可支配收入等都具有长期增长的趋势。

（二）季节变动因素（S）

季节变动因素是指引起社会经济现象在一年内随着季节更换而有规律地变动的因素。季节变动因素中的"季节"一词是广义的，包括气候条件等自然因素、生产或生活条件、人们的风俗习惯、节假日等。因此，季节变动不仅指一年中的四季变化，也指其他周期性的变化。例如，每年旅游业中的旅游旺季，空调销售中的销售旺季，每周商场销售活动的高峰日等。

（三）循环变动因素（C）

循环变动因素是指引起社会经济现象近乎规律性的从低到高再从高到低的周而复始变动的因素。循环变动与季节变动的区别是，季节变动有比较固定的规律，且变动周期是固定的，如，一年、四个季节、一个月或一星期等。而循环变动没有固定的规律，变动周期长短不一，且一般是大于一年的。例如，商业活动、股票价格等具有明显的循环变动特征。

循环变动与季节变动统称为周期变动。

（四）不规则变动因素（I）

不规则变动因素是指引起社会经济现象发生不规则变动的各种偶然因素，又称为随机变动因素。例如，由于突然的自然灾害的影响使农产品的价格发生波动；政治运动、政策调整使经济发生波动等。不规则变动难以被掌握，所以很难预测。

二、时间序列的分解模型

按以上四种因素对时间序列的影响方式不同，时间序列可分解为多种模型，主要有以下三种模型：

（一）加法模型

$$Y_t = T_t + S_t + C_t + I_t \tag{4-1}$$

（二）乘法模型

$$Y_t = T_t \cdot S_t \cdot C_t \cdot I_t \tag{4-2}$$

（三）混合模型

$$Y_t = T_t \cdot S_t + C_t + I_t \tag{4-3}$$

$$Y_t = T_t \cdot S_t + I_t \tag{4-4}$$

$$Y_t = T_t \cdot C_t + I_t + S_t \tag{4-5}$$

在上述三种模型中，最常用的是乘法模型。在乘法模型中，时间序列值 Y_t 和长期趋势 T_t 用绝对数表示，季节变动 S_t、循环变动 C_t 和不规则变动 I_t 用相对数（百分数）表示。

实践中，一个具体的时间序列可能并不包含全部四种影响因素。时间序列为哪些因素所影响，以及以哪种组合形式影响，需要通过分析时间序列的具体性质和研究目的而定。

三、时间序列分解法

（一）乘法模型

乘法模型

$$Y_t = T_t \cdot S_t \cdot C_t \cdot I_t$$

的时间序列分解法又称为季节指数法。其分解的基本思路如下：

第一步，采用移动平均法从原始时间序列 Y 中剔除季节变动和不规则变动，得到包含长期趋势和循环变动的序列 TC。

第二步，从原始时间序列 Y 中剔除第一步算出的长期趋势和循环变动的总影响 TC，得到只包含季节变动和不规则变动的序列 SI，即 $SI = \dfrac{Y}{TC}$。

第三步，对第二步得到的序列 SI 采用按月（季）平均法，剔除其中的不规则变动 I，得到季节指数 S。

第四步，以时间 t 为自变量，采用趋势拟合法，对原始时间序列 Y 建立长期趋势方程，并根据该方程求出每个时期的长期趋势值，得到长期趋势序列 T。长期趋势方程的求法可以采用移动平均法，也可采用时间回归法。长期趋势方程的形式可通过散点图判断，一般情况下为直线趋势，回归方程为 $T_t = \beta_0 + \beta_1 t$；在某些情况下，也可能是曲线趋势。

第五步，从第一步得出的包含长期趋势和循环变动的序列 TC 中剔除第四步得出的长期趋势 T，得到循环变动指数序列 C，即 $C = \dfrac{TC}{T}$。

从原始时间序列 Y 中剔除第三、四、五步分别得到的 S、T、C，得到不规则变动序列 I，即 $I = \dfrac{Y}{S \cdot T \cdot C}$。由于不规则变动不可预测，所以它对预测没有价值，因此，不必对其进行分解计算。

第六步，根据长期趋势方程求出预测时期的长期趋势值 T_t，并判断预测时期的循环变动指数 C_t。

第七步，根据时间序列分解模型进行预测。由于不规则变动序列 I 不可预测，预测模型变为：$\hat{Y}_t = T_t \cdot S_t \cdot C_t$。其中，季节指数 S_t 已在第三步求出，长期趋势值 T_t 和循环变动指数 C_t 在第六步计算得到。

如果经济现象循环变动的预测值难以求得，可用长期趋势和季节变动的预测值的积或和作为时间序列的预测值。如果经济现象本身没有季节变动或不需预测分季分月的资料，则长期趋势的预测值就是时间序列的预测值，即 $\hat{Y}_t = T_t$。需要注意的是，这个预测值只反映现象未来的发展趋势，本质上只是一个平均数，实际值将围绕着它上下波动。

【例 4-1】某公司 2012—2017 年产品销售额（单位：万元）季度数据如表 4-1 所示。用时间序列分解法的乘法模型（季节指数法）预测 2018 年第 1 季度的销售额。

表 4-1 某产品 2012—2017 年销售额季度数据

年份	第 1 季度	第 2 季度	第 3 季度	第 4 季度
2012 年	134	208	272	152
2013 年	144	220	270	164
2014 年	148	230	284	176
2015 年	156	260	330	190
2016 年	166	294	380	212
2017 年	172	316	410	224

第一步，求不含季节变动和不规则变动的序列 TC。

对销售额序列 Y 采用移动平均法来消除季节变动和不规则变动。由于销售额数据为季度数据，周期为 4。因此，为了消除季节变动，进行四项移动平均。例如，第一个四项移动平均值为：

$$\frac{Y_1 + Y_2 + Y_3 + Y_4}{4} = \frac{134 + 208 + 272 + 152}{4} = 191.5（万元）$$

第二个四项移动平均值为：

$$\frac{Y_2+Y_3+Y_4+Y_5}{4}=\frac{208+272+152+144}{4}=199.5(万元)$$

以此类推,结果见表4-2第(4)栏。

表4-2　某商品销售额序列的乘法模型分解表

年份	季度 (1)	t（季度） (2)	销售额 Y（万元） (3)	四项移动平均（万元） (4)	TC（万元） (5)	SI=Y/TC（%） (6)	T（万元） (7)	C（%） (8)
2012 年	1	1	134		—	—	171.806 7	—
	2	2	208		—	—	176.838 0	—
	3	3	272	191.50	192.75	141.115	181.869 3	105.982 7
	4	4	152	194.00	195.50	77.749	186.900 6	104.601 1
2013 年	1	5	144	197.00	196.75	73.189	191.931 9	102.510 3
	2	6	220	196.50	198.00	111.111	196.963 2	100.526 4
	3	7	270	199.50	200.00	135.000	201.994 5	99.012 6
	4	8	164	200.50	201.75	81.289	207.025 8	97.451 6
2014 年	1	9	148	203.00	204.75	72.283	212.057 1	96.554 2
	2	10	230	206.50	208.00	110.577	217.088 4	95.813 5
	3	11	284	209.50	210.50	134.917	222.119 7	94.768 7
	4	12	176	211.50	215.25	81.765	227.151 0	94.760 8
2015 年	1	13	156	219.00	224.75	69.410	232.182 3	96.798 9
	2	14	260	230.50	232.00	111.948	237.213 6	97.907 5
	3	15	330	234.00	235.25	140.276	242.244 9	97.112 5
	4	16	190	236.50	240.75	78.920	247.276 2	97.360 8
2016 年	1	17	166	245.00	251.25	66.070	252.307 5	99.580 9
	2	18	294	257.50	260.25	112.968	257.338 8	101.131 3
	3	19	380	263.00	263.75	144.076	262.370 1	100.525 9
	4	20	212	264.50	267.25	79.326	267.401 4	99.943 4
2017 年	1	21	172	270.00	273.75	62.831	272.432 7	100.483 5
	2	22	316	277.50	279.00	113.262	277.464 0	100.553 6
	3	23	410	280.50	—	—	282.495 3	—
	4	24	224		—	—	287.526 6	—

为了使移动平均值与时间在位置上对应,需对第一次得到的移动平均值再做一次两项(居中)移动平均,即得到不含季节变动和不规则变动的序列 TC,见表 4-2 中第(5)栏。例如,TC 序列中第一个值(2012 年第 3 季度对应的 TC 值)为第一个四项移动平均值和第二个四项移动平均值的平均数:

$$\frac{191.5 + 194}{2} = 192.75(万元)$$

第二步,根据 $SI = \dfrac{Y}{TC}$,求只包含季节变动和不规则变动的序列 SI。结果见表 4-2 中第(6)栏。例如,2012 年第 3 季度对应的 SI 值为

$$\frac{272}{192.75} \times 100\% = 141.115\%$$

第三步,求季节指数 S。将序列 SI 按季度重新排列如表 4-3,采用按季平均法,可剔除其中的不规则变动 I,得到各年的同季平均指数。由于四个季度的平均指数之和为 399.6164%,需对各指数进行修正,使其和为 400%。各季度平均指数乘修正系数 1.00096(400/399.6164),即得到该产品销售额的季节指数,如表 4-3 最后一行所示。例如,第 1 季度季节指数的计算过程为:

$$S_1 = \frac{73.189 + 72.283 + 69.410 + 66.070 + 62.831}{5} \times \frac{400}{399.6164}$$

$$= 68.8226\%$$

第四步,计算长期趋势序列 T。

表 4-3   季节指数计算表

年份	第 1 季度	第 2 季度	第 3 季度	第 4 季度	合计
2012 年	—	—	141.115 0	77.749 0	—
2013 年	73.189 0	111.111 0	135.000 0	81.289 0	—
2014 年	72.283 0	110.577 0	134.917 0	81.765 0	—
2015 年	69.410 0	111.948 0	140.276 0	78.920 0	—
2016 年	66.070 0	112.968 0	144.076 0	79.326 0	—
2017 年	62.831 0	113.262 0	—	—	—
同季合计(%)	343.783 0	559.866 0	695.384 0	399.049 0	—
同季平均(%)	68.756 6	111.973 2	139.076 8	79.809 8	399.616 4
季节指数(%)	68.822 6	112.080 7	139.210 3	79.886 4	400.000 0

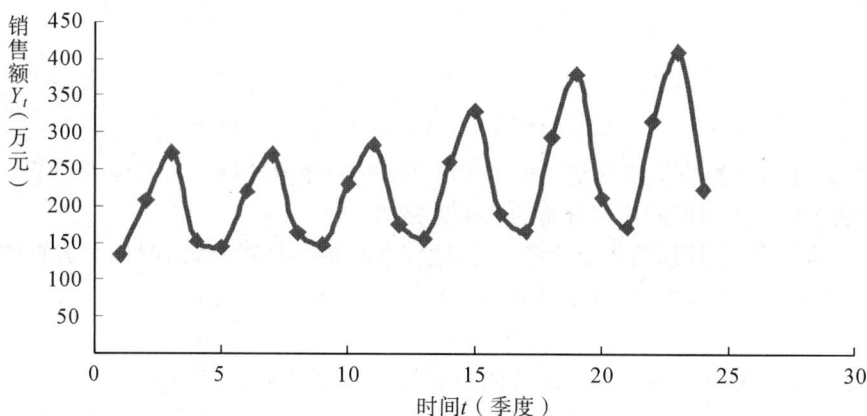

图 4-1　销售额散点图

通过散点图(见图 4-1)可以看出,随着时间的变化,销售额 Y_t 有上升的线性趋势。因此,以时间 t 为自变量,销售额 Y_t 为因变量,采用最小二乘估计法,建立如下长期趋势回归方程:

$$T_t = 166.775\,4 + 5.031\,3t$$

根据上面的趋势方程,求出每个时期的长期趋势值。例如 2012 年第 3 季度时,将 $t=3$ 代入趋势回归方程,得到长期趋势值为:

$$T_3 = 166.775\,4 + 5.031\,3 \times 3 = 181.869\,3(万元)$$

依此类推,可求得长期趋势序列 T,见表 4-2 第(7)栏。

第五步,计算循环变动指数序列 C,计算公式为 $C = \dfrac{TC}{T}$,结果见表 4-2 第(8)栏。

例如,2012 年第 3 季度的循环变动指数为:

$$\frac{192.75}{181.869\,3} \times 100\% = 105.982\,7\%$$

第六步,计算 2018 年第 1 季度的长期趋势值。

本例中,2018 年第 1 季度对应的时间 $t=25$,代入长期趋势回归方程,有

$$T_{25} = 166.775\,4 + 5.031\,3 \times 25 = 292.557\,9(万元)$$

根据表 4-2 中的循环变动 C 和销售额 Y 的历史资料,销售专家估计 2018 年第 1 季度的循环变动指数 C_{25} 为 98%。因此,2018 年第 1 季度销售额的预测值为:

$$\hat{Y}_t = T_t \times S_t \times C_t = 292.557\,9 \times 68.822\,6\% \times 98\% = 197.319\,0(万元)$$

（二）加法模型

加法模型

$$Y_t = T_t + S_t + I_t$$

中，S_t 通常被称为季节变差。对加法模型的时间序列分解方法又称为季节变差法。该方法对时间序列分解的基本思路如下：

第一步，求长期趋势变动 T_t。方法同前面的乘法模型，以时间 t 为自变量，采用趋势拟合法，对原始时间序列 Y 建立长期趋势方程：

$$T_t = \hat{\beta}_0 + \hat{\beta}_1 t$$

并根据该方程求出每个时期的长期趋势值，得到长期趋势序列 T。

第二步，消除随机变动，估计季节变差 S_t。从原时间序列 Y 中剔除长期趋势序列 T，得到只包含季节变差和随机变动的序列 SI，即 $SI = Y - T$。由于季节变差受季节变动因素影响，假设其与年度无关，则不同年度同一季度的随机变动之和为零，即：

$$\sum_{i=1}^{m} I_{ij} = 0, j = 1, 2, \cdots, k$$

其中，下标 i 表示年度，j 表示季度。它们与时间 t 的转换关系为：$t = k(i-1) + j$。i 为 $\dfrac{t}{k}$ 的整数部分加 1，即 $i = \left[\dfrac{t}{k}\right] + 1; j = t - (i-1)k$。有：

$$\overline{S_j} = \frac{1}{m}\sum_{i=1}^{m} S_{ij} + \frac{1}{m}\sum_{i=1}^{m} I_{ij} = \frac{1}{m}\sum_{i=1}^{m} SI_{ij} = \frac{1}{m}\sum_{i=1}^{m}(Y_{ij} - T_{ij}) \quad (j = 1, 2, \cdots, k)$$

往往 k 个季度的平均季节变差之和 $\sum_{j=1}^{k} \overline{S_j} \neq 0$，需要对各平均季节变差进行修正，使其和为零。修正方法是：各季度平均季节变差减去其平均数。用公式表示为：

$$S_j = \overline{S_j} - \frac{1}{k}\sum_{j=1}^{k} \overline{S_j}$$

即得到各季度的季节变差。这时，

$$S_t = S_{t-k(i-1)}$$

第三步，求随机变动 I_t。从序列 SI 中剔除季节变差序列 S，即：

$$I_t = SI_t - S_t$$

得到随机变动序列 I。由于随机变动很难预测，没有预测价值，所以不必对其进行分解运算。

第四步，根据时间序列分解模型进行预测。由于不规则变动序列 I 不可

预测,预测模型变为:

$$\hat{Y}_t = T_t + S_t$$

【例4-2】采用加法模型(季节变差法)对例4-1中某公司2018年第1季度的销售额进行预测,数据资料见表4-1。

第一步,求长期趋势。由例4-1可知,长期趋势回归方程:

$$T_t = 166.775\ 4 + 5.031\ 3t$$

根据上面的趋势方程,求出每个时期的长期趋势值,结果见表4-4第(4)栏。

第二步,求季节变差 S。

首先,根据 $SI = Y - T$,计算出只包含季节变差和随机变动的序列 SI,结果见表4-4第(5)栏。例如,2012年第1季度的 SI 为:

表4-4 某商品销售额序列的加法模型分解表

年份	季度 (1)	t (季度) (2)	销售额 Y (万元) (3)	T (万元) (4)	SI (万元) (5)
2012 年	1	1	134	171.806 7	−37.806 7
	2	2	208	176.838 0	31.162 0
	3	3	272	181.869 3	90.130 7
	4	4	152	186.900 6	−34.900 6
2013 年	1	5	144	191.931 9	−47.931 9
	2	6	220	196.963 2	23.036 8
	3	7	270	201.994 5	68.005 5
	4	8	164	207.025 8	−43.025 8
2014 年	1	9	148	212.057 1	−64.057 1
	2	10	230	217.088 4	12.911 6
	3	11	284	222.119 7	61.880 3
	4	12	176	227.151 0	−51.151 0
2015 年	1	13	156	232.182 3	−76.182 3
	2	14	260	237.213 6	22.786 4
	3	15	330	242.244 9	87.755 1
	4	16	190	247.276 2	−57.276 2

续表

年份	季度 (1)	t (季度) (2)	销售额 Y (万元) (3)	T (万元) (4)	SI (万元) (5)
2016 年	1	17	166	252.307 5	−86.307 5
	2	18	294	257.338 8	36.661 2
	3	19	380	262.370 1	117.629 9
	4	20	212	267.401 4	−55.401 4
2017 年	1	21	172	272.432 7	−100.432 7
	2	22	316	277.464 0	38.536 0
	3	23	410	282.495 3	127.504 7
	4	24	224	287.526 6	−63.526 6

$$\text{SI}_1 = Y_1 - T_1 = 134 - 171.806\ 7 = -37.806\ 7(\text{万元})$$

将序列 SI 按季度重新排列如表 4-5,采用按季平均法,可剔除其中的不规则变动 I,得到各季度的平均季节变差,见表 4-5 中倒数第二行。由于四个季度的平均季节变差之和为 0,不需进行修正,同季平均值即为各季度的季节变差。

表 4-5　季节变差计算表

年份	第 1 季度	第 2 季度	第 3 季度	第 4 季度	合计
2012 年	−37.806 7	31.162 0	90.130 7	−34.900 6	—
2013 年	−47.931 9	23.036 8	68.005 5	−43.025 8	—
2014 年	−64.057 1	12.911 6	61.880 3	−51.151 0	—
2015 年	−76.182 3	22.786 4	87.755 1	−57.276 2	—
2016 年	−86.307 5	36.661 2	117.629 9	−55.401 4	—
2017 年	−100.432 7	38.536 0	127.504 7	−63.526 6	—
同季平均	−68.786 4	27.515 7	92.151 0	−50.880 3	0
季节变差	−68.786 4	27.515 7	92.151 0	−50.880 3	0

第三步,计算 2018 年第 1 季度的长期趋势值。

2018 年第 1 季度对应的时间 $t=25$，代入长期趋势回归方程，有

$$T_{25}=166.775\ 4+5.031\ 3\times25=292.557\ 9(万元)$$

$$S_{25}=-68.786\ 4(万元)$$

因此，2018 年第 1 季度销售额的预测值为：

$$\hat{Y}_{25}=T_{25}+S_{25}=292.557\ 9-68.786\ 4=223.771\ 5(万元)$$

4.2 移动平均法

移动平均法的基本思想和原理是：通过对时间序列按一定的项数（间隔长度）逐期移动平均，从而修匀时间序列的周期变动和不规则变动，显示出现象的发展趋势，然后根据趋势变动进行外推预测的一种方法。

移动平均法是针对时间序列呈现的线性长期趋势而采取的外推预测方法。常用的移动平均法有一次移动平均法和二次移动平均法。其中，一次移动平均法又包括简单移动平均法和加权移动平均法。

一、简单移动平均法

简单移动平均法就是对原时间序列按一定的项数逐期平均，分别计算出一系列移动平均数，这些移动平均数构成的新的时间序列对原时间序列的波动起到一定的修匀作用，如果原时间序列没有明显的不稳定变动的话，则可以用最近一期的移动平均值作为下一期的预测值。具体的预测方法和步骤如下：

设时间序列为：$Y_1,Y_2,\cdots,Y_t,\cdots$，移动平均项数为 k。第 $t-1$ 期简单移动平均数 M_{t-1} 的计算公式为：

$$M_{t-1}=\frac{Y_{t-1}+Y_{t-2}+\cdots+Y_{t-k}}{k}$$

第 t 期简单移动平均数 M_t 的计算公式为：

$$M_t=\frac{Y_t+Y_{t-1}+Y_{t-2}+\cdots+Y_{t-k+1}}{k} \tag{4-6}$$

预测方法是用 M_t 作为 Y_{t+1} 的预测值，即：

$$\hat{Y}_{t+1}=M_t=\frac{Y_t+Y_{t-1}+Y_{t-2}+\cdots+Y_{t-k+1}}{k},t=k,k+1,\cdots \tag{4-7}$$

因为：

$$\hat{Y}_{t+1} = \frac{Y_t + Y_{t-1} + Y_{t-2} + \cdots + Y_{t-k+1}}{k}$$

$$= \frac{Y_{t-1} + Y_{t-2} + \cdots + Y_{t-k+1} + Y_{t-k}}{k} + \frac{Y_t - Y_{t-k}}{k}$$

$$= M_{t-1} + \frac{Y_t - Y_{t-k}}{k}$$

$$= \hat{Y}_t + \frac{Y_t - Y_{t-k}}{k}$$

所以，移动平均法预测的递推公式为：

$$\hat{Y}_{t+1} = \hat{Y}_t + \frac{Y_t - Y_{t-k}}{k} \tag{4-8}$$

【例4-3】某公司近11年的产品销售量数据如表4-6第2列所示。分别采用三项和四项简单移动平均法对该公司第12年的产品销售量进行预测。

表 4-6　简单移动平均预测计算表

年份编号	销售量（万台）	三项简单移动平均预测		四项简单移动平均预测	
		预测值（万台）	相对误差（%）	预测值（万台）	相对误差（%）
1	175	—	—	—	—
2	172	—	—	—	—
3	180	—	—	—	—
4	192	175.67	8.51	—	—
5	201	181.33	9.79	179.75	10.57
6	210	191.00	9.05	186.25	11.31
7	220	201.00	8.64	195.75	11.02
8	227	210.33	7.34	205.75	9.36
9	235	219.00	6.81	214.50	8.72
10	232	227.33	2.01	223.00	3.88
11	240	231.33	3.61	228.50	4.79
12	—	235.67	—	233.50	

根据式(4-7)，可计算出各年的三项简单移动平均预测值，结果见表4-6中

第 3 列。其中,第 12 年的三项简单移动平均预测值的计算过程为:

$$\hat{Y}_{12} = \frac{Y_9 + Y_{10} + Y_{11}}{3}$$

$$= \frac{235 + 232 + 240}{3}$$

$$= 235.67(\text{万台})$$

当 $k = 4$ 时,可计算各年的四项简单移动平均预测值,结果见表 4-6 中第 5 列。其中,第 12 年的四项简单移动平均预测值的计算过程为:

$$\hat{Y}_{12} = \frac{Y_8 + Y_9 + Y_{10} + Y_{11}}{4}$$

$$= \frac{227 + 235 + 232 + 240}{4}$$

$$= 233.50(\text{万台})$$

根据表 4-6 中的计算,作图 4-2。从预测结果可以看出:预测的相对误差在 $k = 3$ 时平均为 6.97%,在 $k = 4$ 时平均为 8.52%,可见,三项简单移动平均的预测值与实际值的误差较小,对实际值的变化趋势反应比较灵敏。但同时也可以看出,四项简单移动平均预测序列对实际值序列的修匀程度更好一些,在图 4-2 中反映为,四项简单移动平均预测值的折线图相对于三项简单移动平均预测更平滑,趋势更明显。

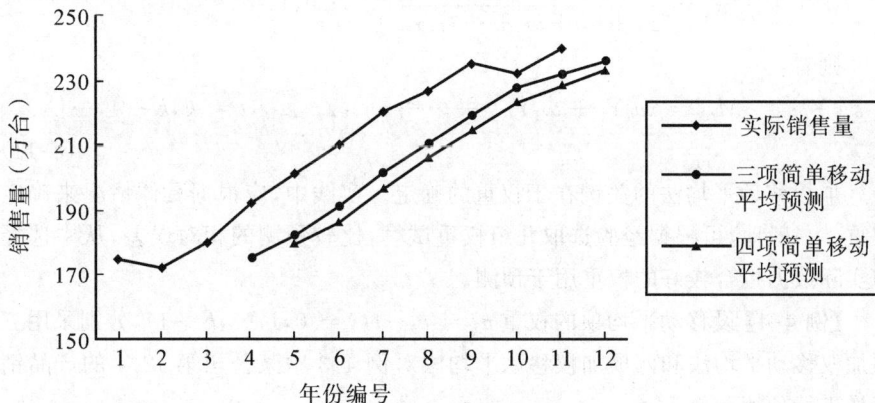

图 4-2　销售量折线图

二、加权移动平均法

简单移动平均法中近期数据和远期数据的重要性是被同等看待的,表现为平均时权重相同。而实践中情况并非如此,近期数据包含了更多关于未来的发展趋势的信息。例如,由于工资具有刚性,某人今年的工资收入与其去年的工资收入有较强的相关关系,而与更早时期的工资收入关系较弱。因此,在采用移动平均法时,应对近期数据给予较大的权数,对远期数据给予较小的权数,这种方法称为加权移动平均法。

第 t 期加权移动平均数 M_{tw} 的计算公式为:

$$M_{tw} = \frac{\alpha_0 Y_t + \alpha_1 Y_{t-1} + \alpha_2 Y_{t-2} + \cdots + \alpha_{k-1} Y_{t-(k-1)}}{\alpha_0 + \alpha_1 + \alpha_2 + \cdots + \alpha_{k-1}} \tag{4-9}$$

其中,$\alpha_i (i = 0, 1, \cdots, k-1)$ 为参加移动平均数据的相应权重。

预测方法是用 M_{tw} 作为 Y_{t+1} 的预测值,即:

$$\hat{Y}_{t+1} = M_{tw} = \frac{\alpha_0 Y_t + \alpha_1 Y_{t-1} + \alpha_2 Y_{t-2} + \cdots + \alpha_{k-1} Y_{t-(k-1)}}{\alpha_0 + \alpha_1 + \alpha_2 + \cdots + \alpha_{k-1}}, t = k, k+1, \cdots$$
$$\tag{4-10}$$

若令

$$w_i = \frac{\alpha_i}{\alpha_0 + \alpha_1 + \alpha_2 + \cdots + \alpha_{k-1}}, i = 0, 1, \cdots, k-1$$

则有:

$$\hat{Y}_{t+1} = M_{tw} = w_0 Y_t + w_1 Y_{t-1} + \cdots + w_{k-1} Y_{t-(k-1)}, t = k, k+1, \cdots$$
$$\tag{4-11}$$

加权移动平均法的关键在于权重的确定。实践中,应根据具体情况来确定权重。一般地,可根据经验选取几组权重试算,比较预测的相对误差,从中选择与实际数据拟合较好的权重用于预测。

【例 4-4】设移动平均项的权重 $\alpha_i = k - i (i = 0, 1, \cdots, k-1)$,分别采用三项加权移动平均法和四项加权移动平均法对例 4-3 中某公司第 12 年的产品销售量进行预测。

当采用三项加权移动平均法时,$k = 3, \alpha_0 = 3, \alpha_1 = 2, \alpha_2 = 1$,则预测的计算公式为:

$$\hat{Y}_{t+1} = \frac{3Y_t + 2Y_{t-1} + Y_{t-2}}{3 + 2 + 1}$$

计算结果见表4-7第3列,其中第12年销售量的三项加权移动平均预测值为:

$$\hat{Y}_{12} = \frac{3Y_{11} + 2Y_{10} + Y_9}{3 + 2 + 1}$$

$$= \frac{3 \times 240 + 2 \times 232 + 235}{6}$$

$$= 236.50 (万台)$$

当采用四项加权移动平均法时,$k=4$,$\alpha_0=4$,$\alpha_1=3$,$\alpha_2=2$,$\alpha_3=1$,则预测的计算公式为:

$$\hat{Y}_{t+1} = \frac{4Y_t + 3Y_{t-1} + 2Y_{t-2} + Y_{t-3}}{4 + 3 + 2 + 1}$$

计算结果见表4-7第5列。其中第12年销售量的四项加权移动平均预测值为:

$$\hat{Y}_{12} = \frac{4Y_{11} + 3Y_{10} + 2Y_9 + Y_8}{4 + 3 + 2 + 1}$$

$$= \frac{4 \times 240 + 3 \times 232 + 2 \times 235 + 227}{10}$$

$$= 235.30 (万台)$$

表 4-7 加权移动平均预测计算表

年份编号	销售量（万台）	三项加权移动平均预测		四项加权移动平均预测	
		预测值（万台）	相对误差（%）	预测值（万台）	相对误差（%）
1	175	—	—	—	—
2	172	—	—	—	—
3	180	—	—	—	—
4	192	176.50	8.07	—	—
5	201	184.67	8.12	182.70	9.10
6	210	194.50	7.38	191.20	8.95
7	220	204.00	7.27	200.70	8.77
8	227	213.50	5.95	210.40	7.31
9	235	221.83	5.60	218.90	6.85
10	232	229.83	0.94	227.10	2.11
11	240	232.17	3.26	230.70	3.88
12	—	236.50	—	235.30	—

根据表 4-7 可以算出,三项加权移动平均的相对预测误差平均为 5.82%,小于三项简单移动平均的相对预测误差的平均数 6.97%,这说明对于该例,加权移动平均法能更好地反映实际情况。

同时,四项加权移动平均的相对预测误差平均为 6.71%,小于四项简单移动平均的相对预测误差的平均数 8.52%,但大于三项加权移动平均的相对预测误差的平均数 5.82%。可见,与简单移动平均法相同,三项加权移动平均的预测值对实际值的变化趋势反应比较灵敏,但四项加权移动平均预测序列对实际值序列的修匀程度更好一些。

三、运用一次移动平均法进行预测时应注意的问题

综上所述,在运用前面介绍的一次移动平均法(包括简单移动平均法和加权移动平均法)进行预测时应注意以下三方面问题:

1.采用不同的移动平均项数 k 计算得到的预测值是不相同的,它们对实际值的变化趋势的反应灵敏度和修匀程度也有差别。一般情况下,k 取值越小,预测值对实际值的变化趋势反应越灵敏,但修匀程度越弱;k 取值越大,移动平均序列对实际值的变化趋势反应越迟钝,但修匀程度越好。移动平均项数 k 的确定有一定的主观性和经验性。实际预测时,可选择多个 k 进行试算,比较预测的相对误差,从中选择相对误差较小的 k。

2.移动平均法只能用于近期预测。从式(4-7)、式(4-10)可以看出,第 t 期简单移动平均数 M_t 只能对下一期,即第 $t+1$ 期,进行预测。

3.移动平均法只适用于对具有水平趋势的时间序列进行预测。否则,预测将出现滞后现象。当时间序列具有线性递增趋势时,预测结果将偏低;当时间序列具有线性递减趋势时,预测结果将偏高。

四、二次移动平均法

如前面所述,一次移动平均法在对具有线性递增趋势或线性递减趋势的时间序列进行预测时会出现滞后现象。例如,对于具有线性递增(递减)趋势的时间序列 $\{Y_t\}$,设其趋势方程为:

$$Y_t = a + bt \tag{4-12}$$

其中,t 为距离序列起点的时间长度。则:

$$M_t = \frac{Y_t + Y_{t-1} + Y_{t-2} + \cdots + Y_{t-k+1}}{k}$$

$$= \frac{1}{k} \sum_{i=0}^{k-1} Y_{t-i}$$

$$= \frac{1}{k} \sum_{i=0}^{k-1} \left[a + b(t-i) \right]$$

$$= a + b\left(t - \frac{k-1}{2} \right)$$

$$= a + bt - \frac{k-1}{2}b \qquad (4\text{-}13)$$

因此,有:

$$Y_t = M_t + \frac{k-1}{2}b \qquad (4\text{-}14)$$

即一次移动平均数比实际值滞后的数值为 $\frac{k-1}{2}b$。

下面介绍的二次移动平均法可以克服水平趋势情况下用一次移动平均法预测出现的滞后问题。

从式(4-13)可以看出,一次移动平均序列 $\{M_t\}$ 是原时间序列 $\{Y_t\}$ 向下平移 $\frac{k-1}{2}b$ 个单位的平行序列,也具有线性递增(递减)趋势。因此,同理可推出,一次移动平均序列的 k 项移动平均序列,即原序列的二次移动平均序列 M_t'',也具有如下性质:

$$M_t - M_t'' = \frac{k-1}{2}b \qquad (4\text{-}15)$$

将式(4-15)代入式(4-14),可以发现:

$$Y_t = M_t + (M_t - M_t'') = 2M_t - M_t'' \qquad (4\text{-}16)$$

因此,可利用一次移动平均序列 $\{M_t\}$ 和二次移动平均序列 $\{M_t''\}$ 来对具有线性递增(递减)趋势的时间序列 $\{Y_t\}$ 进行预测,即把一次移动平均数与二次移动平均数之差作为一个修正项,加到一次移动平均数上,从而使其滞后于实际值的情况得到修正。这种方法称为二次移动平均法。

二次移动平均法的预测模型为:

$$\hat{Y}_{t+h} = a_t + b_t h \qquad (4\text{-}17)$$

其中:h 为预测的超前期数,

$$a_t = 2M_t - M_t'' \qquad (4\text{-}18)$$

$$b_t = \frac{2}{k-1}(M_t - M_t^{''}) \qquad (4\text{-}19)$$

$$M_t = \frac{Y_t + Y_{t-1} + Y_{t-2} + \cdots + Y_{t-k+1}}{k} \qquad (4\text{-}20)$$

$$M_t^{''} = \frac{M_t + M_{t-1} + M_{t-2} + \cdots + M_{t-k+1}}{k} \qquad (4\text{-}21)$$

具体推导过程如下：

设具有线性趋势的序列$\{Y_t\}$的趋势预测方程为式(4-17)。下面需要利用M_t和$M_t^{''}$对a_t和b_t进行估计。

如前面所述，序列$\{Y_t\}$，$\{M_t\}$，$\{M_t^{''}\}$的三条趋势线相互近似平行，$\{M_t\}$的线性趋势预测线可近似地看作是由$\{Y_t\}$的趋势预测线[式(4-17)]向下平移$\dfrac{k-1}{2}b$个单位得到的，即：

$$\hat{M}_{t+h} = a_t + b_t\left(h - \frac{k-1}{2}\right) \qquad (4\text{-}22)$$

同理，由式(4-15)可知，$\{M_t^{''}\}$的线性趋势预测线可近似地看作是由$\{M_t\}$的趋势预测线[式(4-22)]向下平移$\dfrac{k-1}{2}b$个单位得到的，即：

$$\hat{M}_{t+h}^{''} = a_t + b_t[h - (k-1)] \qquad (4\text{-}23)$$

令式(4-22)和式(4-23)中的$h=0$，得：

$$\begin{cases} \hat{M}_t = a_t - b_t\dfrac{k-1}{2} \\ \hat{M}_t^{''} = a_t - b_t(k-1) \end{cases} \qquad (4\text{-}24)$$

分别用M_t，$M_t^{''}$来作为$\hat{M}_t$，$\hat{M}_t^{''}$的近似值，代入式(4-24)，即可求解出a_t和b_t为：

$$\begin{cases} a_t = 2M_t - M_t^{''} \\ b_t = \dfrac{2}{k-1}(M_t - M_t^{''}) \end{cases}$$

式(4-17)中h还可以取大于1的数值，因此，二次移动平均法不仅可以用来进行近期预测，而且也可以用来进行远期预测。但由于a_t和b_t存在近期的局限性，一般来说，远期预测的误差比较大。此外，二次移动平均法适用于具有较强线性趋势的时间序列的预测。若时间序列的线性变化趋势较弱或存在非线性变化趋势时，采用二次移动平均法预测的误差会比较大。

【例4-5】采用二次移动平均法($k=3$)对例4-3中某公司的产品销售量进

行预测。

（1）当 $h=1$ 时，对第 12 年的产品销售量进行预测。

（2）当 $h=2$ 时，对第 13 年的产品销售量进行预测。

在表 4-6 计算出的三项简单移动平均数的基础上，根据式（4-20）、式（4-21）可分别计算出一次移动平均数和二次移动平均数序列，结果见表 4-8 第 3 列和第 4 列。再根据式（4-18）和式（4-19）可计算出 a_t 和 b_t 序列。最后根据式（4-17）可计算出当 $h=1$ 时，超前一期的二次移动平均预测值。

表 4-8　二次移动平均法计算表

年份编号 t	Y_t	M_t	M_t^*	a_t	b_t	$\hat{Y}_{t+1}$	相对误差（%）
1	175	—	—	—	—	—	—
2	172	—	—	—	—	—	—
3	180	175.67	—	—	—	—	—
4	192	181.33	—	—	—	—	—
5	201	191.00	182.67	199.33	8.33	—	—
6	210	201.00	191.11	210.89	9.89	207.66	1.11
7	220	210.33	200.78	219.88	9.55	220.78	0.35
8	227	219.00	210.11	227.89	8.89	229.43	1.07
9	235	227.33	218.89	235.77	8.44	236.78	0.76
10	232	231.33	225.89	236.77	5.44	244.21	5.26
11	240	235.67	231.44	239.90	4.23	242.21	0.92
12	—	—	—	—	—	244.13	—

（1）该公司第 12 年的超前一期的二次移动平均预测值的计算过程如下：

$$a_{11}=2M_{11}-M_{11}^{''}=2\times235.67-231.44=239.90$$

$$b_{11}=\frac{2}{3-1}(M_{11}-M_{11}^{''})-235.67-231.44=4.23$$

$$\hat{Y}_{12}=a_{12}+b_{12}=239.90+4.23=244.13（万台）$$

（2）当 $h=2$ 时，该公司第 13 年的超前二期的二次移动平均预测值的计算过程如下：

$$\hat{Y}_{12}=a_{11}+b_{11}=239.90+4.23=244.13（万台）$$

4.3　指数平滑法

移动平均法虽然计算简单，但却有两点不足：一是计算移动平均数时，只用到近期的 k 个数据，没有充分利用时间序列的全部数据信息；二是认为参与

计算的 k 个数据具有相同的重要性,这与实际情况往往并不符合。一般认为,当前的情况对未来的发展变化有更大的影响,而近期数据比远期数据包含了更多当前的信息,从而对未来的预测更有价值。因此,应赋予近期数据较大的权数,赋予远期数据较小的权数。加权移动平均法虽然能克服这个缺点,但权数的确定具有一定的主观性,需要确定 k 个权数,并对 k 个数据做加权计算,当 k 比较大时,计算会比较烦琐。

本节介绍的指数平滑法与移动平均法一样具有对时间序列修匀平滑的作用,但它同时还可以克服移动平均法以上两点不足,它是对移动平均法的改进。指数平滑法利用对时间序列由近及远的逐步衰减的加权作为未来发展趋势的预测。根据平滑次数的不同,可分为一次、二次、三次指数平滑法,分别适用于对不同类型的时间序列进行预测。

一、一次指数平滑法

(一) 一次指数平滑预测模型

设时间序列为 $\{Y_t\}$,一次指数平滑公式为:

$$S'_t = \alpha Y_t + (1-\alpha)S'_{t-1} \qquad (4\text{-}25)$$

其中,S'_t 为第 t 期的一次指数平滑值,α 为加权系数,且 $0 < \alpha < 1$。

一次指数平滑法就是用第 t 期的一次指数平滑值作为第 $t+1$ 期的预测值,即预测模型为:

$$\hat{Y}_{t+1} = S'_t = \alpha Y_t + (1-\alpha)\hat{Y}_t \qquad (4\text{-}26)$$

式 (4-26) 说明,第 $t+1$ 期的预测值是第 t 期观测值 Y_t 和第 t 期预测值 $\hat{Y}_t$ 的加权平均。由此可见,一次指数平滑法适合于对具有水平趋势的时间序列进行预测,且只能用于下一期的预测。式 (4-26) 也可改写为:

$$\hat{Y}_{t+1} = \hat{Y}_t + \alpha(Y_t - \hat{Y}_t) \qquad (4\text{-}27)$$

式 (4-27) 说明,第 $t+1$ 期的预测值是利用第 t 期的预测误差 $(Y_t - \hat{Y}_t)$ 对第 t 期预测值 $\hat{Y}_t$ 修正后的结果,修正系数为加权系数 α。α 越大,修正幅度就越大,对时间序列变化的反应就越敏感;α 越小,修正幅度就越小,对时间序列变化的反应就越迟缓。因此,α 不仅反映了预测模型修匀误差的能力,也反映了预测模型对时间序列变化的反应速度。

将式 (4-25) 展开,得到:

$$S_t' = \alpha Y_t + (1-\alpha)S_{t-1}'$$
$$= \alpha Y_t + (1-\alpha)\left[\alpha Y_{t-1} + (1-\alpha)S_{t-2}'\right]$$
$$= \alpha Y_t + \alpha(1-\alpha)Y_{t-1} + (1-\alpha)^2 S_{t-2}'$$
$$\vdots$$
$$= \alpha Y_t + \alpha(1-\alpha)Y_{t-1} + \alpha(1-\alpha)^2 Y_{t-2} + \cdots + \alpha(1-\alpha)^{t-1}Y_1 + (1-\alpha)^t S_0'$$
$$= \alpha \sum_{i=0}^{t-1}(1-\alpha)^i Y_{t-i} + (1-\alpha)^t S_0' \qquad (4\text{-}28)$$

结合式(4-26)，有：

$$\hat{Y}_{t+1} = \alpha \sum_{i=0}^{t-1}(1-\alpha)^i Y_{t-i} + (1-\alpha)^t S_0' \qquad (4\text{-}29)$$

由式(4-29)可以看出，第 $t+1$ 期预测值的主要部分是 $Y_t, Y_{t-1}, \cdots, Y_2, Y_1$ 的加权平均，权数按几何级数衰减，由近及远分别为 $\alpha, \alpha(1-\alpha), \alpha(1-\alpha)^2, \cdots$ 因此，一次指数平滑法预测时利用了过去的全部数据信息，且赋予近期数据的权数大，赋予远期数据的权数小。由于权数符合指数规律，且对数据的加权起到了平滑修匀的作用，故称为指数平滑法。

从式(4-26)和式(4-29)可以看出，α 越大，相对于远期数据来说，近期数据的重要性就越大；反之，α 越小，则近期数据与远期数据的重要性差别就越小。

一次指数平滑法预测的递推公式(4-26)可由一次移动平均法的递推公式(4-8)

$$\hat{Y}_{t+1} = \hat{Y}_t + \frac{Y_t - Y_{t-k}}{k}$$

导出。由式(4-7)可知，$\hat{Y}_t$ 是 $Y_{t-1}, Y_{t-2}, \cdots, Y_{t-k}$ 的一次移动平均值，从而可作为 $Y_{t-1}, Y_{t-2}, \cdots, Y_{t-k}$ 中任何一个观测值的估计值。现用 $\hat{Y}_t$ 作为 Y_{t-k} 的估计值，代入式(4-8)，有：

$$\hat{Y}_{t+1} = \frac{1}{k}Y_t + \left(1 - \frac{1}{k}\right)\hat{Y}_t$$

令 $\alpha = \dfrac{1}{k}$，则得到一次指数平滑法预测的递推公式(4-26)：

$$\hat{Y}_{t+1} = \alpha Y_t + (1-\alpha)\hat{Y}_t$$

（二）加权系数 α 的选取

综上所述，α 的选取是非常重要的，它的取值影响着预测的结果。一般情况下，α 的选取可根据以下两种方法选取：

1.直观法。若时间序列变化比较平稳，α 应取较小的值，例如 $0.1 \sim 0.3$；若时间序列变化比较明显，α 应取较大的值，例如 $0.6 \sim 0.8$。

2.模拟法。其目标是选取使预测误差的平方和 $Q_\alpha = \sum\limits_{t=1}^{n}(Y_t - \hat{Y}_t)^2$ 最小的 α 值。下面介绍两种求 α 的具体方法：

（1）穷举法。将 α 离散化，例如，从 0.01 开始，步长取 0.01，因为 α 在 $(0,1)$ 之间，所以可取 99 个值。对这 99 个 α 值都计算预测误差平方和，从中找出最小的预测误差平方和所对应的 α 值，即为最优的 α 值。

（2）优选法。又称为 0.618 法，是对穷举法的优化。具体步骤如下：

第一步，选取 $\alpha_1 = (1-0) \times 0.618 = 0.618$，计算出 $Q(\alpha_1)$。

第二步，在 $(0,1)$ 内找出 α_1 的对称点 $\alpha_2 = 1 - \alpha_1 = 0.382$，同样求出 $Q(\alpha_2)$。比较 $Q(\alpha_1)$ 和 $Q(\alpha_2)$，出现两种情况：$Q(\alpha_1) > Q(\alpha_2)$，或者 $Q(\alpha_1) < Q(\alpha_2)$。下面以 $Q(\alpha_1) > Q(\alpha_2)$ 的情况为例进行说明，此时最优的 α 必在 $(0, \alpha_1)$ 内，即在 $(0, 0.618)$ 内，从而就不必考虑 $[0.618, 1)$ 部分。

第三步，在 $(0, \alpha_1)$ 内取 α_2 的对称点 α_3，$\alpha_3 = \alpha_1 - \alpha_2 = 0.236$，计算 $Q(\alpha_3)$。比较 $Q(\alpha_3)$ 与 $Q(\alpha_2)$，设 $Q(\alpha_2) < Q(\alpha_3)$，则最优的 α 必在 (α_3, α_2) 内，从而就不必考虑 $(0, 0.236]$ 部分。经过三次运算，寻找范围已经大大缩小。

第四步，重复第三步的方法，逐步缩小寻找范围，直至找到最优的 α。一般只需选到 α_6。

（三）初始值的确定

用一次指数平滑法进行预测，预测者还必须确定初始值 S_0'。由于 $(1 - \alpha)^t$ 是 t 的递减函数，根据式（4-29）可知，随着 t 的增加，S_0' 对预测值的影响越来越小。确定 S_0' 常用的方法有以下两种：

1.当时间序列的样本容量 n 较大（例如 $n > 20$）时，初始值 S_0' 对预测值的影响较小，可取 $S_0' = Y_1$。

2.当时间序列的样本容量 n 较小（例如 $n \leq 20$）时，初始值 S_0' 对预测值的影响较大，S_0' 可取最初几期观测值的均值。

【例 4-6】某商品去年 1—12 月的销售量资料如表 4-9 第 2 列所示（单位：万台）。当平滑系数 α 分别取 $0.1, 0.5, 0.9$ 时，利用一次指数平滑法对该商品今年 1 月的销售量进行预测。

通过散点图（如图 4-3）可以看出，该商品的销售量呈水平变化趋势。因此，可以利用一次指数平滑法进行预测。

取前 6 个月观测值的均值作为初始值，即：

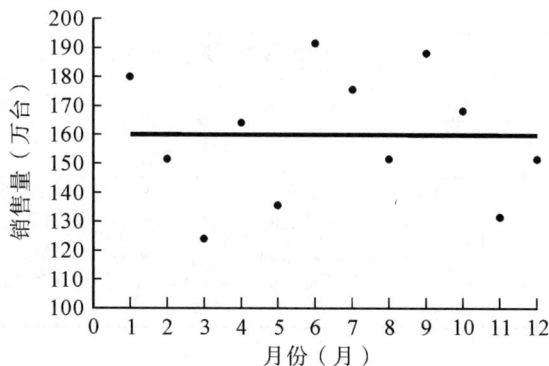

图 4-3 某产品销售量散点图

$$\hat{Y}_1 = S_0' = \frac{1}{6}\sum_{t=1}^{6} Y_t = 174.50$$

根据式(4-26),计算当 $\alpha = 0.1$ 时各期预测值:

$$\hat{Y}_2 = \alpha\hat{Y}_1 + (1-\alpha)\hat{Y}_1 = 0.1 \times 180.00 + 0.9 \times 174.50 = 175.05(万台)$$

$$\hat{Y}_3 = \alpha\hat{Y}_2 + (1-\alpha)\hat{Y}_2 = 0.1 \times 173.00 + 0.9 \times 175.05 = 174.85(万台)$$

$$\vdots$$

$$\hat{Y}_{12} = \alpha\hat{Y}_{11} + (1-\alpha)\hat{Y}_{11} = 0.1 \times 168.00 + 0.9 \times 175.70 = 174.93(万台)$$

$$\hat{Y}_{13} = \alpha\hat{Y}_{12} + (1-\alpha)\hat{Y}_{12} = 0.1 \times 173.00 + 0.9 \times 174.93 = 174.74(万台)$$

同样地,可计算出 $\alpha = 0.5$, $\alpha = 0.9$ 时各期的一次指数平滑预测值,结果见表 4-9:

表 4-9 一次指数平滑法计算表

t	Y_t	预测值与预测的相对误差					
		$\alpha = 0.1$		$\alpha = 0.5$		$\alpha = 0.9$	
		$\hat{Y}_t$	相对误差(%)	$\hat{Y}_t$	相对误差(%)	$\hat{Y}_t$	相对误差(%)
1	180.00	174.50	3.06	174.50	3.06	174.50	3.06
2	173.00	175.05	1.18	177.25	2.46	179.45	3.73
3	166.00	174.85	5.33	175.13	5.50	173.65	4.61
4	176.00	173.97	1.15	170.57	3.09	166.77	5.24
5	169.00	174.17	3.06	173.29	2.54	175.08	3.60
6	183.00	173.65	5.11	171.15	6.48	169.61	7.32
7	179.00	174.59	2.46	177.08	1.07	181.66	1.49
8	173.00	175.03	1.17	178.04	2.91	179.27	3.62
9	182.00	174.83	3.94	175.52	3.56	173.63	4.60

续表

t	Y_t	预测值与预测的相对误差					
		$\alpha=0.1$		$\alpha=0.5$		$\alpha=0.9$	
		$\hat{Y}_t$	相对误差(%)	$\hat{Y}_t$	相对误差(%)	$\hat{Y}_t$	相对误差(%)
10	177.00	175.55	0.82	178.76	0.99	181.16	2.35
11	168.00	175.70	4.58	177.88	5.88	177.42	5.61
12	173.00	174.93	7.32	172.94	6.10	168.94	3.64
13	—	174.74	—	172.97	—	170.97	—
平均	—	—	2.75	—	3.13	—	3.97

从表 4-9 可以看出，当 $\alpha=0.1$，$\alpha=0.5$，$\alpha=0.9$ 时，预测的相对误差分别为 2.75%，3.13%，3.97%。因此，选 $\alpha=0.1$ 作为平滑系数，预测该产品今年 1 月的销售量为 174.74 万台。

二、二次指数平滑法

如前所述，一次指数平滑法只能用于下一期的预测。此外，当时间序列存在明显的线性上升或下降趋势变化时，采用一次指数平滑法得到的预测值对于实际值变化的反应总是存在着滞后偏差现象。下面介绍的二次指数平滑法适用于具有明显的线性上升或下降趋势的时间序列，它可以克服上述缺点。

二次指数平滑法与二次移动平均法类似，它是对一次指数平滑序列再进行一次指数平滑，得到二次指数平滑序列，然后利用滞后偏差的规律，在一次指数平滑序列和二次指数平滑序列的基础上，建立线性趋势模型，并求出模型参数，根据该线性趋势模型进行预测。

二次指数平滑法的预测模型为：

$$\hat{Y}_{t+h}=a_t+b_t h \tag{4-30}$$

$$a_t=2S_t'-S_t'' \tag{4-31}$$

$$b_t=\frac{\alpha}{1-\alpha}(S_t'-S_t'') \tag{4-32}$$

$$S_t'=\alpha Y_t+(1-\alpha)S_{t-1}' \tag{4-33}$$

$$S_t''=\alpha S_t'+(1-\alpha)S_{t-1}'' \tag{4-34}$$

其中，h 为预测的超前期数，α 为平滑系数，S_t'' 为第 t 期的二次指数平滑值。

【例 4-7】利用二次指数平滑法对例 4-3 中某公司的产品销售量进行预测。

(1) 当 $h=1$ 时，对第 12 年的产品销售量进行预测。

（2）当 $h=2$ 时，对第 13 年的产品销售量进行预测。

由图 4-4 可以看出，该公司的产品销售量具有明显的线性上升趋势，可采用二次指数平滑法对其进行预测。

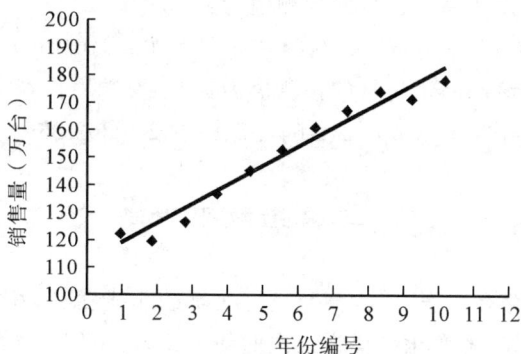

图 4-4　某公司的产品销售量

根据该公司的产品销售量数据，选取 $\alpha=0.4$，初始值 $S'_0=Y_1=175$，$S''_0=S'_0=175$。根据式（4-30）至式（4-34）进行计算，结果如表 4-10 所示。预测的平均相对误差为 3.25%。

表 4-10　二次指数平滑法计算表

年份编号 t	Y_t	S'_t	S''_t	a_t	b_t	$\hat{Y}_{t+1}$	相对误差（%）
1	175	175.00	175.00	175.00	0.00	—	—
2	172	173.80	174.52	173.08	−0.48	175.00	1.74
3	180	176.28	175.22	177.34	0.71	172.60	4.11
4	192	182.57	178.16	186.98	2.94	178.05	7.27
5	201	189.94	182.87	197.01	4.71	189.92	5.51
6	210	197.96	188.91	207.01	6.03	201.72	3.94
7	220	206.78	196.06	217.50	7.15	213.04	3.16
8	227	214.87	203.58	226.16	7.53	224.65	1.04
9	235	222.92	211.32	234.52	7.73	233.69	0.56
10	232	226.55	217.41	235.69	6.09	242.25	4.42
11	240	231.93	223.22	240.64	5.81	241.78	0.74
12	—	—	—	—	—	246.45	—

$$S'_{11}=\alpha Y_{11}+(1-\alpha)S'_{10}=0.4\times240+0.6\times226.55=231.93$$

$$S''_{11}=\alpha S'_{11}+(1-\alpha)S''_{10}=0.4\times231.93+0.6\times217.41=223.22$$

$$a_{11}=2S'_{11}-S''_{11}=2\times231.93-223.22=240.64$$

$$b_{11} = \frac{\alpha}{1-\alpha}(S'_{11} - S''_{11}) = \frac{4}{6} \times (231.93 - 223.22) = 5.81$$

据此：

(1) 第 12 年该产品销售量的预测值为：

$$\hat{Y}_{12} = a_{11} + b_{11}h = 240.64 + 5.81 \times 1 = 246.45(万台)$$

(2) 第 13 年该产品销售量的预测值为：

$$\hat{Y}_{13} = a_{11} + b_{11}h = 240.64 + 5.81 \times 2 = 252.26(万台)$$

三、三次指数平滑法

当时间序列存在二次、三次甚至更高次幂的非线性趋势变化时，需要用高次平滑形式。例如，若变化趋势为二次曲线形式，可采用三次指数平滑法。

三次指数平滑法的预测模型为：

$$\hat{Y}_{t+h} = a_t + b_t h + \frac{1}{2}c_t h^2 \qquad (4\text{-}35)$$

$$a_t = 3S'_t - 3S''_t + S'''_t \qquad (4\text{-}36)$$

$$b_t = \frac{\alpha}{2(1-\alpha)^2}\left[(6-5\alpha)S'_t - (10-8\alpha)S''_t + (4-3\alpha)S'''_t\right] \qquad (4\text{-}37)$$

$$c_t = \frac{\alpha^2}{(1-\alpha)^2}(S'_t - 2S''_t + S'''_t) \qquad (4\text{-}38)$$

$$S'_t = \alpha Y_t + (1-\alpha)S'_{t-1} \qquad (4\text{-}39)$$

$$S''_t = \alpha S'_t + (1-\alpha)S''_{t-1} \qquad (4\text{-}40)$$

$$S'''_t = \alpha S''_t + (1-\alpha)S'''_{t-1} \qquad (4\text{-}41)$$

其中，h 为预测的超前期数，α 为平滑系数，S'''_t 为第 t 期的三次指数平滑值。

【例 4-8】利用三次指数平滑法对例 4-3 中某公司的产品销售量进行预测。

(1) 当 $h=1$ 时，对第 12 年的产品销售量进行预测。

(2) 当 $h=2$ 时，对第 13 年的产品销售量进行预测。

在例 4-7 中，我们对该公司的产品销售量拟合了线性趋势。本例利用三次指数平滑法拟合二次曲线趋势，比较哪个模型更适用于预测。

根据该公司的产品销售量数据，仍选取 $\alpha = 0.4$，初始值 $S'_0 = Y_1 = 175$，$S''_0 = S'_1 = 175$，$S'''_0 = S''_1 = 175$。根据式(4-35)至式(4-41)进行计算，结果如表 4-11 所示：

表 4-11　三次指数平滑法计算表

年份编号 t	Y_t	S_t'	S_t''	S_t'''	a_t	b_t	c_t	$\hat{Y}_{t+1}$	相对误差（%）
1	175	175.00	175.00	175.00	175.00	0.00	0.00	—	—
2	172	173.80	174.52	174.81	172.65	−0.11	−0.19	175.00	1.74
3	180	176.28	175.22	174.97	178.15	0.20	0.36	172.45	4.20
4	192	182.57	178.16	176.25	189.48	0.68	1.11	178.53	7.02
5	201	189.94	182.87	178.90	200.11	0.95	1.38	190.72	5.11
6	210	197.96	188.91	182.90	210.05	1.08	1.35	201.75	3.93
7	220	206.78	196.06	188.16	220.32	1.15	1.25	211.81	3.72
8	227	214.87	203.58	194.33	228.20	1.07	0.91	222.10	2.16
9	235	222.92	211.32	201.13	235.93	0.99	0.63	229.73	2.24
10	232	226.55	217.41	207.64	235.06	0.51	−0.28	237.24	2.26
11	240	231.93	223.22	213.87	240.00	0.48	−0.28	235.43	1.90
12								240.34	—

$$a_{11} = 3S_{11}' - 3S_{11}'' + S_{11}'''$$

$$= 3 \times 231.93 - 3 \times 223.22 + 213.87$$

$$= 240.00$$

$$b_{11} = \frac{\alpha}{2(1-\alpha)^2}\left[(6-5\alpha)S_{11}' - (10-8\alpha)S_{11}'' + (4-3\alpha)S_{11}'''\right]$$

$$= 0.48$$

$$c_{11} = \frac{\alpha^2}{(1-\alpha)^2}(S_{11}' - 2S_{11}'' + S_{11}''')$$

$$= \left(\frac{0.4}{0.6}\right)^2 \times (231.93 - 2 \times 223.22 + 213.87)$$

$$= -0.28$$

因此可得：

（1）第 12 年该产品销售量的预测值为：

$$\hat{Y}_{12} = a_{11} + b_{11}h + \frac{1}{2}c_{11}h^2$$

$$= 240.00 + 0.48 \times 1 + \frac{1}{2} \times (-0.28) \times 1^2$$

$$= 240.34（万台）$$

（2）第 13 年该产品销售量的预测值为：

$$\hat{Y}_{13} = a_{11} + b_{11}h + \frac{1}{2}c_{11}h^2$$

$$= 240.00 + 0.48 \times 2 + \frac{1}{2} \times (-0.28) \times 2^2$$

$$= 240.40(万台)$$

对于该公司的产品销售量序列,三次指数平滑预测模型的平均预测误差为 3.43%,而二次指数平滑预测模型的平均预测误差为 3.25%。因此,可以认为该公司的产品销售量呈线性上升趋势,应该选用二次指数平滑法进行预测。

4.4　自适应过滤预测法

前面介绍的移动平均法和指数平滑法都是通过对时间序列观测值进行加权平均来进行预测的,它们的共同缺点是权数的确定具有主观性,没有可以遵循的固定规则,主要是预测者凭经验或者用试算的方法得到的。并且,当数据的特征发生变化时,这两种方法的权数固定不变,不能自动调整权数来适应新的要求。本节介绍的自适应过滤法也是通过对历史数据进行加权平均来进行预测的,但它可以克服移动平均法和指数平滑法的上述缺点。

一、自适应过滤法的预测模型

设时间序列为 $\{Y_t\}$,它可用 p 阶自回归模型:

$$Y_{t+1} = \phi_1 Y_t + \phi_2 Y_{t-1} + \cdots + \phi_p Y_{t-p+1} + u_t$$

来描述。其中, $\phi_i (i = 1, 2, \cdots, p)$ 为自适应系数,也即权数。

自适应过滤法就是从 $\phi_i (i = 1, 2, \cdots, p)$ 的一组初始值开始,根据新的数据所包含的信息进行逐次迭代,反复调整自适应系数,以得到使预测均方误差最小的、最优的自适应系数 $\phi_i^* (i = 1, 2, \cdots, p)$。然后根据模型:

$$\hat{Y}_{t+1} = \phi_1^* Y_t + \phi_2^* Y_{t-1} + \cdots + \phi_p^* Y_{t-p+1} \qquad (4\text{-}42)$$

进行预测。其中, $\hat{Y}_{t+1}$ 为第 $t+1$ 期的预测值, $Y_{t-i} (i = 0, 1, \cdots, p-1)$ 为第 $t-i$ 期的观测值。

二、利用自适应过滤法进行预测的步骤

1.确定自回归的阶数 p、初始权数 $\phi_i (i = 1, 2, \cdots, p)$ 和调整常数 k

(1) 自回归阶数 p 的确定

如果时间序列 $\{Y_t\}(t=1,2,\cdots,n)$ 有周期变动趋势，则 p 取周期的长度，例如，月度数据呈现以年为周期的变动趋势，则取 $p=12$；若季度数据呈现以年为周期的变动趋势，则取 $p=4$。

如果数据没有明显的周期变化，则可通过计算序列自相关系数来确定 p，即把序列的最高自相关系数的滞后期作为 p。一般地，p 取 $2\sim6$。也可对 p 取不同的值，分别计算结果并进行比较，取产生的均方误差最小的值作为 p。

（2）初始权数 $\phi_i(i=1,2,\cdots,p)$ 的确定

初始权数可采用以下两种方法确定：

① 对各个权数取相同的值，即等权。一般取：

$$\phi_i = \frac{1}{p}, i=1,2,\cdots,p$$

② 根据原始数据的特点，估计出初始权数。例如，对于以年为周期的月度数据，如果第 1 个月和第 12 个月的数据较大，而其他月份的数据较小且没大的差别，则可令初始值 $\phi_1=\phi_{12}=0.1$，其他的权数取 0.08。

权数 ϕ_i 可以为负数，其和也不一定等于 1，因此它并不是完全意义上的加权平均。

（3）调整常数 k 的确定

调整常数 k，又称为滤波常数。它的大小关系着权数调整的快慢。k 越大，调整的速度越快，迭代的次数则会减少，但对随机波动反应会比较敏感，从而导致权数大的波动，并有可能使得调整不收敛于一组最佳权数；反之，k 越小，调整的速度越慢，迭代的次数则会增加。

k 可采用以下三种方法确定：

① 一般地，k 取 $\dfrac{1}{p}$。

② 根据时间序列中 p 个最大值来确定，即：

$$k = \frac{1}{\left[\sum\limits_{i=1}^{p} Y_i^2\right]_{\max}}$$

③ 选择不同的 k 进行试算，从中挑出使平均预测误差最小的 k 值。

2.从 $t=p$ 期开始，根据式（4-43）计算预测值

$$\hat{Y}_{t+1} = \phi_1 Y_t + \phi_2 Y_{t-1} + \cdots + \phi_p Y_{t-p+1} \tag{4-43}$$

3.根据式（4-44）计算预测误差

$$e_{t+1} = Y_{t+1} - \hat{Y}_{t+1} \tag{4-44}$$

4.根据式（4-45）调整权数

$$\phi_i' = \phi_i + 2ke_{t+1}Y_{t-i+1}, i = 1, 2, \cdots, p \qquad (4\text{-}45)$$

式中，ϕ_i' 为调整后的第 i 个权数。

第 1～4 步完成了一次迭代。

5. 利用调整后的权数，计算第 $t+2$ 期的预测值

$$\hat{Y}_{t+2} = \phi_1 Y_{t+1} + \phi_2 Y_t + \cdots + \phi_p Y_{t-p}$$

6. 重复第 3～5 步，一直计算到 $\hat{Y}_n, e_n$ 及相应的调整后的权数。这时完成了第一轮的调整。

7. 如果预测的均方误差已达到预测精度，且权数也没有大的变化，系数的调整就结束了。这时的权数就是最优的自适应系数，可以用来对第 $n+1$ 期进行预测。

8. 如果预测的均方误差或总方差未达到预测精度，或权数还有大的变化，则用所得到的权数作为初始权数，开始第二轮的迭代调整。

自适应过滤预测法主要适用于具有水平趋势的时间序列，但也可用于具有明显趋势的时间序列。对于后一种情况，在选取权数的时候应使权数与趋势的变化相适应，或者先对原时间序列进行差分，使之变成水平趋势。此外，当时间序列具有很大的波动性时，可能影响迭代的收敛速度。对原序列进行标准化处理，可以加快调整速度，使权数迅速收敛于最优自适应系数。

【例 4-9】设有时间序列 $\{Y_t\}, t = 1, 2, \cdots, 10$，如表 4-12 所示。试用自适应过滤法求第 11 期的预测值。

表 4-12　时间序列

t	1	2	3	4	5	6	7	8	9	10
Y_t	0.1	0.2	0.3	0.4	0.5	0.6	0.7	0.8	0.9	1.0

第一步，取自回归阶数 $p = 2$，初始权数 $\phi_1 = \phi_2 = 0.5$，调整常数 $k = 0.5$。

第二步，根据式(4-43)计算第 3 期的预测值：

$$\hat{Y}_3 = \phi_1 Y_2 + \phi_2 Y_1 = 0.5 \times 0.2 + 0.5 \times 0.1 = 0.15$$

第三步，计算第 3 期预测误差：

$$e_3 = Y_3 - \hat{Y}_3 = 0.3 - 0.15 = 0.150$$

第四步，根据式(4-45)调整权数：

$$\phi_1' = \phi_1 + 2ke_3 Y_2 = 0.5 + 2 \times 0.5 \times 0.15 \times 0.2 = 0.530$$

$$\phi_2' = \phi_2 + 2ke_3 Y_1 = 0.5 + 2 \times 0.5 \times 0.15 \times 0.1 = 0.515$$

第五步，利用上面得到的调整后的权数，计算第 4 期的预测值：

$$\hat{Y}_4 = \phi_1' Y_3 + \phi_2' Y_2 = 0.53 \times 0.3 + 0.515 \times 0.2 = 0.262$$

第六步,计算第 4 期预测误差:

$$e_4 = Y_4 - \hat{Y}_4 = 0.4 - 0.262 = 0.138$$

第七步,根据式(4-45)调整权数:

$$\phi_1'' = \phi_1' + 2ke_4Y_3 = 0.53 + 2 \times 0.5 \times 0.138 \times 0.3 = 0.571\,4$$

$$\phi_2'' = \phi_2' + 2ke_4Y_2 = 0.515 + 2 \times 0.5 \times 0.138 \times 0.2 = 0.542\,6$$

第八步,利用上面得到的调整后的权数,计算第 5 期的预测值:

$$\hat{Y}_5 = \phi_1''Y_4 + \phi_2''Y_3 = 0.571\,4 \times 0.4 + 0.542\,6 \times 0.3 = 0.391\,34$$

重复以上步骤,一直迭代至第 10 期,得到:

$$\hat{Y}_{10} = 0.617\,489 \times 0.9 + 0.575\,11 \times 0.8 = 1.015\,828$$

$$e_{10} = 1 - 1.015\,828 = -0.015\,828$$

$$\phi_1^{10} = 0.617\,489 + 2 \times 0.5 \times (-0.015\,828) \times 0.9 = 0.603\,244$$

$$\phi_2^{10} = 0.575\,11 + 2 \times 0.5 \times (-0.015\,828) \times 0.8 = 0.562\,448$$

观察第一轮的预测权数还有较大的变化,需要继续进行迭代。将 ϕ_1^{10},ϕ_2^{10} 作为初始权数,重新从第二步开始计算。反复进行以上迭代过程,直至预测误差达到最小值 0,且权数稳定不变。这时,得到最优权数 $\phi_1^* = 2$,$\phi_2^* = -1$。

第九步,根据最优权数进行预测:

$$\hat{Y}_{11} = \phi_1^* Y_{10} + \phi_2^* Y_9 = 2 \times 1 - 1 \times 0.9 = 1.1$$

自适应过滤法的应用过程中权数的调整涉及大量的计算,可以通过计算机来实现。

4.5　ARIMA 模型的预测

在经济和管理活动中,常常需要对现象未来的状况做出合理的判断,从而为制订计划和管理决策提供依据。因此,进行时间序列分析,一项非常重要的任务就是依据现象的历史数据做外推预测。

时间序列预测的传统方法主要有模型拟合法和平滑法。前者是把时间作为自变量,把相应的时间序列观测值作为因变量,通过建立模型来预测;后者包括移动平均法和指数平滑法,其本质都是通过对时间序列进行修匀,削弱短期随机波动的影响,使序列平滑化,进而达到预测的目的。现代的时间序列预测方法是自 20 世纪 40 年代之后,以 ARIMA(差分自回归移动平均)模型为代表的各类时间序列模型,它们已经成为时间序列分析与预测的主流方法。

本节主要介绍 ARIMA 模型方法。

一、ARIMA 模型

ARIMA 模型全称是差分自回归移动平均（auto-regressive integrated moving average）模型，也叫求和自回归移动平均模型或博克斯 - 詹金斯（Box-Jenkins）方法，通常简记为 ARIMA(p, d, q) 模型。

ARIMA 模型的基础是 ARMA 模型。ARMA 模型的全称是自回归移动平均（auto-regressive moving average）模型，它又分为 AR（自回归）模型、MA（移动平均）模型和 ARMA 模型三类。

如果在一个时间序列中，y_t 是以前的 p 个观测值的线性组合，那么可称为自回归模型，记为 AR(p)，其表达式为：

$$y_t = \varphi_1 y_{t-1} + \varphi_2 y_{t-2} + \cdots + \varphi_p y_{t-p} + \varepsilon_t$$

其中，随机误差项 ε_t 服从 $N(0, \sigma^2)$，与过去的观测值无关，且在不同时间上的 ε_t 相互独立。将满足这些条件的 ε_t 序列称为白噪声序列。

如果观测值 y_t 是目前和以前误差的线性组合，则可记为 MA(q)，其表达式为：

$$y_t = \varepsilon_t - \theta_1 \varepsilon_{t-1} - \theta_2 \varepsilon_{t-2} - \cdots - \theta_q \varepsilon_{t-q}$$

其中，ε_t 序列是白噪声序列。

把具有如下结构的模型称为 ARMA(p, q) 模型：

$$y_t = \varphi_0 + \varphi_1 y_{t-1} + \varphi_2 y_{t-2} + \cdots + \varphi_p y_{t-p} + \varepsilon_t - \theta_1 \varepsilon_{t-1} - \theta_2 \varepsilon_{t-2} - \cdots - \theta_q \varepsilon_{t-q}$$

可以看出：当 $q = 0$ 时，ARMA(p, q) 即为 AR(p) 模型；当 $p = 0$ 时，ARMA(p, q) 即为 MA(q) 模型。所以，AR(p) 模型和 MA(q) 模型实际上是 ARMA(p, q) 模型的特例。

运用 ARMA 模型的前提是时间序列是平稳的，图形表现为所有的观测值在某一水平直线上下随机波动，波动强度随时间变化不大，并且没有明显的趋势性和周期性。同时，平稳序列通常具有短期相关性，该性质用自相关系数（在时间序列分析中，把序列中间隔为 k 的两个观测值 y_t 和 y_{t-k} 之间的相关系数，称为延长时期为 k 的自相关系数）来描述就是随着延迟期数 k 的增加，平稳时间序列的自相关系数会很快地衰减为零。可以结合图形以及自相关系数性质判别时间序列的平稳性。

在实际分析过程中，许多时间序列是非平稳的，需要把不平稳的序列转化为平稳序列，再来运用 ARMA 模型进行拟合。对于不平稳的时间序列，差分是实现平稳化的常用的变换方法。若时间序列呈现显著的线性趋势，一阶差分后的序列基本是平稳的;若时间序列呈现曲线趋势,通常低阶(二阶或三阶)差分后的序列是平稳的;若时间序列有固定的周期,则进行步长为周期长度的差分来实现平稳化。

如果时间序列 $\{y_t\}$ 经过 d 阶差分后服从 $\mathrm{ARMA}(p,q)$ 模型,称 $\{y_t\}$ 服从 $\mathrm{ARIMA}(p,d,q)$ 模型。 可以看出,ARIMA 模型实质上是差分运算与 ARMA 模型的结合。

要建立一个 ARIMA 模型,基本步骤包括:

(1) 获得观测值序列;

(2) 判断序列的平稳性;

(3) 对原序列进行 d 阶差分运算,判断差分平稳后序列是否是白噪声序列;

(4) 识别参数 p,q,拟合适合的 $\mathrm{ARMA}(p,q)$ 模型;

(5) 估计模型中未知参数的数值;

(6) 检验模型的有效性,包括参数是否显著、残差序列是否为白噪声序列等,若能通过检验,即说明 $\mathrm{ARIMA}(p,d,q)$ 模型对该时间序列合适;

(7) 利用 $\mathrm{ARIMA}(p,d,q)$ 模型进行预测。

在以上步骤当中,比较困难的是对参数 p,q 的识别。参数 p,q 的数值和时间序列自相关函数以及偏自相关函数有关。把时间间隔为 k 的两个观测值 y_t 和 y_{t-k} 之间的相关系数看作滞后期 k 的函数,称之为时间序列的自相关函数(auto correlation function,ACF)。把消除中间观测值 $y_{t-1},y_{t-2},\cdots,y_{t-k+1}$ 的影响后 y_t 和 y_{t-k} 之间的相关系数(在时间序列分析中,称为偏自相关系数)也看作滞后期 k 的函数,称为偏自相关函数(partial auto correlation function,PACF)。

对于 $\mathrm{AR}(p)$ 模型有:① 自相关函数随着 k 的增加而递减,具有拖尾性;② 当 k 小于或等于 p 时,偏自相关函数不为零,但当 k 大于 p 时,偏自相关函数为零,称为偏自相关函数 p 阶截尾。

对于 $\mathrm{MA}(q)$ 模型有:① 当滞后超过 q 时,自相关函数为零,称为自相关函数 q 阶截尾;② 偏自相关函数随着 k 的增加而递减,具有拖尾性。

与 $\mathrm{AR}(p)$、$\mathrm{MA}(q)$ 模型不同,$\mathrm{ARMA}(p,q)$ 模型的自相关函数和偏自相关函数都表现为拖尾。

表 4-13 总结了 AR、MA、ARMA 模型的自相关函数和偏自相关函数的性质,依据它们才能实现对时间序列模型的识别。

表 4-13　各种 ARMA 模型自相关函数和偏自相关函数的性质

模型	自相关函数	偏自相关函数
$AR(p)$	拖尾	p 阶截尾
$MA(q)$	q 阶截尾	拖尾
$ARMA(p,q)$	拖尾	拖尾

在实践中,由于样本的随机性,样本的相关系数往往不会呈现出理论截尾的情况。这种情况可以利用 2 倍标准差范围辅助判断。如果样本自相关系数或者偏自相关系数在最初的 d 阶之后,几乎 95% 的自相关系数都落入 2 倍标准差的范围以内,并且由非零自相关系数衰减为小值波动的过程非常快,那么可视为自相关系数截尾,截尾阶数为 d。如果有超过 5% 的样本自相关系数落入 2 倍标准差范围之外,或者是显著非零的自相关系数衰减为小值波动的过程比较缓慢,那么可视为自相关系数不截尾。

二、SPSS 的时间序列建模与预测

在 SPSS 中,对时间序列数据的操作包括数据预处理、图形化观察和分析三个部分。数据预处理主要包括对时间序列定义日期以及在原序列基础上创建新的时间序列。图形化观察是借助于 SPSS 提供的序列图以及自相关与偏(自)相关图等对时间序列进行观察分析。分析则是运用指数平滑模型和 ARIMA 模型来对时间序列建模与预测。

选择合适的模型拟合表 4-14 中铁路货运量,并完成为期 5 年的预测。

表 4-14　1950—2017 年中国铁路货运量

单位:万吨

年份	货运量	年份	货运量	年份	货运量	年份	货运量
1950 年	9 983	1957 年	27 421	1964 年	41 786	1971 年	76 471
1951 年	11 083	1958 年	38 109	1965 年	49 100	1972 年	80 873
1952 年	13 217	1959 年	54 410	1966 年	54 951	1973 年	83 111
1953 年	16 131	1960 年	67 219	1967 年	43 089	1974 年	78 772
1954 年	19 288	1961 年	44 988	1968 年	42 095	1975 年	88 955
1955 年	19 376	1962 年	35 261	1969 年	53 120	1976 年	84 066
1956 年	24 605	1963 年	36 418	1970 年	68 132	1977 年	95 309

续表

年份	货运量	年份	货运量	年份	货运量	年份	货运量
1978 年	110 119	1988 年	144 948	1998 年	164 309	2008 年	330 354
1979 年	111 893	1989 年	151 489	1999 年	167 554	2009 年	333 348
1980 年	111 279	1990 年	150 681	2000 年	178 581	2010 年	364 271
1981 年	107 673	1991 年	152 893	2001 年	193 189	2011 年	393 263
1982 年	113 495	1992 年	157 627	2002 年	204 956	2012 年	390 438
1983 年	118 784	1993 年	162 794	2003 年	224 248	2013 年	396 697
1984 年	124 074	1994 年	163 216	2004 年	249 017	2014 年	381 334
1985 年	130 709	1995 年	165 982	2005 年	269 296	2015 年	335 801
1986 年	135 635	1996 年	171 024	2006 年	288 224	2016 年	333 186
1987 年	140 653	1997 年	172 149	2007 年	314 237	2017 年	368 837

资料来源：中华人民共和国国家统计局网站，http://data.stats.gov.cn/easyquery. htm? cn = C01。

中华人民共和国 2017 年国民经济和社会发展统计公报，http://www.stats.gov. cn/tjsj/zxfb/201802/t20180228_1585631.html。

由于 SPSS 不能自动识别时间序列数据，在分析之前必须对数据进行预处理，其步骤如下：

（1）打开数据，在菜单栏中选择"数据"→"定义日期"菜单项，打开如图 4-5 所示的对话框；

（2）在"个案为"列表框中选择"年份"，然后在对话框右侧"年"文本框中输入数据开始的具体年份"1950"；

（3）单击"确定"按钮，完成时间变量的定义。

操作完毕后，在数据库中将加入一个新产生的时间变量 YEAR_，它代表年，另一个变量 DATE_ 是字符串格式的时间标签。

在定义了时间变量后，就可以对时间序列数据进行分析了。

首先，应当使用图形来考察时间序列的基本趋势，操作如下：

（1）选择"分析"→"预测"→"序列图"菜单项；

（2）将"铁路货运量"选入"变量"框中；

（3）单击"确定"按钮，得到图 4-6。

从图 4-6 中可看到序列总的趋势是上升的，为典型的非平稳序列。

首先应当考虑采用指数平滑方法对铁路货运量数据进行拟合。由于本例

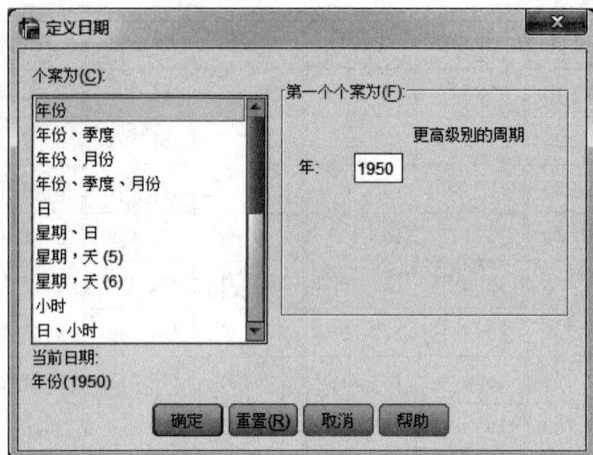

图 4-5 "定义日期"对话框

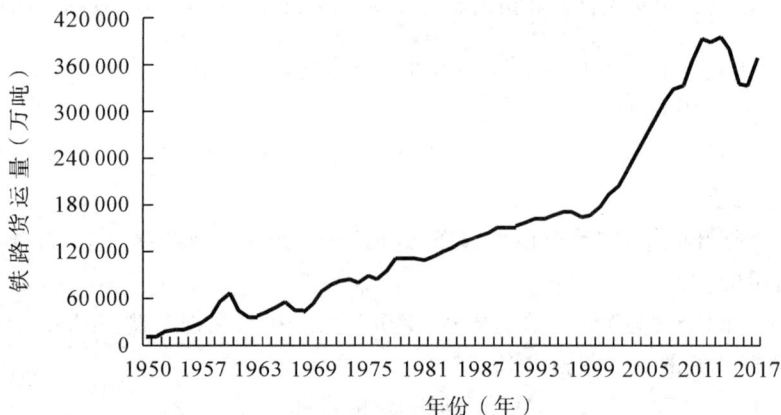

图 4-6 铁路货运量序列图

中的时间序列呈现出近似的线性趋势,简单指数平滑法建模并不适合。可以选取适合线性趋势序列的其他指数平滑模型,如霍尔特(Holt)线性趋势模型、布朗(Brown)线性趋势模型、阻尼趋势模型。在拟合时,可以指定某一种模型,也可以由 SPSS 自动筛选出模型。具体操作如下:

(1) 在 SPSS 菜单栏中选择"分析"→"预测"→"创建模型",打开如图 4-7 所示的"时间序列建模器"对话框,将铁路货运量选入因变量框中。

(2) 若由 SPSS 自动筛选指数平滑模型,则在方法下拉列表中选择默认的

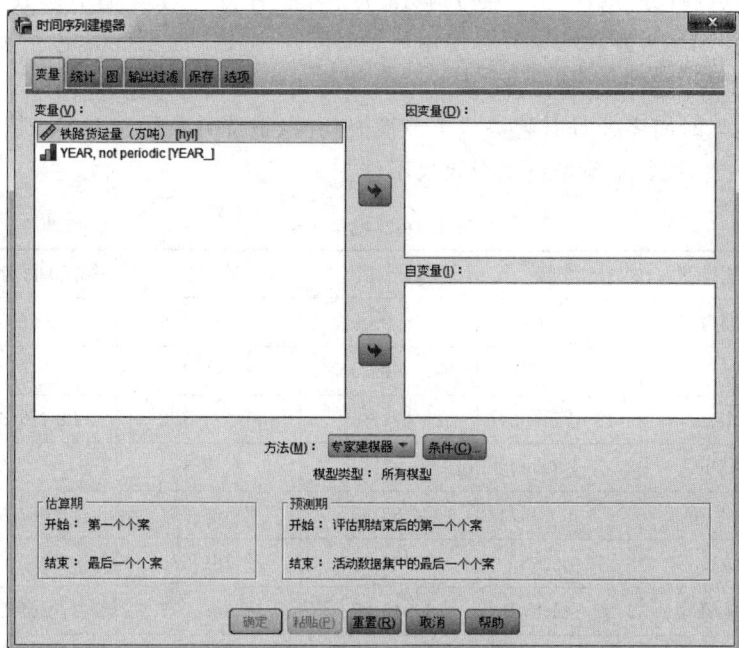

图 4-7　"时间序列建模器"对话框

"专家建模器",单击"条件"按钮,在专家建模器条件框的模型类型处选中"仅限指数平滑法模型",然后单击"继续"返回。若要指定用某一指数平滑模型建模,在方法下拉列表中选择"指数平滑法",在打开的指数平滑条件框中选择要使用的具体模型。

(3)点击"时间序列建模器"的"统计量"框,选中"参数估计"。

(4)点击"时间序列建模器"的"保存"框,选中"预测值"。

(5)单击"时间序列建模器"的"选项"框,指定希望预测的时间范围,本例要求预测未来 5 年的数值,故输入年份"2022"。

(6)单击"确定"按钮,得到输出结果。

输出结果表 4-15 说明 SPSS 最终筛选的模型是阻尼趋势模型。

表 4-15　模型描述

	模型类型
铁路货运量(万吨)模型_1	阻尼趋势

表 4-16 给出了模型的一些拟合优度指标,包括这些指标的均值、最小值、

最大值以及百分位数。为了便于显示，表格中仅保留了第 50 百分位数。从表中可以看到，R^2 为 0.990，它是使用原始时间序列计算的模型决定系数，只能在序列平稳时使用。平稳 R^2 为 0.099，它是用模型的平稳部分计算出来的决定系数，当时间序列具有趋势或季节性波动时，该统计量优于普通 R^2。从平稳 R^2 来看，指数平滑模型拟合效果不佳。

表 4-16　模型拟合

拟合统计量	均值	最小值	最大值	第 50 百分位数
平稳的 R^2	0.099	0.099	0.099	0.099
R^2	0.990	0.990	0.990	0.990
RMSE	11 471.352	11 471.352	11 471.352	11 471.352
MAPE	7.544	7.544	7.544	7.544
MaxAPE	63.657	63.657	63.657	63.657
MAE	7 769.635	7 769.635	7 769.635	7 769.635
MaxAE	37 849.277	37 849.277	37 849.277	37 849.277
正态化的 BIC	18.881	18.881	18.881	18.881

表 4-17 给出了模型的拟合统计量和杨-博克斯（Ljung-Box）Q 统计量，其中杨-博克斯 Q 统计量值为 21.028，P 值为 0.136，可知残差序列是白噪声序列，且没有离群点。

表 4-17　模型统计量

模型	预测变量数	平稳的 R^2	Ljung-Box Q(18)			离群值数
			统计量	DF	Sig.	
铁路货运量（万吨）—模型_1	0	0.099	21.028	15	0.136	0

表 4-18 给出了指数平滑法模型参数估计值列表。本次拟合的阻尼趋势模型的水平 Alpha 值为 1，趋势 Gamma 值为 1，趋势阻尼因子 Phi 值为 0.5，趋势 Gamma 和趋势阻尼因子 Phi 的 P 值分别为 0.73，0.339，说明二者的作用并不显著。

表 4-18 指数平滑法模型参数

模型	估计	SE	t	Sig.
铁路货运量(万吨)Alpha(水平)	1.000	0.635	1.575	0.120
一模型_1 无转换 Gamma(趋势)	1.000	2.885	0.347	0.730
Phi(趋势阻尼因子)	0.500	0.519	0.963	0.339

图 4-8 可以说明指数平滑模型的预测效果。为了更清楚地显示铁路货运量发展趋势,删除了 2000 年以前的数据。从该图中可以看出,大部分年份的预测值都低于实际值,说明该方法预测效果并不理想,因此建议采用 ARIMA 模型继续拟合。

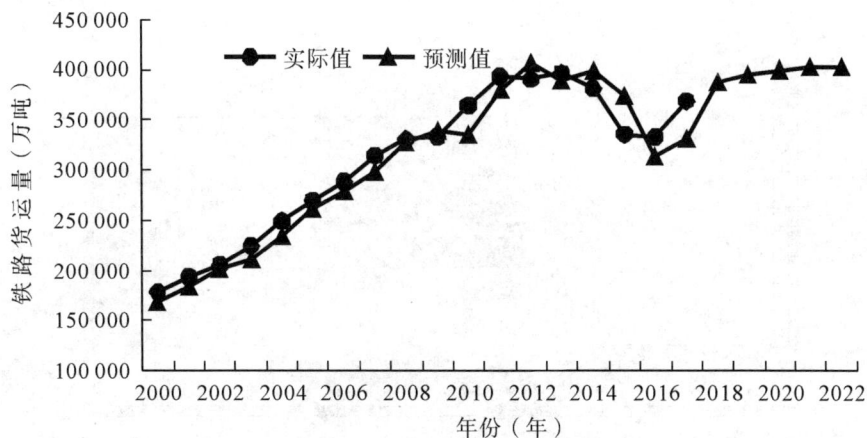

图 4-8 指数平滑模型拟合图

以下采用 ARIMA 模型对铁路货运量序列进行拟合。SPSS 建模时,可以自动筛选出最佳的 ARIMA 模型,也可以依据时间序列自相关函数和偏相关函数的特征来辅助识别 ARIMA 模型。

SPSS 自动筛选 ARIMA 模型的操作步骤与上文指数平滑模型的操作步骤基本一致,只需要将图 4-7 所示的"时间序列建模器"对话框中的方法设置为 SPSS 默认的"专家建模器",并且将专家建模器条件框中的模型类型设置为"仅限 ARIMA 模型"。

如果根据自相关函数和偏自相关函数的性质来识别 ARIMA 模型,首先要对铁路货运量序列采用差分法消除非平稳。具体操作如下:

(1) 在 SPSS 菜单栏中选择"转换"→"创建时间序列";

（2）在如图 4-9 所示的对话框中，将铁路货运量选入变量框；在"函数"下拉列表中选择"差值"；在"顺序"框选择默认的"1"，表示对原序列进行一阶差分；

（3）单击"确定"按钮。

上述操作后，SPSS 数据文件中会生成一个新的序列。该序列是由铁路货运量序列一阶差分后得到的。

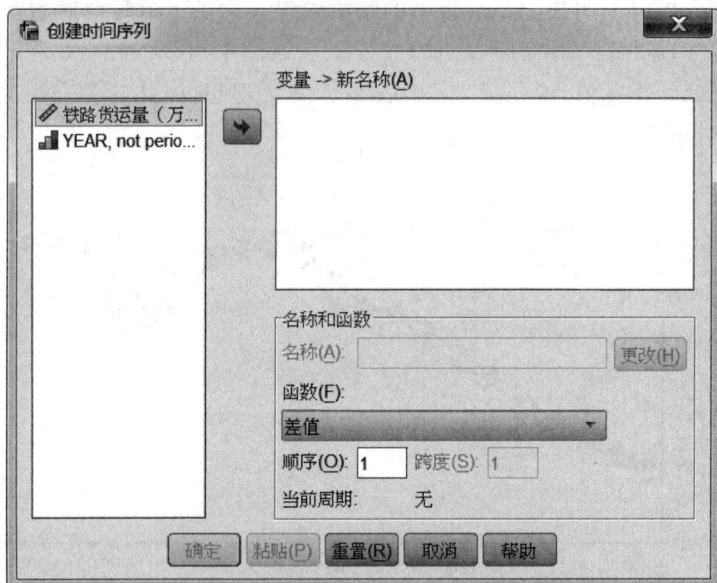

图 4-9 "创建时间序列"对话框

对一阶差分后的新序列绘制序列图，如图 4-10 所示。差分后的铁路货运量序列已近似平稳。当图形显示近似平稳时，就可以考虑进行下一步。应避免过度差分，因为过度差分会造成信息损失。

为了进一步判断时间序列平稳性，绘制差分后序列的自相关图。操作如下：

（1）选择"分析"→"预测"→"自相关"菜单项；

（2）将铁路货运量选入变量框；

（3）单击"确定"按钮，得到自相关和偏自相关函数的输出图。

图 4-11 是自相关函数的输出图。可以看到，延迟一阶之后，自相关系数都落入 2 倍标准差范围以内，而且自相关系数很快地衰减为零。自相关图显

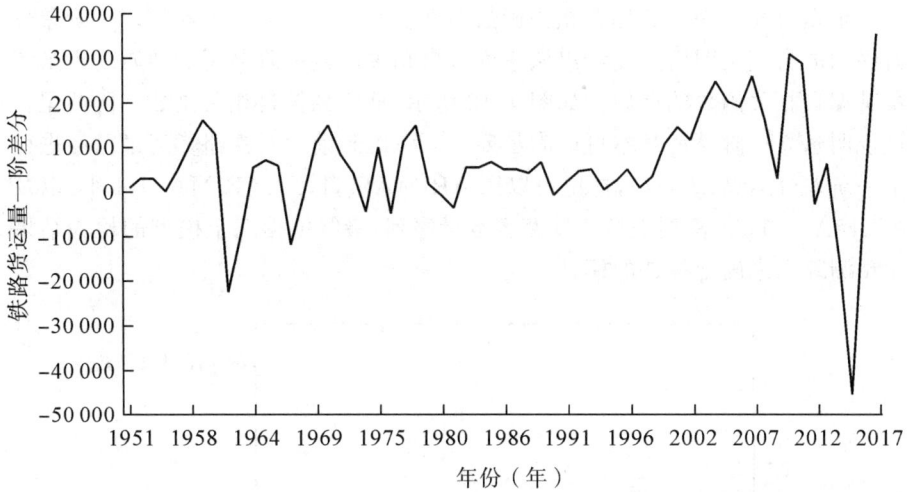

图 4-10 铁路货运量一阶差分后的序列图

示序列有很强的短期相关性。由序列图和自相关图的性质,可以认为一阶差分铁路货运量是平稳的。

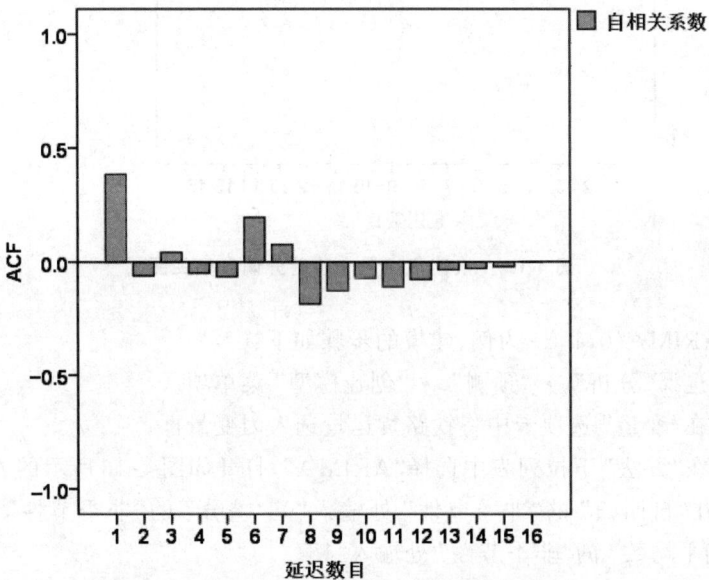

图 4-11 铁路货运量一阶差分自相关图

根据自相关函数和偏自相关函数的性质来识别 ARIMA 模型。一阶差分后序列的自相关图已经显示出该序列有自相关函数一阶截尾的性质。再来考察其偏自相关函数的性质。如图 4-12 所示,该序列偏自相关函数一阶截尾。这说明建立一阶模型基本可以满足要求。考虑到前面对铁路货运量已经进行了一阶差分运算($d = 1$),这里可以用 ARIMA$(1,1,0)$、ARIMA$(0,1,1)$ 以及 ARIMA$(1,1,1)$ 模型来拟合铁路客运量序列,最终依据三个模型的检验结果和预测效果来确定最佳的模型。

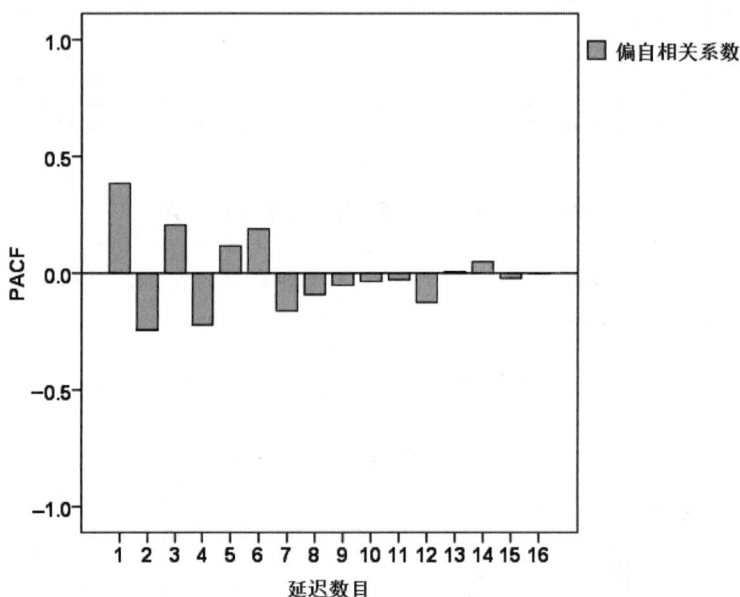

图 4-12   铁路货运量一阶差分偏自相关图

以 ARIMA$(0,1,1)$ 为例,建模的步骤如下:

(1) 选择"分析"→"预测"→"创建模型"菜单项。

(2) 在"变量"选项卡中将铁路货运量选入因变量框。

(3) 在"方法"下拉列表中选择"ARIMA",打开如图 4-13 所示的 ARIMA 条件框,在"自回归"的"非季节性"处输入"0""差分"的"非季节性"处输入"1""移动平均数"的"非季节性"处输入"1"。

(4) 点击"时间序列建模器"的"统计量"框,将"参数估计"勾选上;点击"时间序列建模器"的"保存"框,将"预测值""置信区间的下限""置信区间的上限"勾选上;点击"时间序列建模器"的"选项"框,输入"2022"。

（5）单击"确定"按钮，得到输出结果。

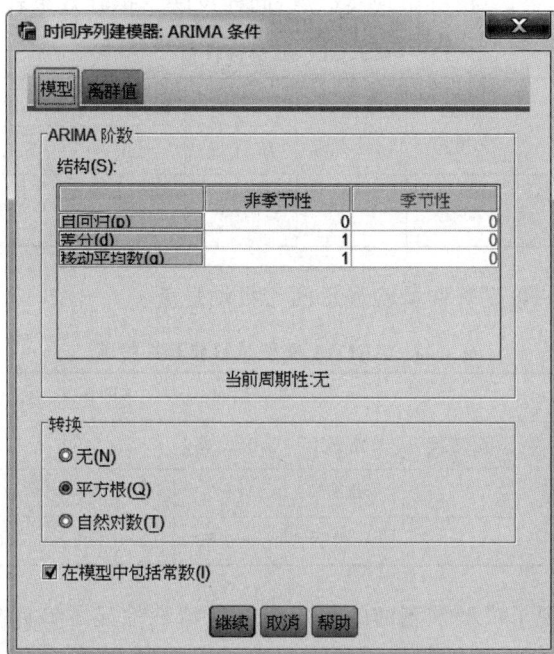

图 4-13　ARIMA 条件对话框

输出结果表 4-19 中给出了模型的一系列拟合优度统计量，反映该模型对数据的拟合效果。其中平稳的 R 方为 0.274，与指数平滑模型相比，模型拟合效果有所提升。

表 4-19　模型拟合

拟合统计量	均值	最小值	最大值	第 50 百分位数
平稳的 R^2	0.274	0.274	0.274	0.274
R^2	0.992	0.992	0.992	0.992
RMSE	10 292.827	10 292.827	10 292.827	10 292.827
MAPE	7.728	7.728	7.728	7.728
MaxAPE	66.881	66.881	66.881	66.881
MAE	6 873.250	6 873.250	6 873.250	6 873.250
MaxAE	34 229.677	34 229.677	34 229.677	34 229.677
正态化的 BIC	18.604	18.604	18.604	18.604

表 4-20 给出了当前模型的统计量,由杨 - 博克斯 Q 检验结果可知残差序列满足白噪声假定,也没有出现离群点,同样反映了拟合效果较好。

表 4-20　模型统计量

模型	预测变量数	平稳的 R^2	Ljung-Box $Q(18)$			离群值数
			统计量	DF	Sig.	
铁路货运量(万吨) —模型_1	0	0.177	16.766	17	0.470	0

表 4-21 中参数显著性检验显示两参数均显著。

表 4-21　ARIMA 模型参数显著性检验

			估计	SE	t	Sig.
铁路货运量(万吨) —模型_1	无转换	常数	5 020.954	1 923.249	2.611	0.011
	差分	1				
	MA 滞后 1		−0.594	0.105	−5.650	0.000

图 4-14 呈现了模型预测的效果。为了更清楚地显示铁路货运量发展趋势,删除了 2000 年以前的数据。从该图中可以看出,大部分年份的预测值都和实际值相当吻合。随着预测时期变长,预测误差越来越大,预测区间呈现喇

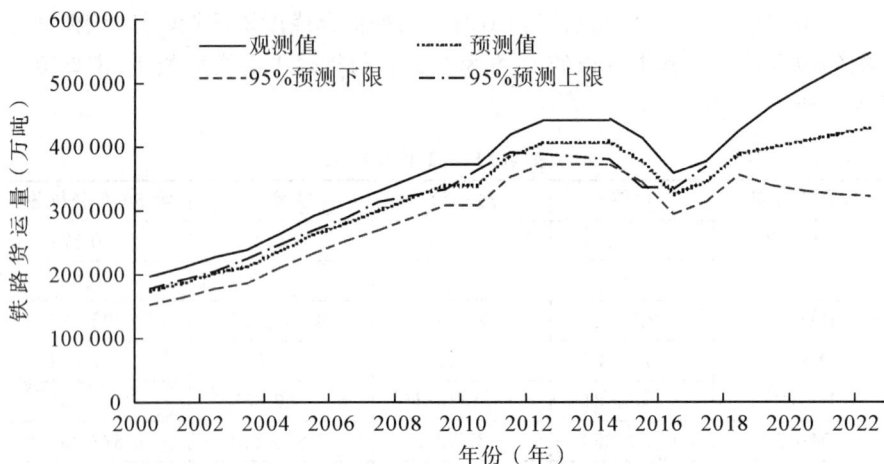

图 4-14　铁路货运量的预测值和置信区间

叭形。这说明该方法在长期预测时效果较差,因而更加适合于短期预测。

读者可以按照上述步骤完成 ARIMA(1,1,0)、ARIMA(1,1,1) 模型的拟合,依据拟合结果和参数检验结果确定出最佳模型。

4.6　三次指数平滑法预测案例

我国 2003—2017 年中国全社会固定资产投资的统计数据如表 4-22 所示。试对我国 2018 年、2019 年、2020 年中国全社会固定资产投资进行预测。

表 4-22　中国全社会固定资产投资

单位:亿元

年份	固定资产投资	年份	固定资产投资
2003 年	55 566.6	2011 年	311 485.1
2004 年	70 477.4	2012 年	374 694.7
2005 年	88 773.6	2013 年	446 294.1
2006 年	109 998.2	2014 年	512 020.7
2007 年	137 323.9	2015 年	561 999.8
2008 年	172 828.4	2016 年	606 465.7
2009 年	224 598.8	2017 年	641 238.0
2010 年	251 683.8		

进行预测需要建立预测模型。因此,首先要根据时间序列数据判断应该建立什么样的模型是最好的。通过绘制散点图进行观察是最直观的判断方法。根据表 4-22 的数据,绘制中国全社会固定资产投资的散点图如图 4-15 所示。

由散点图可以看出,中国全社会固定资产投资呈二次曲线趋势。从本章第二节和第三节我们知道,一次移动平均法和一次指数平滑法适用于具有水平趋势的时间序列,二次移动平均法和二次指数平滑法适用于具有明显线性变化趋势的时间序列,它们都不适用于对非线性趋势的时间序列进行预测。因此,本案例应采用三次指数平滑法进行预测。

取 $\alpha = 0.4$,初始值设为

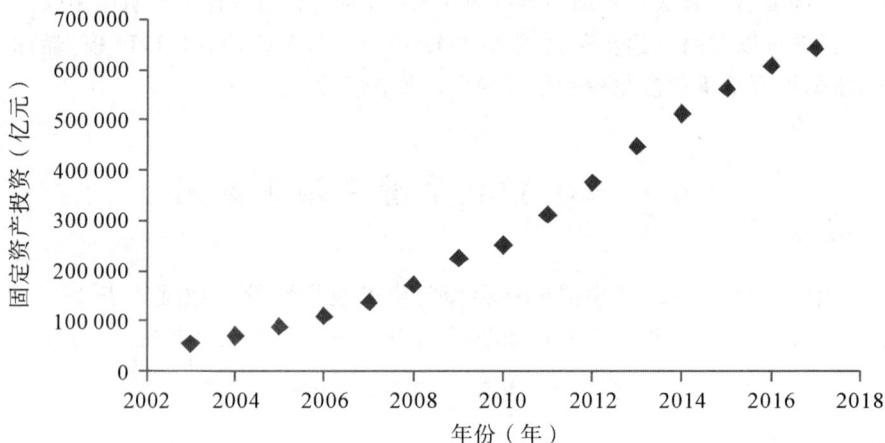

图 4-15   中国全社会固定资产投资散点图

$$S'_0 = S''_0 = S'''_0 = \frac{Y_1 + Y_2 + Y_3}{3} = 71\ 605.9$$

根据

$$S'_t = \alpha Y_t + (1-\alpha) S'_{t-1}$$
$$S''_t = \alpha S_t + (1-\alpha) S''_{t-1}$$
$$S'''_t = \alpha S''_t + (1-\alpha) S'''_{t-1}$$

计算 S'_t, S''_t, S'''_t，结果列于表 4-14 第（4）、（5）、（6）栏中。

根据

$$a_t = 3 S'_t - 3 S''_t + S'''_t$$

$$b_t = \frac{\alpha}{2(1-\alpha)^2}\big[(6-5\alpha\, S'_t) - (10-8\alpha) S''_t + (4-30\alpha) S'''_t\big]$$

$$c_t = \frac{\alpha^2}{(1-\alpha)^2}(S'_t - 2 S''_t + S'''_t)$$

计算各个参数，见表 4-23 中第（7）、（8）、（9）栏，得到 $a_{15} = 648\ 684.7, b_{15} = 49\ 730.1, c_{15} = -197.2$。据此，建立预测方程：

$$\hat{Y}_{15+h} = 648\ 684.7 + 49\ 730.1 \times h - \frac{1}{2} \times 197.2 \times h^2$$

预测 2018 年、2019 年、2020 年的中国全社会固定资产投资为：

$$\hat{Y}_{2018} = \hat{Y}_{15+1} = 648\ 684.7 + 49\ 730.1 \times 1 - \frac{1}{2} \times 197.2 \times 1^2$$

$$= 698\ 316.2（亿元）$$

$$\hat{Y}_{2019} = \hat{Y}_{15+2} = 648\ 684.7 + 49\ 730.1 \times 2 - \frac{1}{2} \times 197.2 \times 2^2$$

$$= 747\ 750.5(亿元)$$

$$\hat{Y}_{2020} = \hat{Y}_{15+3} = 648\ 684.7 + 49\ 730.1 \times 3 - \frac{1}{2} \times 197.2 \times 3^2$$

$$= 796\ 987.6(亿元)$$

表4-23第(11)栏中列出了样本期内预测的相对误差,计算得到预测的平均相对误差为5.45%。

表 4-23 三次指数平滑法计算表

年份 (1)	t (2)	Y_t (3)	S'_t (4)	S''_t (5)	S'''_t (6)	a_t (7)	b_t (8)	c_t (9)	$\hat{Y}_t$ (10)	相对误差 (%) (11)
2003 年	1	55 566.6	65 190.2	69 039.6	70 579.4	59 031.1	−6 159.1	−1 026.5	—	—
2004 年	2	70 477.4	67 305.1	68 345.8	69 685.9	66 563.8	−228.0	133.1	52 358.7	25.71
2005 年	3	88 773.6	75 892.5	71 364.5	70 357.3	83 941.4	8 495.6	1 564.8	66 402.3	25.20
2006 年	4	109 998.2	89 534.8	78 632.6	73 667.4	106 374.0	16 503.5	2 638.7	93 219.5	15.25
2007 年	5	137 323.9	108 650.4	90 639.7	80 456.3	134 488.5	24 183.0	3 478.8	124 196.9	9.56
2008 年	6	172 828.4	134 321.6	108 112.5	91 518.8	170 146.2	32 430.1	4 273.5	160 410.9	7.18
2009 年	7	224 598.8	170 432.5	133 040.5	108 127.5	220 303.5	44 339.8	5 546.2	204 713.1	8.85
2010 年	8	251 683.8	202 933.0	160 997.5	129 275.5	255 082.0	43 844.7	4 539.3	267 416.4	−6.25
2011 年	9	311 485.1	246 353.8	195 140.0	155 621.3	309 262.7	52 334.9	5 197.8	301 196.4	3.30
2012 年	10	374 694.7	297 690.2	236 160.1	187 836.8	372 427.1	61 564.0	5 869.7	364 196.5	2.80
2013 年	11	446 294.1	357 131.8	284 548.8	226 521.6	444 270.6	71 031.1	6 469.3	436 925.9	2.10
2014 年	12	512 020.7	419 087.3	338 364.2	271 258.6	513 428.1	74 998.3	6 052.3	518 536.3	−1.27
2015 年	13	561 999.8	476 252.3	393 519.4	320 163.0	568 361.6	69 740.8	4 167.3	591 452.5	−5.24
2016 年	14	606 465.7	528 337.7	447 446.7	371 076.5	613 749.3	60 959.4	2 009.2	640 186.0	−5.56
2017 年	15	641 238.0	573 497.8	497 867.2	421 792.7	648 684.7	49 730.1	−197.2	675 713.3	−5.38
2018 年	16	—	—	—	—	—	—	—	698 316.2	
2019 年	17	—	—	—	—	—	—	—	747 750.5	
2020 年	18	—	—	—	—	—	—	—	796 987.6	
平均		—	—	—	—	—	—	—	—	5.45

思考与练习

1.对于时间序列乘法模型,分解法的基本思路是什么? 它与加法模型有何区别?

2.简述移动平均法的基本思想和原理。

3.运用一次移动平均法进行预测时应注意哪些问题? 与二次移动平均法相比有哪些不同?

4.从哪些角度来讲,指数平滑法优于移动平均法?

5.一次、二次、三次指数平滑法的适用条件分别是什么?

6.某商场 2014—2017 年各季度毛衣销售量数据如下表所示:

单位:件

年份	第一季度	第二季度	第三季度	第四季度
2014 年	16 000	2 000	4 000	51 000
2015 年	28 000	4 300	6 700	77 500
2016 年	45 000	7 200	14 200	105 000
2017 年	50 000	5 100	16 800	112 000

(1)采用时间序列分解法建立加法模型,并对该商场 2018 年第一季度、第二季度的毛衣销售量进行预测。

(2)采用时间序列分解法建立乘法模型,并对该商场 2018 年第一季度、第二季度的毛衣销售量进行预测。

7.我国 2003—2016 年能源生产总量数据如下表所示:

单位:万吨标准煤

年份	产量	年份	产量
2003 年	160 300	2006 年	221 056
2004 年	187 341	2007 年	235 445
2005 年	206 068	2008 年	260 552
2009 年	274 618	2013 年	358 784
2010 年	312 125	2014 年	361 866
2011 年	340 178	2015 年	361 476
2012 年	351 041	2016 年	346 000

（1）画出趋势图。

（2）用简单一次移动平均法（移动项数为3）预测2008—2016年能源生产总量。

（3）用二次移动平均法（移动项数为3）预测2008—2016年能源生产总量，计算预测相对误差。

（4）用一次指数平滑法（$\alpha = 0.6$）预测2008—2016年能源生产总量，计算预测相对误差。

（5）用二次指数平滑法（$\alpha = 0.6$）预测2008—2016年能源生产总量，计算预测相对误差。

（6）对以上模型进行比较，哪个模型最好？

8.利用二次移动平均法预测某企业的利润额（单位：万元）。已知当移动项数 $k = 4$ 时，有 $M'_{21} = 260$，$M''_{21} = 245$。对该企业第22期、第23期的利润额进行预测。

9.已知某产品销售量（万台）的以下数据：$Y_{2017} = 480$，$\alpha = 0.3$，$S'_{2016} = 450$，$S''_{2016} = 400$。利用二次指数平滑法对该产品2018年、2019年的销售量进行预测。

第五章 非线性趋势外推预测法

对于许多经济和技术问题,预测对象的变化随时间大致呈现出某种曲线形态,如多项式曲线、对数曲线、指数曲线等。本章将介绍几种常见的非线性趋势外推预测模型,及其参数估计和适用条件。非线性趋势外推预测是指根据时间序列的长期趋势,以时间 t 为自变量,时间序列 Y_t 为因变量,拟合非线性趋势模型 $\hat{Y}_t = f(t)$,然后以顺延的时间单位作为已知条件,据以进行外推预测。实际上,非线性趋势预测就是非线性回归预测的一个特例,时间 t 即为模型的自变量。正是由于时间作为自变量,我们在进行模型参数的估计上有一些特殊的方法。

5.1 多项式曲线预测

多项式曲线模型的基本形态为:
$$Y_t = a_0 + a_1 t + a_2 t^2 + \cdots + a_p t^p + u_t \tag{5-1}$$
其中,经济变量 Y_t 为模型的因变量,时间 t 为模型的自变量,$a_i (i=0,1,\cdots,p)$ 为待估参数,p 表示多项式的次数,u_t 为误差项。

参数的个数越多,多项式的次数越高,模型就越复杂。特别地,当 p 不超过 3 时,模型的参数具有明显的经济意义,a_0 为初始时刻经济变量的值,a_1 可用来解释增长的变化速度,a_2 为加速度,a_3 为加速度的变化率。本书将着重介绍二次和三次多项式曲线预测。

一、二次多项式曲线预测

二次多项式曲线模型的形式为:

$$Y_t = a_0 + a_1 t + a_2 t^2 + u_t \qquad (5\text{-}2)$$

其图像是二次抛物线,在某一时点出现趋势转折点,曲线增长方向出现改变。例如,当 $a_2 > 0$ 时,如图 5-1 所示:

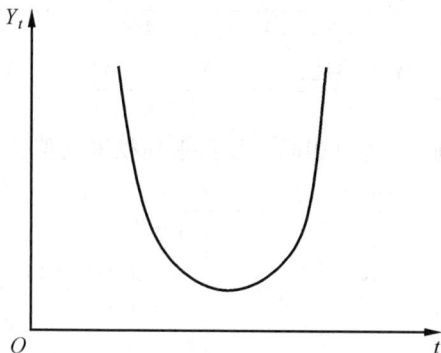

图 5-1　二次多项式曲线

1.估计二次曲线参数

估计二次曲线参数的方法,常用的有最小二乘法和三点法。

当把时间变量 t, t^2 看成回归模型中的自变量 X_{1t}, X_{2t},则该模型与回归分析预测模型类似,用最小二乘法同样可以进行参数估计。但要注意的一个问题是,在应用最小二乘法之前要先进行变量替换,将非线性模型线性化,并且确保估计模型能满足线性模型的假设条件。这部分内容在第三章已经介绍,本章将重点讲述另一种简便的算法 —— 三点法。

该法的基本思路是:从经济对象样本序列 $\{Y_t\}$ 的首尾两端和正中间分别取一定量的项,然后对这些项及其对应的时间序列 $\{t\}$ 进行算术平均或加权平均,得到三组算术平均数值或加权平均数值 $(\overline{t_1}, \overline{Y_1})$,$(\overline{t_2}, \overline{Y_2})$,$(\overline{t_3}, \overline{Y_3})$。将求得的三组数据代入式(5-2),可得三个方程,联立方程求解,可得三个参数 a_0, a_1 和 a_2 的估计值。

三点法的具体计算步骤如下:

设 n 为时间序列的总项数(n 取奇数),分别在初期、中期、末期取 k 项序列。一般 k 与 n 要相符,n 越大各期所取的项也越多。一般情况下,当 $n \geqslant 15$ 时,取 $k = 5$;当 $9 \leqslant n \leqslant 15$ 时,取 $k = 3$。下面的介绍以 $k = 5$ 为例,即作五项加权平均,权重取 $\omega_i = i (i = 1, 2, \cdots, 5)$。$\overline{Y_1}, \overline{Y_2}, \overline{Y_3}$ 为各期的加权平均值,d 为正中项,$d = \dfrac{n+1}{2}$,则有:

$$\overline{Y_1} = \frac{\sum \omega_i Y_i}{\sum \omega_i} = \frac{Y_1 + 2Y_2 + 3Y_3 + 4Y_4 + 5Y_5}{1 + 2 + 3 + 4 + 5}$$

$$\overline{Y_2} = \frac{Y_{d-2} + 2Y_{d-1} + 3Y_d + 4Y_{d+1} + 5Y_{d+2}}{1 + 2 + 3 + 4 + 5}$$

$$\overline{Y_3} = \frac{Y_{n-4} + 2Y_{n-3} + 3Y_{n-2} + 4Y_{n-1} + 5Y_n}{1 + 2 + 3 + 4 + 5}$$

对应的时间序列 $\{t\}$ 也以相同的权数求加权平均值：

$$\overline{t_1} = \frac{1 \times 1 + 2 \times 2 + 3 \times 3 + 4 \times 4 + 5 \times 5}{1 + 2 + 3 + 4 + 5} = \frac{11}{3}$$

$$\overline{t_2} = \frac{(d-2) \times 1 + (d-1) \times 2 + d \times 3 + (d+1) \times 4 + (d+2) \times 5}{1 + 2 + 3 + 4 + 5}$$

$$= d + \frac{2}{3} = \frac{3n + 7}{6}$$

$$\overline{t_3} = \frac{(n-4) \times 1 + (n-3) \times 2 + (n-2) \times 3 + (n-1) \times 4 + n \times 5}{1 + 2 + 3 + 4 + 5}$$

$$= n - \frac{4}{3}$$

将这三个点代入二次模型中,可得:

$$\overline{Y_1} = a_0 + a_1 \frac{11}{3} + a_2 \left(\frac{11}{3}\right)^2$$

$$\overline{Y_2} = a_0 + a_1 \left(\frac{3n + 7}{6}\right) + a_2 \left(\frac{3n + 7}{6}\right)^2$$

$$\overline{Y_3} = a_0 + a_1 \left(n - \frac{4}{3}\right) + a_2 \left(n - \frac{4}{3}\right)^2$$

可解得参数估计值:

$$\hat{a}_2 = \frac{2(\overline{Y_1} + \overline{Y_3} - 2\overline{Y_2})}{(n-5)^2}$$

$$\hat{a}_1 = \frac{\overline{Y_3} - \overline{Y_1}}{n-5} - \frac{3n+7}{3}\hat{a}_2$$

$$\hat{a}_0 = \overline{Y_1} - \frac{11}{3}\hat{a}_1 - \frac{121}{9}\hat{a}_2$$

同理,若 k 取 3,做三项加权平均,也可用类似的步骤得出结果。读者可以自行演算一次。

二次多项式曲线模型又可称为抛物线曲线模型,即预测对象在其发生过程中经过一段时间的增长(下降)后就开始下降(增长)。

2.二次多项式曲线趋势预测的适用条件

接下来,我们要来讨论怎样的预测对象可以用二次多项式曲线模型来模拟。一般可以通过两种方法。一种方法是简单的直观法,它是将预测对象的时间序列数据绘制成散点图并对其进行观察,若呈现先升后降或先降后升的发展趋势,即可采用二次多项式曲线预测法。简单直观是该方法的优点,但是由于制图比例、观察者的目测等因素影响,该方法又显得较为粗糙和不精确。另一种方法是数据分析法。以下,我们从二项式数据结构来分析该方法:

设时间序列 Y_t 的图形为二次多项式曲线,记 ΔY_t 的 Y_t 一阶差分,即:

$$\Delta Y_t = Y_t - Y_{t-1}$$
$$= (a_0 + a_1 t + a_2 t^2) - [a_0 + a_1(t-1) + a_2(t-1)^2]$$
$$= a_1 - a_2 + 2a_2 t$$

可见,经过一阶差分后的序列仍受时间趋势 t 的影响,有一个上升的趋势。

记 $\Delta^2 Y_t$ 为 Y_t 的二阶差分,则有:

$$\Delta^2 Y_t = \Delta Y_t - \Delta Y_{t-1}$$
$$= a_1 - a_2 + 2a_2 t - [a_1 - a_2 + 2a_2(t-1)]$$
$$= 2a_2$$

经过二阶差分后的序列变为一常数,这就是二次多项式曲线模型的一个特点。

对于时间序列数据,逐期求二阶差分,若各期的二阶差分接近于一个常数或二阶差分比较平稳,则时间序列的发展趋势近似于二次多项式曲线趋势,可配合二次多项式曲线模型进行预测。

【例5-1】某啤酒厂过去9年的啤酒产量如表5-1所示,试预测今年的啤酒产量。

表 5-1　某啤酒厂的啤酒产量资料

单位:吨

年份编号 t	1	2	3	4	5	6	7	8	9
产量 y_t	54	80	122	168	230	312	408	515	632
Δy_t	—	26	42	46	62	82	96	107	117
$\Delta^2 y_t$	—	—	16	4	16	20	14	11	10

计算过去9年该啤酒厂啤酒产量序列的一阶、二阶差分,列于表5-1中,

从计算结果可以看出,二阶差分是比较平稳的。因此,可以利用二次多项式曲线模型进行预测。

设模型为

$$Y_t = a_0 + a_1 t + a_2 t^2 + u_t$$

由于我们的数据个数恰好为 9,可以利用三点法估计 a_0、a_1、a_2。将数据按先后顺序分成间隔相等的 3 段,对各段中的三项按先后顺序分别赋予权数 1,2,3,计算加权平均值。

$$\overline{Y_1} = \frac{54 + 2 \times 80 + 3 \times 122}{1 + 2 + 3} \approx 96.67$$

$$\overline{Y_2} = \frac{168 + 2 \times 230 + 3 \times 312}{1 + 2 + 3} \approx 260.67$$

$$\overline{Y_3} = \frac{408 + 2 \times 515 + 3 \times 632}{1 + 2 + 3} \approx 555.67$$

代入参数估计式可得

$$\dot{a}_2 = \frac{2(\overline{Y_1} + \overline{Y_3} - 2\overline{Y_2})}{(n-3)^2} = \frac{2 \times (96.67 + 555.67 - 2 \times 260.67)}{36} \approx 7.28$$

$$\dot{a}_1 = \frac{\overline{Y_3} - \overline{Y_1}}{n-3} - \frac{3n+5}{3}\dot{a}_2 = \frac{555.67 - 96.67}{6} - \frac{32}{3} \times 7.28 \approx -1.15$$

$$\dot{a}_0 = \overline{Y_1} - \frac{7}{3}\dot{a}_1 - \frac{49}{9}\dot{a}_2 = 96.67 - \frac{7}{3} \times (-1.15) - \frac{49}{9} \times 7.28 \approx 59.72$$

因此,所求的二次多项式曲线预测模型为:

$$\dot{Y}_t = 59.72 - 1.15t + 7.28t^2$$

预测今年的啤酒产量,只需将 $t = 10$ 代入求得的模型中即可,有:

$$\dot{Y}_{10} = 59.72 - 1.15 \times 10 + 7.28 \times 100 = 776.22(吨)$$

二、三次多项式曲线预测

三次多项式曲线模型为:

$$Y_t = a_0 + a_1 t + a_2 t^2 + a_3 t^3 + u_t \tag{5-3}$$

其图像会出现两次方向转变,在两次的转折点上,预测对象的发展方向会出现变化。如图 5-2 所示。

1.参数估计

由于该模型有四个未知参数 a_0, a_1, a_2, a_3,用之前的三点法所得的方程个数不足以求解所有未知参数,所以这里需要确定四个典型点,即采用四点法

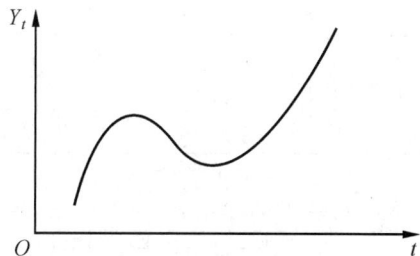

图 5-2　三次多项式曲线

对模型参数进行估计。四点法的原理与三点法相同,具体计算步骤如下:

将时间序列 Y_t 按先后顺序分成间隔相等的四段,分别称为首段、中间偏左段、中间偏右段、末段,然后从各段分别取一定量的项构成样本,并分别计算各段所取项的平均数。

当时间序列的总项数大于 20 时,每段取五项,则对每段中的五项按先后顺序分别以 $1,2,3,4,5$ 为权数计算加权平均数。

分别将各段的中点序号记为 d_1,d_2,d_3,d_4,若每段取五项时可以很自然地确定 $d_1=3,d_4=n-2$,n 为时间序列 Y_t 的总项数。由于要使确定的四个典型点在时间序列中均匀分布,而且已知 d_1,d_4 的序列间隔为 $n-5$,因此相邻两个典型点的序列间隔应为:

$$d_2-d_1=d_3-d_2=d_4-d_3=\frac{n-5}{3}$$

从而有: $d_1=3, d_2=\frac{n+4}{3}, d_3=\frac{2n-1}{3}, d_4=n-2$。

由于 n 奇偶不定,因此除了 d_1 和 d_4 以外,其余两个参数可能无法取得整数,这里要使 d_2 和 d_3 为整数,时间序列 Y_t 的总项数 n 需满足 $n=20+3r$,r 为整数。当 n 不满足该条件时,可以删去最早的一期或两期数据,或删去受随机因素影响最大的数据来使其满足。

类似地,可进行以下计算:

$$\overline{Y_1}=\frac{\sum w_i Y_i}{\sum w_i}=\frac{Y_1+2Y_2+3Y_3+4Y_4+5Y_5}{1+2+3+4+5}$$

$$\overline{Y_2}=\frac{Y_{d_2-2}+2Y_{d_2-1}+3Y_{d_2}+4Y_{d_2+1}+5Y_{d_2+2}}{15}$$

$$\overline{Y_3}=\frac{Y_{d_3-2}+2Y_{d_3-1}+3Y_{d_3}+4Y_{d_3+1}+5Y_{d_3+2}}{15}$$

$$\overline{Y_4} = \frac{Y_{d_4-2} + 2Y_{d_4-1} + 3Y_{d_4} + 4Y_{d_4+1} + 5Y_{d_4+2}}{15}$$

相应地,计算时间 t 的加权平均数:

$$\overline{t_1} = \frac{1 \times 1 + 2 \times 2 + 3 \times 3 + 4 \times 4 + 5 \times 5}{1 + 2 + 3 + 4 + 5} = \frac{11}{3}$$

$$\overline{t_2} = \frac{(d_2-2) + 2 \times (d_2-1) + 3 \times d_2 + 4 \times (d_2+1) + 5 \times (d_2+2)}{1 + 2 + 3 + 4 + 5}$$

$$= d_2 + \frac{2}{3} = \frac{n+6}{3}$$

$$\overline{t_3} = \frac{(d_3-2) + 2 \times (d_3-1) + 3 \times d_3 + 4 \times (d_3+1) + 5 \times (d_3+2)}{1 + 2 + 3 + 4 + 5}$$

$$= d_3 + \frac{2}{3} = \frac{2n+1}{3}$$

$$\overline{t_4} = \frac{(n-4) + 2 \times (n-3) + 3 \times (n-2) + 4 \times (n-1) + 5 \times n}{15}$$

$$= \frac{3n-4}{3}$$

可求得四个典型点为: $\left(\frac{11}{3}, \overline{Y_1}\right)$, $\left(\frac{n+6}{3}, \overline{Y_2}\right)$, $\left(\frac{2n+1}{3}, \overline{Y_3}\right)$, $\left(\frac{3n-4}{3}, \overline{Y_4}\right)$, 分别代入模型 $Y_t = a_0 + a_1 t + a_2 t^2 + a_3 t^3$,得到四个联立方程,解之可得参数的估计值为:

$$\hat{a}_3 = \frac{9(-\overline{Y_1} + 3\overline{Y_2} - 3\overline{Y_3} + \overline{Y_4})}{2(n-5)^2}$$

$$\hat{a}_2 = \frac{9(\overline{Y_1} + \overline{Y_3} - 2\overline{Y_2})}{2(n-5)^2} - (n+6)\hat{a}_3$$

$$\hat{a}_1 = \frac{3(\overline{Y_2} - \overline{Y_1})}{n-5} - \frac{n+17}{3}\hat{a}_2 - \frac{n^2+23n+223}{9}\hat{a}_3$$

$$\hat{a}_0 = \overline{Y_1} - \frac{11}{3}\hat{a}_1 - \frac{121}{9}\hat{a}_2 - \frac{1\,331}{27}\hat{a}_3$$

当时间序列总项数小于 20 时,可在各段选取三项进行加权平均,权数从远至近取 $1,2,3$,同样可以确定四个典型点的坐标,从而计算待估参数。当时序项数不满足 3 的倍数时,用上面提到的方法进行剔除,直至满足条件。读者可自行推导具体公式。

2.三次多项式曲线模型的适用条件

判断预测对象是否可采用三次多项式曲线模型进行趋势预测的方法与二

次多项式曲线的判断方法类似,可以用绘图法,也可以用数据分析法。在样本较少的情况下,第一种方法不失为一个较简便的方法,只需找到两个转折点即可;但在样本多的情况下,该方法就显得较为麻烦。这里还是建议用数据分析法,与二次多项式曲线的分析过程一样,都是对时间序列作差分,唯一不同的是,当数据符合三次多项式曲线趋势时,对其差分的次数要增加一次,才能使修正后的数据不受趋势影响,即以某一个常数变化。

设时间序列 Y_t 符合三次多项式曲线,记 ΔY_t,$\Delta^2 Y_t$,$\Delta^3 Y_t$ 分别为 Y_t 的一阶差分、二阶差分、三阶差分,则有:

$$\Delta Y_t = (a_0 + a_1 t + a_2 t^2 + a_3 t^3) - [a_0 + a_1(t-1) + a_2(t-1)^2 + a_3(t-1)^3]$$
$$= a_1 - a_2 + a_3 + 2a_2 t - 3a_3 t + 3a_3 t^2$$
$$\Delta^2 Y_t = 3a_3(2t-1) + 2a_2 - 3a_3$$
$$\Delta^3 Y_t = 6a_3$$

可见,经过三次差分后所得的序列趋于某一常数。因此,只要预测对象的三阶差分序列呈现稳态的特征,就可以采用公式(5-3)来进行预测。

5.2　对数曲线趋势预测

一、对数曲线模型

一般情况下,经济数据的时间序列较多地呈现出对数变化趋势,常见的对数曲线模型有三种:

$$\ln Y_t = a + bt + u_t \tag{5-4}$$
$$\ln Y_t = a + b\ln t + u_t \tag{5-5}$$
$$Y_t = a + b\ln t + u_t \tag{5-6}$$

其中,最常见的对数模型为模型(5-4),经过变换有:

$$Y_t = e^{a+bt+u_t}$$

可见,时间序列 Y_t 与时间 t 呈现指数曲线形式的相关关系,如图 5-3 所示:

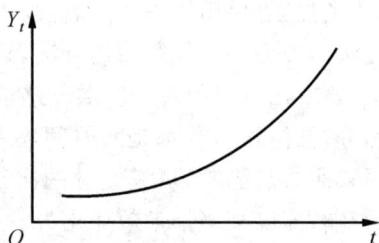

图 5-3 对数曲线 $\ln Y_t = a + bt$

二、参数估计

可以运用之前学习过的回归模型预测法来估计该模型的参数。以模型 (5-4) 为例,该方法的基本思想为:对因变量序列 Y_t 取对数后,用新序列对时间 t 建立线性回归模型,用 OLS 法估计参数 a , b。具体步骤这里不作阐述。

下面介绍一类新方法,该方法可以利用自变量时间 t 的特点来求出参数。仍以模型(5-4)为例。

方法一:两点法

设已有的样本资料为 $(1, Y_1), (2, Y_2), \cdots, (n, Y_n)$;设 $n = 2m$,从而可将样本分为如下两部分:

样本一: $(1, Y_1), (2, Y_2), \cdots, (m, Y_m)$

样本二: $(m+1, Y_{m+1}), (m+2, Y_{m+2}), \cdots, (2m, Y_{2m})$

对每部分样本计算简单算术平均值或加权平均值,得到两点 $(\overline{t_1}, \overline{Y_1})$ 和 $(\overline{t_2}, \overline{Y_2})$。以简单算术平均法为例,均值的计算过程如下:

$$\overline{Y_1} = \frac{Y_1 + Y_2 + \cdots + Y_m}{m}$$

$$\overline{t_1} = \frac{1 + 2 + \cdots + m}{m} = \frac{m+1}{2} = \frac{n+2}{4}$$

$$\overline{Y_2} = \frac{Y_{m+1} + Y_{m+2} + \cdots + Y_{2m}}{m}$$

$$\overline{t_2} = \frac{(m+1) + (m+2) + \cdots + 2m}{m} = \frac{3m+1}{2} = \frac{3n+2}{4}$$

将这两点代入模型(5-4),有:

$$\begin{cases} \ln \overline{Y_1} = a + b\left(\dfrac{n+2}{4}\right) \\[3mm] \ln \overline{Y_2} = a + b\left(\dfrac{3n+2}{4}\right) \end{cases}$$

从而可解得：

$$\begin{cases} \hat{b} = \dfrac{\ln\left(\dfrac{\overline{Y_2}}{\overline{Y_1}}\right)}{\dfrac{n}{2}} = \dfrac{2\ln\left(\dfrac{\overline{Y_2}}{\overline{Y_1}}\right)}{n} \\[6mm] \hat{a} = \ln \overline{Y_1} - \hat{b}\left(\dfrac{n+2}{4}\right) \end{cases}$$

实际上,两点法是三点法在对数曲线模型中的应用。因此根据待估计的参数个数,广义的三点法还应包括两点法和四点法。从计算过程来看,两点法将整个时间序列的信息都考虑在内,充分利用了所有的样本信息。

方法二:分段方程相加法

该方法利用对数求和的特殊计算公式,对分段的样本求得两个方程,联立可解出参数。

设样本资料为：

$(1,Y_1),(2,Y_2),\cdots,(m,Y_m);(m+1,Y_{m+1}),(m+2,Y_{m+2}),\cdots,(2m,$
$Y_{2m})$

分别将每个样本点代入模型(5-4)中,得：

$$\ln Y_1 = a + b$$
$$\ln Y_2 = a + 2b$$
$$\vdots$$
$$\ln Y_m = a + mb$$
$$\ln Y_{m+1} = a + (m+1)b$$
$$\vdots$$
$$\ln Y_{2m} = a + 2mb$$

分别对前 m 个方程与后 m 个方程求和得：

$$\ln Y_1 + \ln Y_2 + \cdots + \ln Y_m = ma + b(1+2+\cdots+m)$$
$$= ma + b\frac{m(m+1)}{2}$$

$$\ln Y_{m+1} + \ln Y_{m+2} + \cdots + \ln Y_{2m} = ma + b[(m+1)+(m+2)+\cdots+2m]$$

$$= ma + b\frac{m(3m+1)}{2}$$

化简可得：

$$\begin{cases} \ln(Y_1 Y_2 \cdots Y_m) = ma + b\frac{m(m+1)}{2} \\ \ln(Y_{m+1} Y_{m+2} \cdots Y_{2m}) = ma + b\frac{m(3m+1)}{2} \end{cases}$$

联立解方程组可得参数的估计值为：

$$\begin{cases} \hat{b} = \dfrac{\ln\dfrac{Y_{m+1}Y_{m+2}\cdots Y_{2m}}{Y_1 Y_2 \cdots Y_m}}{m^2} \\ \hat{a} = \dfrac{1}{m}\ln(Y_1 Y_2 \cdots Y_m) - \hat{b}\dfrac{m+1}{2} \\ \quad = \dfrac{1}{m}\ln(Y_1 Y_2 \cdots Y_m) - \dfrac{m+1}{2m^2}\ln\dfrac{Y_{m+1}Y_{m+2}\cdots Y_{2m}}{Y_1 Y_2 \cdots Y_m} \end{cases}$$

也可以用类似的方法去估计模型(5-5)和模型(5-6)的参数值。

【例 5-2】现已知某产品近 8 个月的销售量,试预测该产品在下一个月的销量。

表 5-2　某产品的月销售量数据

月份编号 t	1	2	3	4	5	6	7	8
销量(万件)	1.4	2	2.9	4.1	5.9	8.4	12	17.1

我们可以先观察这些数据的图像(见图 5-4),以判断用何种模型来进行模拟。

从散点图来看,该时间序列的动态趋势类似于图 5-3,因此我们可以用对数曲线模型来拟合该数据。

由于对数曲线模型有 3 种类型,为了加以确定,我们再对 Y_t 求对数,绘制 $\ln Y_t$ 与 t 的散点图,如图 5-5 所示。

取对数后的时间序列在坐标图中呈现直线趋势,从而可知,时间序列可以用模型 $\ln Y_t = a + bt + u_t$ 来描述。

下面用分段方程相加法来估计参数。根据前述分段方程相加法的公式得：

$$\ln Y_1 + \ln Y_2 + \cdots + \ln Y_4 = 4a + b(1 + 2 + 3 + 4)$$
$$\ln Y_5 + \ln Y_6 + \cdots + \ln Y_8 = 4a + b(5 + 6 + 7 + 8)$$

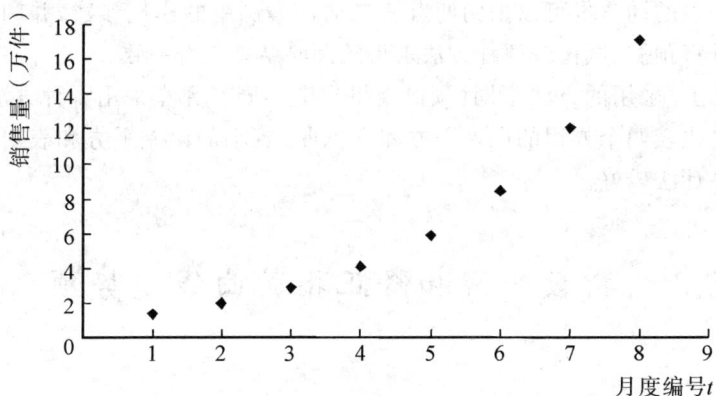

图 5-4　某产品月销售量

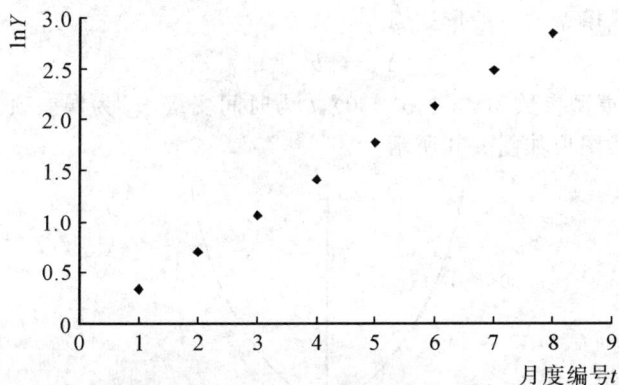

图 5-5　取对数后时间序列的图形

$$\hat{b} = \frac{1}{4^2}\ln\frac{Y_5 Y_6 Y_7 Y_8}{Y_1 Y_2 Y_3 Y_4} = \frac{1}{16}\ln\frac{5.9 \times 8.4 \times 12 \times 17.1}{1.4 \times 2 \times 2.9 \times 4.1} = 0.357\ 6$$

$$\hat{a} = \frac{1}{4}\ln(Y_1 Y_2 Y_3 Y_4) - \frac{1}{4} \times 0.357\ 6 \times 10 = -0.017\ 7$$

因此，所求的预测模型为：

$$\ln\hat{Y}_t = -0.017\ 7 + 0.357\ 6t$$

要预测第 9 个月的销量，只需将 $t = 9$ 代入模型，有：

$$\ln\hat{Y}_9 = 0.357\ 6 \times 9 - 0.017\ 7 = 3.200\ 7$$

进而可求得：

$$\hat{Y}_9 = e^{3.200\ 7} = 24.549\ 7(万件)$$

有兴趣的同学也可以采用两点法来估计本例中的模型参数,并利用得到的模型进行预测,试比较两种方法求得的预测结果是否一致。

实际上,采用的方法不同,预测结果也会不同。究竟采用哪种方法较好,可以通过比较两个方程的误差平方和来判断,较小的误差平方和表明了所用的参数估计法较好。

5.3 指数曲线和修正指数曲线趋势预测

一、指数曲线模型

指数曲线模型的一般形式为:

$$Y_t = ab^t + u_t \tag{5-7}$$

其中,a,b 为模型参数($a > 0, b > 0$),t 为时间变量,u_t 为误差项。

指数曲线图形如图 5-6 所示。

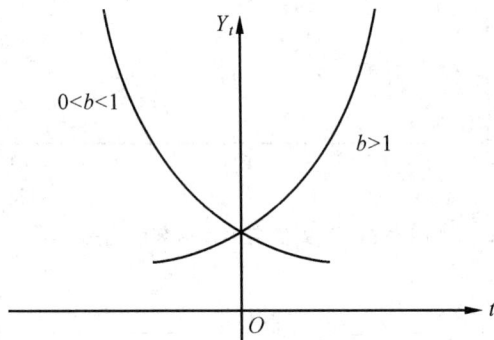

图 5-6 指数曲线

1.指数曲线模型的适用条件

指数曲线的特点是,时序中相邻两期之比即环比为一常数,即:

$$\frac{Y_t}{Y_{t-1}} = b$$

因此,在分析预测对象时,如果时序各期环比大致接近于某一个常数,便可对该时间序列采用指数曲线模型来进行预测。

2.参数估计

对指数函数 $Y_t = ab^t$ 两边取对数可得：

$$\ln Y_t = \ln a + t \ln b$$

令 $a^* = \ln a$，$b^* = \ln b$，则上式可写成：

$$\ln Y_t = a^* + b^* t \qquad (5\text{-}8)$$

可见，指数曲线模型可化成对数曲线模型：

$$\ln Y_t = a^* + b^* t + u_t \qquad (5\text{-}9)$$

对于式(5-9)，可运用最小二乘法估计参数 a^*，b^*，然后通过式 $a = e^{a^*}$ 和 $b = e^{b^*}$ 求出 a，b；也可运用上一节介绍的两点法、分段方程相加法来求解参数。

二、修正指数曲线模型

对于指数曲线，当 $a > 0, 0 < b < 1$ 时，Y_t 随着 t 的增加而逐渐减小，直至趋近于 0，如图 5-6 所示。这种情况在实际经济问题中是很少见的。现实中，常常有一些经济现象初期增长速度较快，随后逐渐减慢，最终趋向于某一稳定状态，并且在达到稳定状态之前，增长量的增长速度各期大体相等。修正指数曲线模型可以描述上述发展过程有饱和现象的一种增长规律。

修正指数曲线模型为：

$$Y_t = k + ab^t + u_t \qquad (5\text{-}10)$$

其中，k, a, b 为参数($k > 0, a < 0, 0 < b < 1$)，t 为时间变量，u_t 为误差项。k 为饱和值或极限值。$Y = k$ 为 Y_t 的上渐近线，如图 5-7 所示。

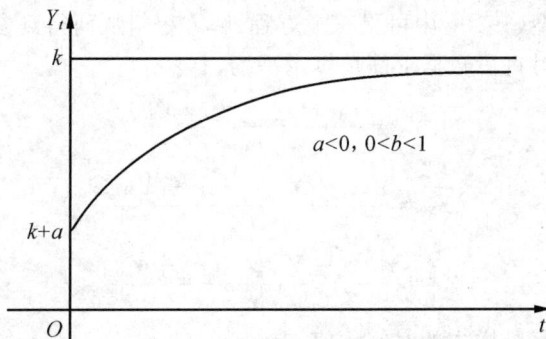

图 5-7 修正指数曲线

1.修正指数曲线模型的适用条件

修正指数曲线的特点是一阶差分的环比为一常数，如表 5-3 所示。

表 5-3 修正指数曲线的特点

时间	趋势值 $Y_t = k + ab^t$	一阶差分	一阶差分环比
1	$k + ab$	—	—
2	$k + ab^2$	$ab(b-1)$	—
3	$k + ab^3$	$ab^2(b-1)$	b
4	$k + ab^4$	$ab^3(b-1)$	b
5	$k + ab^5$	$ab^4(b-1)$	b
⋮	⋮	⋮	⋮

根据这一特征，当时间序列 Y_t 的一阶差分序列 ΔY_t 的环比近似于一常数时，可配合修正指数曲线模型来进行预测。

2.参数估计

对于修正指数曲线模型，设 $t = 1, 2, \cdots, n$，其中 $n = 3m$，则参数 k, a, b 的估计值可采用三点法或分段方程相加法来求得。

方法一：三点法

把 Y_t 分成三段 $(Y_1, Y_2, \cdots, Y_m)$，$(Y_{m+1}, Y_{m+2}, \cdots, Y_{2m})$，$(Y_{2m+1}, Y_{2m+2}, \cdots, Y_{3m})$。

对这三段样本数据，分别在每段中选取一定量的项进行加权平均或简单算术平均，得到 $\overline{Y_1}, \overline{Y_2}, \overline{Y_3}$，与相应的时间均值可构成 $(\overline{t_1}, \overline{Y_1})$，$(\overline{t_2}, \overline{Y_2})$，$(\overline{t_3}, \overline{Y_3})$ 三个点，代入模型(5-10)中可得三个方程，解方程组从而得到参数估计值。

例如，我们对每段数据求简单算术平均，有：

$$\overline{Y_1} = \frac{Y_1 + Y_2 + \cdots + Y_m}{m}$$

$$\overline{Y_2} = \frac{Y_{m+1} + Y_{m+2} + \cdots + Y_{2m}}{m}$$

$$\overline{Y_3} = \frac{Y_{2m+1} + Y_{2m+2} + \cdots + Y_{3m}}{m}$$

相应地，求每段样本的时间均值，有：

$$\overline{t_1} = \frac{m+1}{2}, \overline{t_2} = \frac{3m+1}{2}, \overline{t_3} = \frac{5m+1}{2}$$

将三对均值代入模型(5-10)中，有：

$$\begin{cases} \overline{Y_1} = k + ab^{\frac{m+1}{2}} \\ \overline{Y_2} = k + ab^{\frac{3m+1}{2}} \\ \overline{Y_3} = k + ab^{\frac{5m+1}{2}} \end{cases}$$

联立解上面的三个方程,可求得:

$$\begin{cases} \hat{b} = \sqrt[m]{\dfrac{\overline{Y_3} - \overline{Y_2}}{\overline{Y_2} - \overline{Y_1}}} \\[4mm] \hat{a} = \dfrac{\overline{Y_2} - \overline{Y_1}}{\hat{b}^{\frac{m+1}{2}}(\hat{b}^m - 1)} \\[4mm] \hat{k} = \dfrac{\overline{Y_1}\hat{b}^m - \overline{Y_2}}{\hat{b}^m - 1} \end{cases}$$

方法二:分段方程相加法

与之前估计对数曲线参数的原理相同,我们在假设该模型成立的基础上,将各个样本点的值分别代入模型,可得 $3m$ 个方程,然后分别对前 m 个方程、中间 m 个方程和后 m 个方程相加,化为 3 个方程,联立这 3 个方程求解即可得到 3 个未知参数 a,b,k 的估计值。

具体方法如下:

将各个样本点的值分别代入模型,得到:

$$Y_1 = k + ab$$
$$Y_2 = k + ab^2$$
$$\vdots$$
$$Y_m = k + ab^m$$
$$Y_{m+1} = k + ab^{m+1}$$
$$\vdots$$
$$Y_{2m} = k + ab^{2m}$$
$$Y_{2m+1} = k + ab^{2m+1}$$
$$\vdots$$
$$Y_{3m} = k + ab^{3m}$$

分别对前 m 个方程、中间 m 个方程和后 m 个方程相加,得到:

$$
\begin{cases}
\displaystyle\sum_{t=1}^{m} Y_t = mk + ab(1 + b + b^2 + \cdots + b^{m-1}) = mk + ab\,\frac{b^m - 1}{b - 1} \\[3mm]
\displaystyle\sum_{t=m+1}^{2m} Y_t = mk + ab^{m+1}(1 + b + b^2 + \cdots + b^{m-1}) = mk + ab^{m+1}\,\frac{b^m - 1}{b - 1} \\[3mm]
\displaystyle\sum_{t=m+1}^{2m} Y_t = mk + ab^{2m+1}(1 + b + b^2 + \cdots + b^{m-1}) = mk + ab^{2m+1}\,\frac{b^m - 1}{b - 1}
\end{cases}
$$

联立上面 3 个方程求解,可得:

$$
\begin{cases}
\hat{b} = \sqrt[m]{\dfrac{\displaystyle\sum_{t=2m+1}^{3m} Y_t - \sum_{t=m+1}^{2m} Y_t}{\displaystyle\sum_{t=m+1}^{2m} Y_t - \sum_{t=1}^{m} Y_t}} \\[6mm]
\hat{a} = \left(\displaystyle\sum_{t=m+1}^{2m} Y_t - \sum_{t=1}^{m} Y_t\right)\dfrac{\hat{b} - 1}{\hat{b}(\hat{b}^m - 1)^2} \\[6mm]
\hat{k} = \dfrac{1}{m}\left(\displaystyle\sum_{t=1}^{m} Y_t - \dfrac{\displaystyle\sum_{t=m+1}^{2m} Y_t - \sum_{t=1}^{m} Y_t}{\hat{b}^m - 1}\right)
\end{cases}
$$

【例 5-3】某企业 2003—2017 年产品产量(单位:万台)资料如表 5-4 所示,试预测该企业 2018 年的产品产量。

设该企业的产品产量为 Y_t,绘制散点图,如图 5-8 所示。

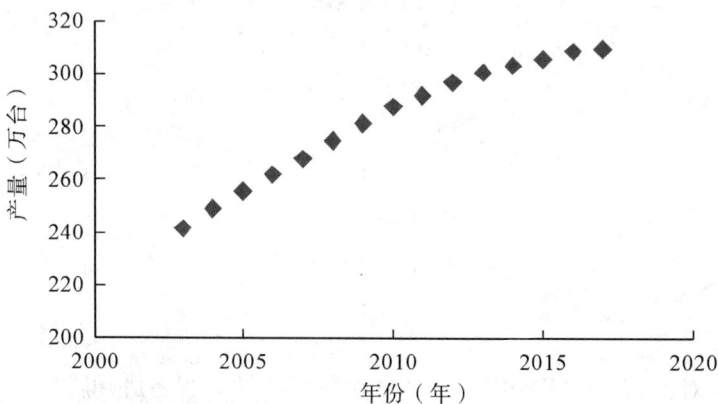

图 5-8   某企业产品产量散点图

从图形看出,产品产量有类似于修正指数曲线的变动趋势,产品产量的增长速度起初较快,之后逐渐减慢,并有一个平缓的极限趋势。

我们再考察时序的数据特征,结果如表 5-4 所示。

表 5-4　某企业产品产量序列及其特征

年份	年份编号 t	产品生产量 Y_t(万吨)	一阶差分 ΔY_t	一阶差分的环比 $\dfrac{\Delta Y_{t+1}}{\Delta Y_t}$
2003 年	1	241.53	—	
2004 年	2	248.98	7.45	—
2005 年	3	255.58	6.61	0.89
2006 年	4	261.97	6.38	0.97
2007 年	5	268.07	6.10	0.96
2008 年	6	274.74	6.66	1.09
2009 年	7	281.40	6.66	1.00
2010 年	8	287.84	6.44	0.97
2011 年	9	292.04	4.20	0.65
2012 年	10	297.19	5.15	1.23
2013 年	11	300.89	3.70	0.72
2014 年	12	303.46	2.58	0.70
2015 年	13	305.90	2.43	0.94
2016 年	14	309.02	3.12	1.28
2017 年	15	310.00	0.98	0.32

对数据进行一阶差分后再求环比指数,可以看出环比序列在自然数 1 左右变动,即各期产品产量增长量的增长速度大体相等,基本符合修正指数模型的数值特征。因此,这里用修正的指数模型来模拟。

根据题中数据,利用分段方程相加法来估计参数,有:

$$\sum_{t=1}^{5} Y_t = 5k + ab(1 + b + b^2 + \cdots + b^4) = 5k + ab\frac{b^5 - 1}{b - 1}$$

$$\sum_{t=6}^{10} Y_t = 5k + ab^6(1 + b + b^2 + \cdots + b^4) = 5k + ab^6\frac{b^5 - 1}{b - 1}$$

$$\sum_{t=11}^{15} Y_t = 5k + ab^{11}(1 + b + b^2 + \cdots + b^4) = 5k + ab^{11}\frac{b^5 - 1}{b - 1}$$

解之可得:

$$\hat{b} = \sqrt[5]{\frac{\sum\limits_{t=11}^{15} Y_t - \sum\limits_{t=6}^{10} Y_t}{\sum\limits_{t=6}^{10} Y_t - \sum\limits_{t=1}^{5} Y_t}} = \sqrt[5]{\frac{1\,529.26 - 1\,433.21}{1\,433.21 - 1\,276.13}} \approx 0.91$$

$$\hat{a} = \left(\sum\limits_{t=6}^{10} Y_t - \sum\limits_{t=1}^{5} Y_t\right) \frac{\hat{b} - 1}{\hat{b}\,(\hat{b}^5 - 1)^2}$$

$$= (1\,433.21 - 1\,276.13) \times \frac{0.91 - 1}{(0.91^5 - 1)^2 \times 0.91}$$

$$\approx -109.91$$

$$\hat{k} = \frac{1}{5}\left(\sum\limits_{t=1}^{5} Y_t - \frac{\sum\limits_{t=6}^{10} Y_t - \sum\limits_{t=1}^{5} Y_t}{\hat{b}^5 - 1}\right)$$

$$= \frac{1}{5}\left(1\,276.13 - \frac{1\,433.21 - 1\,276.13}{0.91^5 - 1}\right)$$

$$\approx 338.79$$

因此，该企业的产品产量的修正指数曲线预测模型为：

$$\hat{Y}_t = 338.79 - 109.91 \times 0.91^t$$

将 $t = 16$ 代入上面的模型，预测该企业 2018 年产品的产量为：

$$\hat{Y}_{16} = 338.79 - 109.91 \times 0.911\,6 = 314.48(万台)$$

5.4　S 形曲线预测模型

在前几节所讨论的曲线模型中，我们或者认为曲线的斜率随着时间增加而增加（如对数曲线模型），或者随着时间增加而减少（如修正指数曲线模型），这意味着我们假设经济现象的变化速度仅有一种状态，或者变化速度加快，或者减慢。

但对于我们所研究的真实世界来说，很多经济现象常常具有如下特征：初期增长速度较慢，随后增长速度逐渐加快，达到一定程度后，增长速度又开始下降，到后期逐渐趋于一条饱和直线，增长速度基本上稳定于零。从图形上看，这一过程类似于一条 S 形曲线。曲线的明显特征是有一个拐点和一个增长的极限（某一条饱和直线）。拐点即增长速度由上升转为下降的点，从微积分的角度来看，曲线在该点的二阶导数为零。

一般用来拟合这类数据的模型有两个：冈珀茨(Gompertz)曲线和逻辑斯谛(logistic)曲线。由于这两个曲线能反映具有生命周期特征的现象，例如产品市场寿命、人口预测等，因此它们也被称为生命周期曲线。

一、冈珀茨曲线模型

冈珀茨曲线是英国统计学家和数学家冈珀茨提出的，该曲线描述了这样一种发展趋势：初期增长速度较慢，随后增长速度逐渐加快，达到一定程度后，增长速度又逐渐减慢，到后期逐渐趋于一条水平直线。

冈珀茨曲线模型的一般形式为：

$$Y_t = ka^{b^t} + u_t \quad (0 < a < 1, 0 < b < 1, k > 0) \tag{5-11}$$

其中，k, a, b 为参数，t 为时间变量，u_t 为误差项。几何图形如图 5-9 所示：

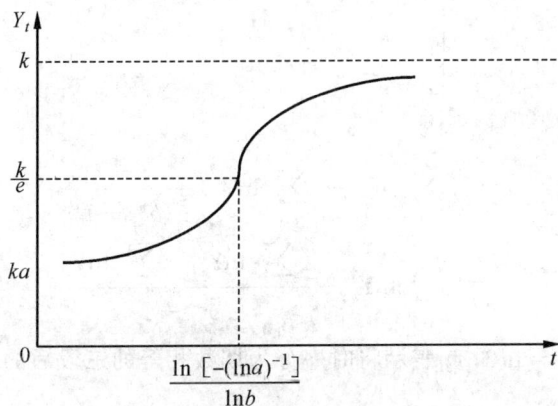

图 5-9　冈珀茨曲线

根据式(5-11)可知，$t = 0$ 时，$Y_t = ka$；当 $t \to +\infty$ 时，$Y_t \to k$；当 $t \to -\infty$ 时，$Y_t \Rightarrow 0$；k 是该曲线的上限。 可以计算得到，曲线的拐点为 $\left(\dfrac{\ln[-(\ln a)^{-1}]}{\ln b}, \dfrac{k}{e} \right)$，曲线不关于拐点对称。

1.冈珀茨曲线模型的适用条件

实际上，冈珀茨曲线模型可以转化为修正指数曲线模型。

对冈珀茨曲线 $Y_t = ka^{b^t}$ 的两端取自然对数，有：

$$\ln Y_t = \ln k + b^t \ln a$$

设 $Y_t^* = \ln Y_t, k^* = \ln k, a^* = \ln a$，则上式可化简为修正指数曲线：

$$Y_t^* = k^* + a^* b^t \tag{5-12}$$

由前面的学习我们已知,修正指数曲线的时序的一阶差分的环比为一常数。从而可知,冈珀茨曲线的时序取对数后的一阶差分的环比也为一常数。因此,当时序取对数后的一阶差分的环比近似为一常数时,我们可以用冈珀茨曲线模型来模拟。

2.参数估计

对冈珀茨曲线模型的参数 k,a,b 的估计可以先将模型取对数后,用修正曲线的参数估计方法,求得 $\hat{k}$,$\hat{a}$,$\hat{b}$,然后再利用等式 $k^* = \ln k$,$a^* = \ln a$ 求出 k 和 a 的估计值。

具体的计算公式如下:

$$\begin{cases} \hat{b} = \sqrt[m]{\dfrac{\sum_3 \ln Y_t - \sum_2 \ln Y_t}{\sum_2 \ln Y_t - \sum_1 \ln Y_t}} \\ \hat{k} = e^{\hat{k}^*} \\ \hat{a} = e^{\hat{a}^*} \end{cases}$$

其中,

$$\hat{a}^* = \left(\sum_2 \ln Y_t - \sum_1 \ln Y_t \right) \frac{\hat{b} - 1}{\hat{b}(\hat{b}^m - 1)^2}$$

$$\hat{k}^* = \frac{1}{m} \left[\sum_1 \ln Y_t - \frac{\left(\sum_2 \ln Y_t - \sum_1 \ln Y_t \right)}{\hat{b}^m - 1} \right]$$

$\sum_i \ln Y_t (i = 1, 2, 3)$ 表示将时序分为期数相等的三段后的各段样本值取对数后的和。

【例5-4】某公司生产MP3产品,表5-5中第1列是MP3近9个月的销量(单位:件),试预测第10个月、第11个月的销售量。

绘制数据的散点图(见图5-10),可以发现曲线在前3个月左右增长的速度较为平缓,从第4个月到第7个月销售量增长速度有明显加快,到了第8、9个月增长的速度有所减慢。因此我们直观上判断,该时间序列可以用冈珀茨曲线模型来描述。

以 Y_t 表示MP3的销售量,对时序 Y_t 取对数后计算一阶差分环比,结果如表5-5所示:

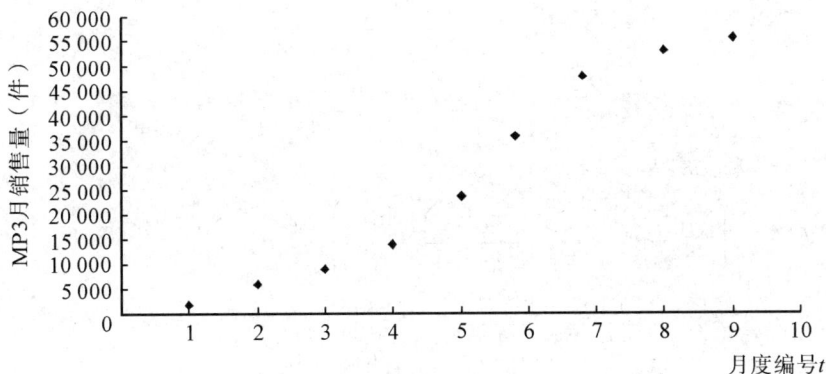

图 5-10 某公司 MP3 月销售量的散点图

表 5-5 MP3 销售量计算表

t	Y_t	$\ln Y_t$	$\Delta \ln Y_t$	$\dfrac{\Delta \ln Y_{t+1}}{\Delta \ln Y_t}$	$\sum_i \ln Y_t$
1	1 890	7.544	—		
2	6 000	8.700	1.155	—	$\sum_1 \ln Y_t = 25.349$
3	9 000	9.105	0.405	0.351	
4	14 000	9.547	0.442	1.090	
5	23 600	10.069	0.522	1.182	$\sum_2 \ln Y_t = 30.102$
6	35 800	10.486	0.417	0.798	
7	47 910	10.777	0.291	0.699	
8	53 010	10.878	0.101	0.347	$\sum_3 \ln Y_t = 32.581$
9	55 600	10.926	0.048	0.472	

表 5-5 的第 5 列显示了时序对数的一阶差分环比,可以认为其收敛于一常数。因此,根据数值特征,我们也可以得出用冈珀茨曲线来描述的结论。

首先,建立模型:

$$Y_t = ka^{b^t} + u_t$$

用分段求和法估计模型参数,可解得:

$$\hat{b} = \sqrt[m]{\frac{\sum_3 \ln Y_t - \sum_2 \ln Y_t}{\sum_2 \ln Y_t - \sum_1 \ln Y_t}} = \sqrt[3]{\frac{32.581 - 30.102}{30.102 - 25.349}} = 0.805$$

$$\hat{a}^* = \left(\sum_2 \ln Y_t - \sum_1 \ln Y_t\right) \frac{\hat{b}-1}{\hat{b}(\hat{b}^m-1)^2}$$

$$= (30.102 - 25.349) \frac{0.805-1}{0.805 \times (0.805^3-1)^2}$$

$$= -5.031\,91$$

$$\hat{k}^* = \frac{1}{m}\left(\sum_1 \ln Y_t - \frac{\sum_2 \ln Y_t - \sum_1 \ln Y_t}{\hat{b}^m-1}\right)$$

$$= \frac{25.349 - \dfrac{30.102-25.349}{0.805^3-1}}{3} = 11.7618$$

进而可求得：

$$\begin{cases} \hat{a} = e^{-5.031\,91} = 0.006\,526 \\ \hat{k} = e^{11.761\,8} = 128\,258.110\,4 \end{cases}$$

解得预测模型为：

$$\hat{Y}_t = 128\,258.110\,4 \times 0.006\,526^{0.805^t}$$

将 $t=10$ 代入上面的预测模型，可以预测第 10 个月 MP3 的销量为：

$$Y_{10} = 128\,258.110\,4 \times 0.006\,526^{0.805^{10}}$$

$$= 72\,169（件）$$

二、逻辑斯谛曲线模型

逻辑斯谛曲线模型又称为逻辑曲线或推理曲线，是由比利时数学家哈尔斯特研究人口增长规律时提出的。该曲线与冈珀茨曲线很相近，其时间序列的变化趋势为初期增长缓慢，随后一个阶段急剧增长，达到一定程度后，增长速度减慢，最后达到饱和状态。

逻辑斯谛曲线模型最常见的形式为：

$$Y_t = \frac{k}{1 + a e^{-bt}} + u_t \tag{5-13}$$

其中，k，a，b 为模型参数；k 称为极限参数，它意味着 Y_t 处于饱和状态时的值。如图 5-11 所示。

根据式(5-13)可知，$t=0$ 时，$Y_t = \dfrac{k}{1+a}$；$t \to +\infty$ 时，$Y_t \to k$；$t \to -\infty$ 时，$Y_t \to 0$；k 是该曲线的上限。可以计算出曲线的拐点为 $\left(\dfrac{\ln a}{b}, \dfrac{k}{2}\right)$，曲线关于拐

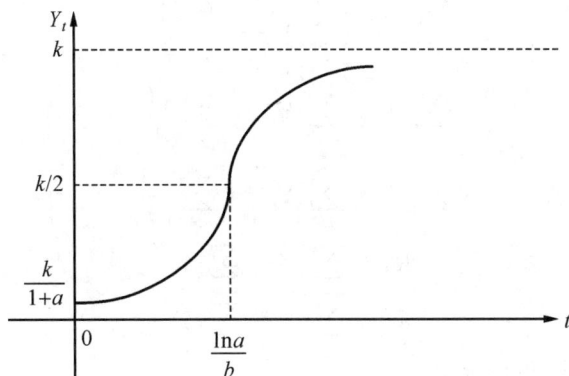

图 5-11　逻辑斯谛曲线

点对称。

事实证明,逻辑斯谛曲线可以很好地描述耐用消费品(如电视、电冰箱等)的普及过程、技术发展过程等经济现象的变化特征。

1.逻辑斯谛曲线模型的适用条件

将逻辑斯谛曲线 $Y_t = \dfrac{k}{1 + a\,\mathrm{e}^{-bt}}$ 两边取倒数,原模型变为:

$$\frac{1}{Y_t} = \frac{1 + a\,\mathrm{e}^{-bt}}{k} = \frac{1}{k} + \frac{a\,\mathrm{e}^{-bt}}{k}$$

令 $Y_t^* = \dfrac{1}{Y_t}$,$k^* = \dfrac{1}{k}$,$a^* = \dfrac{a}{k}$,$b^* = \mathrm{e}^{-b}$,从而有:

$$Y_t^* = k^* + a^* b^{*t} \tag{5-14}$$

即逻辑斯谛曲线求倒数后,可以转变为修正指数曲线。

这说明,如果对一个时间序列取倒数后,其一阶差分的环比序列近似于一常数,则可以用逻辑斯谛曲线来模拟。需要注意的是,此时趋近的常数为 e^{-b},它不同于冈珀茨曲线模型趋近的常数 b。

2.参数估计

由于该模型的倒数方程即为修正指数曲线模型,因此,修正指数曲线模型的参数估计原理可用于逻辑斯谛曲线的参数估计。

令 $Y_t^* = \dfrac{1}{Y_t}$,$k^* = \dfrac{1}{k}$,$a^* = \dfrac{a}{k}$,$b^* = \mathrm{e}^{-b}$,逻辑斯谛曲线模型可转变为:

$$Y_t^* = k^* + a^* b^{*t} + u_t$$

设样本的项数为 $3m$,记:

$$\sum_1 Y = \sum_{t=1}^{m} Y_t^* = \sum_{t=1}^{m} \frac{1}{Y_t}$$

$$\sum_2 Y = \sum_{t=m+1}^{2m} Y_t^* = \sum_{t=m+1}^{2m} \frac{1}{Y_t}$$

$$\sum_3 Y = \sum_{t=2m+1}^{3m} Y_t^* = \sum_{t=2m+1}^{3m} \frac{1}{Y_t}$$

$$R_1 = \sum_2 Y - \sum_1 Y$$

$$R_2 = \sum_3 Y - \sum_2 Y$$

采用分段法,可以求出:

$$b^* = \sqrt[m]{\frac{R_2}{R_1}}$$

$$k^* = \frac{\sum_1 Y - R_1/(b^{*m} - 1)}{m}$$

$$= \frac{\sum_1 Y - R_1/\left(\dfrac{R_2}{R_1} - 1\right)}{m} = \frac{\sum_1 Y - \dfrac{R_1^2}{R_2 - R_1}}{m}$$

$$a^* = R_1 \frac{b^* - 1}{b(b^{*m} - 1)^2} = \frac{R_1(e^{-b} - 1)}{e^{-b}(e^{-bm} - 1)^2}$$

进而可求得:

$$\hat{b} = -\ln b^* = -\ln \sqrt[m]{\frac{R_2}{R_1}} = \frac{1}{m}\ln\frac{R_1}{R_2}$$

$$\hat{k} = \frac{1}{k^*} = \frac{m}{\sum_1 Y - \dfrac{R_1^2}{R_2 - R_1}}$$

$$\hat{a} = \hat{k}a^* = \frac{kR_1(e^{-b} - 1)}{e^{-b}(e^{-bm} - 1)^2}$$

此外,也可用三点法估计三个模型参数,有兴趣的同学可以参照修正指数模型推导其公式。

【例 5-5】某化妆品 2003 年到 2017 年的销售额资料如表 5-6 所示,试用逻辑斯谛曲线对该化妆品 2018 年的销售额进行预测。

表 5-6　某化妆品销售额资料

单位:万元

年份	年份编号 t	销售额	年份	年份编号 t	销售额
2003 年	1	37.8	2011 年	9	96.7
2004 年	2	41.9	2012 年	10	98.7
2005 年	3	48.3	2013 年	11	104.9
2006 年	4	54.6	2014 年	12	109.2
2007 年	5	67.1	2015 年	13	113.2
2008 年	6	79.9	2016 年	14	123.9
2009 年	7	86.0	2017 年	15	125.9
2010 年	8	92.4			

绘制时序的散点图,如图 5-12 所示:

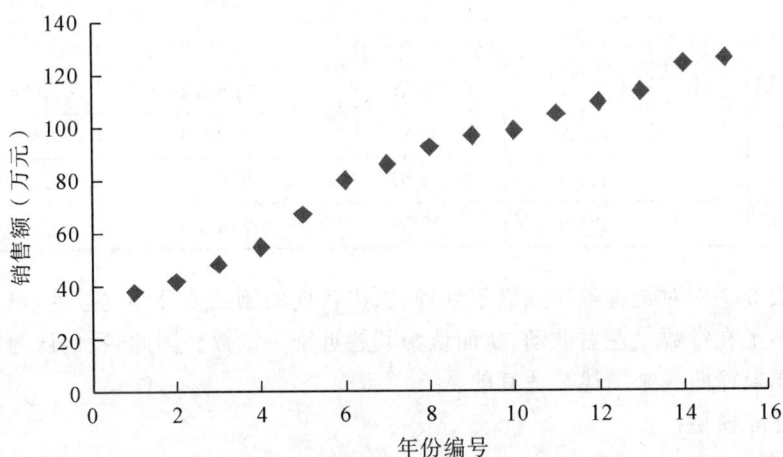

图 5-12　某化妆品 2003—2017 年的销售额散点图

从图形上看,该化妆品的销售额在 2005 年以前增长较慢,但在 2006—2009 年间有较快的增长,销售额快速膨胀,接着在 2011 年之后销售额增长趋缓,之后呈匀速增加的趋势。

表 5-7　化妆品销售额计算表

年份	t	销售额（万元）	$\dfrac{1}{Y_t}$	$\Delta\dfrac{1}{Y_t}=\dfrac{1}{Y_t}-\dfrac{1}{Y_{t-1}}$	$\dfrac{\Delta\dfrac{1}{Y_t}}{\Delta\dfrac{1}{Y_{t-1}}}$
2003 年	1	37.8	0.026 46	—	—
2004 年	2	41.9	0.023 87	−0.002 6	—
2005 年	3	48.3	0.020 70	−0.003 2	1.221 6
2006 年	4	54.6	0.018 32	−0.002 4	0.755 4
2007 年	5	67.1	0.014 90	−0.003 4	1.428 2
2008 年	6	79.9	0.012 52	−0.002 4	0.699 8
2009 年	7	86.0	0.011 63	−0.000 9	0.371 8
2010 年	8	92.4	0.010 82	−0.000 8	0.907 2
2011 年	9	96.7	0.010 34	−0.000 5	0.597 5
2012 年	10	98.7	0.010 13	−0.000 2	0.435 4
2013 年	11	104.9	0.009 53	−0.000 6	2.857 7
2014 年	12	109.2	0.009 16	−0.000 4	0.626 9
2015 年	13	113.2	0.008 83	−0.000 3	0.862 0
2016 年	14	123.9	0.008 07	−0.000 8	2.357 6
2017 年	15	125.9	0.007 94	−0.003 29	0.168 1

表 5-7 中对销售额序列做了处理,求出各期的倒数差分环比数列,可以看出基本上在常数 1 左右波动,从而认为其趋近于一常数。因此,我们认为这里用逻辑斯谛曲线来描述是适宜的。

建立模型:

$$Y_t=\frac{k}{a\,\mathrm{e}^{-bt}+1}+u_t$$

本题中 m 为 5,根据参数估计的公式,可计算出:

$$\sum_1 Y=\sum_{t=1}^{5}\frac{1}{Y_t}=\frac{1}{37.8}+\frac{1}{41.9}+\frac{1}{48.3}+\frac{1}{54.6}+\frac{1}{67.1}$$
$$=0.104\ 233$$
$$\sum_2 Y=\sum_{t=6}^{10}\frac{1}{Y_t}=\frac{1}{79.9}+\frac{1}{86}+\frac{1}{92.4}+\frac{1}{96.7}+\frac{1}{98.7}$$

$$= 0.055\ 44$$

$$\sum_3 Y = \sum_{t=11}^{15} \frac{1}{Y_t} = \frac{1}{104.9} + \frac{1}{109.2} + \frac{1}{113.2} + \frac{1}{123.9} + \frac{1}{125.9}$$

$$= 0.043\ 54$$

$$R_1 = 0.055\ 44 - 0.104\ 233 = -0.048\ 793$$

$$R_2 = 0.043\ 54 - 0.055\ 44 = -0.011\ 9$$

进一步可计算模型参数的估计值为：

$$\hat{b} = -\ln b^* = -\ln \sqrt[m]{\frac{R_2}{R_1}}$$

$$= \frac{1}{m} \ln \frac{R_1}{R_2} = \frac{1}{5} \ln \left(\frac{-0.048\ 793}{-0.011\ 8} \right)$$

$$\hat{k} = \frac{1}{k^*} = \frac{m}{\sum_1 Y - \dfrac{R_1^2}{R_2 - R_1}}$$

$$= \frac{5}{0.104\ 233 - \dfrac{(-0.048\ 793)^2}{-0.011\ 9 + 0.048\ 793}} = 125.939\ 5$$

$$\hat{a} = \hat{k} a^* = \frac{\hat{k} R_1 (e^{-\hat{b}} - 1)}{e^{-\hat{b}(e^{-bm-1})^2}}$$

$$= \frac{125.939\ 5 \times (-0.048\ 793) \times (e^{-0.282\ 21} - 1)}{e^{-0.282\ 21} \times (e^{-0.282\ 21 \times 5} - 1)^2} = 3.504\ 5$$

所以，预测模型为：

$$\hat{Y}_t = \frac{k}{1 + a e^{-bt}} = \frac{125.939\ 5}{1 + 3.504\ 5 \times e^{-0.282\ 21t}}$$

当我们预测 2018 年该化妆品的销售额时，将 $t = 16$ 代入可得：

$$\hat{Y}_{16} = \frac{k}{1 + a e^{-bt}} = \frac{125.939\ 5}{1 + 3.504\ 5 \times e^{-0.282\ 21 \times 16}}$$

$$= 121.289\ 5 (万元)$$

5.5　非线性趋势预测案例

【例 5-6】已知某公司 1997—2017 年产品销售额资料，试选用合适的非线性趋势模型预测该公司 2018 年和 2019 年的产品销售额。

表 5-8　某公司 1997—2017 年产品销售额资料

单位:万元

年份	销售额	年份	销售额
1997 年	3 410	2008 年	4 450
1998 年	3 435	2009 年	4 517
1999 年	3 500	2010 年	4 566
2000 年	3 601	2011 年	4 629
2001 年	3 698	2012 年	4 674
2002 年	3 796	2013 年	4 703
2003 年	3 940	2014 年	4 758
2004 年	4 069	2015 年	4 780
2005 年	4 225	2016 年	4 820
2006 年	4 335	2017 年	4 840
2007 年	4 411		

为了从直观上判断该时间序列适合用哪种模型来进行预测,首先画出其散点图。

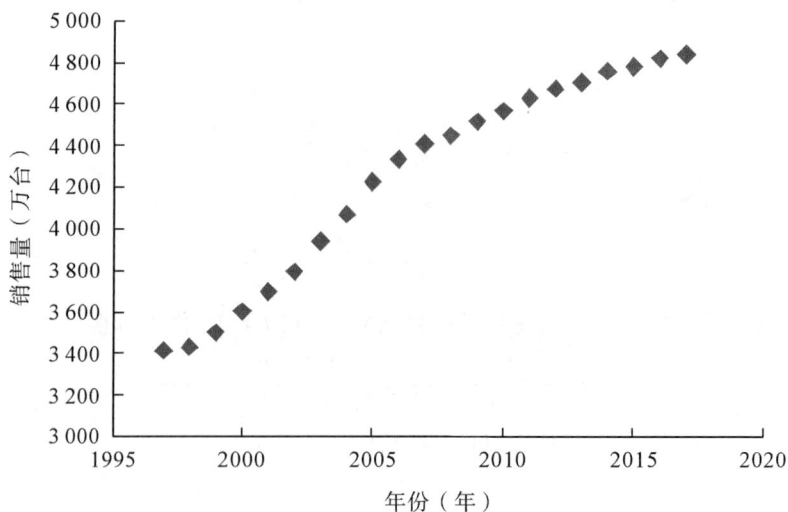

图 5-13　某公司 1997—2017 年产品销售额散点图

从图 5-13 来看,该时序有修正指数曲线变动的趋势,因此可以考虑用修正指数曲线模型。同时,也发现该散点图在变动过程中有不明显的增长速度的变动,特别是在 2004 年至 2006 年,销售额增长速度由较快趋于平缓,因此很可能该数据也可以用逻辑斯谛曲线来模拟。

为了确定较合适的预测模型,对数据进行差分和取倒数的处理,以求从数据本身特征寻找判断的依据。

表 5-9 中第 4 列和第 5 列分别列出了时序差分环比指数和时序倒数的差分环比指数,可以分别用来判断时序是否具有修正指数曲线或逻辑斯谛曲线特征。从数据特征来看,两列指数都在自然数 1 左右波动,但从波动的幅度上来看,有 $\sigma_1 < \sigma_2$,σ_1,σ_2 分别表示时序差分环比指数波动率和时序倒数的差分环比指数波动率。

表 5-9　产品销售额计算表

年份	t	销售额 Y_t	$\dfrac{\Delta Y_t}{\Delta Y_{t-1}}$	$\dfrac{\Delta \dfrac{1}{Y_t}}{\Delta \dfrac{1}{Y_{t-1}}}$
1997 年	1	3 410	—	—
1998 年	2	3 435	—	—
1999 年	3	3 500	2.600 000	2.500 000
2000 年	4	3 601	1.553 846	1.600 000
2001 年	5	3 698	0.960 396	1.000 000
2002 年	6	3 796	1.010 309	0.875 000
2003 年	7	3 940	1.469 388	1.285 714
2004 年	8	4 069	0.895 833	0.888 889
2005 年	9	4 225	1.209 302	1.125 000
2006 年	10	4 335	0.705 128	0.666 667
2007 年	11	4 411	0.690 909	0.666 667
2008 年	12	4 450	0.513 158	0.500 000
2009 年	13	4 517	1.717 949	2.000 000
2010 年	14	4 566	0.731 343	0.500 000
2011 年	15	4 629	1.285 714	1.500 000
2012 年	16	4 674	0.714 286	0.666 667
2013 年	17	4 703	0.644 444	0.500 000
2014 年	18	4 758	1.896 552	3.000 000
2015 年	19	4 780	0.400 000	0.333 333
2016 年	20	4 820	1.818 182	2.000 000
2017 年	21	4 840	0.500 000	0.000 000

为了进一步确定模型,考虑用逻辑斯谛曲线模型和修正指数曲线模型分别对该序列进行模拟预测,通过比较两模型预测残差$(Y_t - \hat{Y}_t)$的平方和,最终决定选用哪种模型进行预测。

1.修正指数曲线模型

表 5-10　　修正指数曲线模型计算表

年份	年份编号 t	Y_t	ΔY_t	$\dfrac{\Delta Y_t}{\Delta Y_{t-1}}$	$\sum_i Y_t$
1997 年	1	3 410	—	—	
1998 年	2	3 435	25	—	
1999 年	3	3 500	65	2.600 000	
2000 年	4	3 601	101	1.553 846	$\sum_1 Y_t = 25\ 380$
2001 年	5	3 698	97	0.960 396	
2002 年	6	3 796	98	1.010 309	
2003 年	7	3 940	144	1.469 388	
2004 年	8	4 069	129	0.895 833	
2005 年	9	4 225	156	1.209 302	
2006 年	10	4 335	110	0.705 128	
2007 年	11	4 411	76	0.690 909	$\sum_2 Y_t = 30\ 573$
2008 年	12	4 450	39	0.513158	
2009 年	13	4 517	67	1.717 949	
2010 年	14	4 566	49	0.731 343	
2011 年	15	4 629	63	1.285 714	
2012 年	16	4 674	45	0.714 286	
2013 年	17	4 703	29	0.644 444	
2014 年	18	4 758	55	1.896 552	$\sum_3 Y_t = 33\ 204$
2015 年	19	4 780	22	0.400 000	
2016 年	20	4 820	40	1.818 182	
2017 年	21	4 840	20	0.500 000	

由题意可知 $n = 21, m = 7$。根据参数估计公式,有

$$\hat{b} = \sqrt[7]{\frac{33\ 204 - 30\ 573}{30\ 573 - 25\ 380}} \approx 0.907\ 4$$

$$\hat{a} = (30\ 573 - 25\ 380) \times \frac{0.907\ 4 - 1}{0.907\ 4 \times (0.907\ 4^7 - 1)^2} \approx -2\ 176.109\ 8$$

$$\hat{k} = \frac{1}{7} \times \left(25\ 380 - \frac{30\ 573 - 25\ 380}{0.907\ 4^7 - 1}\right) \approx -5\ 129.013\ 5$$

因而修正指数曲线模型为

$$\hat{Y}_t = 5\ 129.013\ 5 - 2\ 176.109\ 8 \times 0.907\ 4^t$$

2.逻辑斯谛曲线模型

表 5-11　逻辑斯谛曲线模型计算表

年份	年份编号 t	Y_t	$\frac{1}{Y_t}$	$\Delta\frac{1}{Y_t}$	$\dfrac{\Delta\frac{1}{Y_t}}{\Delta\frac{1}{Y_{t-1}}}$	$\sum_i \frac{1}{Y_t}$
1997 年	1	3 410	0.000 293	—	—	
1998 年	2	3 435	0.000 291	−0.000 002	—	
1999 年	3	3 500	0.000 286	−0.000 005	2.500 000	
2000 年	4	3 601	0.000 278	−0.000 008	1.600 000	$\sum_1 \frac{1}{Y_t} = 0.001\ 935$
2001 年	5	3 698	0.000 270	−0.000 008	1.000 000	
2002 年	6	3 796	0.000 263	−0.000 007	0.875 000	
2003 年	7	3 940	0.000 254	−0.000 009	1.285 714	
2004 年	8	4 069	0.000 246	−0.000 008	0.888 889	
2005 年	9	4 225	0.000 237	−0.000 009	1.125 000	
2006 年	10	4 335	0.000 231	−0.000 006	0.666 667	
2007 年	11	4 411	0.000 227	−0.000 004	0.666 667	$\sum_2 \frac{1}{Y_t} = 0.001\ 606$
2008 年	12	4 450	0.000 225	−0.000 002	0.500 000	
2009 年	13	4 517	0.000 221	−0.000 004	2.000 000	
2010 年	14	4 566	0.000 219	−0.000 002	0.500 000	

续表

年份	年份编号 t	Y_t	$\dfrac{1}{Y_t}$	$\Delta \dfrac{1}{Y_t}$	$\dfrac{\Delta \dfrac{1}{Y_t}}{\Delta \dfrac{1}{Y_{t-1}}}$	$\sum_i \dfrac{1}{Y_t}$
2011 年	15	4 629	0.000 216	−0.000 003	1.500 000	
2012 年	16	4 674	0.000 214	−0.000 002	0.666 667	
2013 年	17	4 703	0.000 213	−0.000 001	0.500 000	
2014 年	18	4 758	0.000 210	−0.000 003	3.000 000	$\sum_3 \dfrac{1}{Y_t} = 0.001\,476$
2015 年	19	4 780	0.000 209	−0.000 001	0.333 333	
2016 年	20	4 820	0.000 207	−0.000 002	2.000 000	
2017 年	21	4 840	0.000 207	0.000 000	0.000 000	

由题意可知 $n = 21$，$m = 7$。根据参数估计公式，有

$$R_1 = \sum_2 \frac{1}{Y_t} - \sum_1 \frac{1}{Y_t} = 0.001\,606 - 0.001\,935 = -0.000\,329$$

$$R_1 = \sum_3 \frac{1}{Y_t} - \sum_2 \frac{1}{Y_t} = 0.001\,476 - 0.001\,606 = -0.000\,329$$

从而有：

$$\hat{b} = \frac{1}{7} \ln\left(\frac{-0.000\,329}{-0.000\,130}\right) = 0.132\,6$$

$$\hat{k} = \frac{7}{0.001\,935 - \dfrac{(-0.000\,329)^2}{-0.000\,130 + 0.000\,329}} = 5\,032.078\,1$$

$$\hat{a} = \frac{5\,032.078\,1 \times (-0.000\,329) \times (e^{-0.132\,6} - 1)}{e^{-0.132\,6}(e^{-0.132\,6 \times 7} - 1)^2} = 0.641\,9$$

因而逻辑斯谛曲线模型为：

$$\hat{Y}_t = \frac{5\,032.078\,1}{1 + 0.641\,9 \times e^{-0.132\,6t}}$$

为了比较两模型的优劣，将 $t = 1, 2, \cdots, 21$ 分别代入两个模型中，求出 1997—2017 年产品销售额的拟合值 $\hat{Y}_t^h$，然后分别求出两个模型的残差平方和 $\sum (Y_t - \hat{Y}_t^h)^2$，$h = 1, 2$。结果如表 5-12 所示，其中 $\hat{Y}_t^1$，$\hat{Y}_t^2$ 分别表示修正指数曲线模型的拟合值和逻辑斯谛曲线模型的拟合值。

表 5-12　两种模型拟合情况对比表

t	Y_t	$\hat{Y}_t^1$	$(Y_t-\hat{Y}_t^1)^2$	$\hat{Y}_t^2$	$(Y_t-\hat{Y}_t^2)^2$
1	3 410	3 154.411 5	65 325.481 3	3 221.177 6	35 653.898 7
2	3 435	3 337.259 6	9 553.185 8	3 371.868 0	3 985.649 4
3	3 500	3 503.176 0	10.087 0	3 515.921 2	253.484 6
4	3 601	3 653.728 6	2 780.305 3	3 652.588 7	2 661.394 0
5	3 698	3 790.340 0	8 526.675 6	3 781.319 5	6 942.139 1
6	3 796	3 914.301 1	13 995.150 3	3 901.754 8	11 184.077 7
7	3 940	4 026.783 5	7 531.375 9	4 013.716 7	5 434.151 9
8	4 069	4 128.850 2	3 582.022 5	4 117.188 5	2 322.160 4
9	4 225	4 221.465 1	12.495 5	4 212.294 7	161.424 6
10	4 335	4 305.504 1	870.008 1	4 299.273 8	1 276.361 4
11	4 411	4 381.761 1	854.913 3	4 378.456 4	1 059.085 9
12	4 450	4 450.956 7	0.915 3	4 450.240 9	0.058 0
13	4 517	4 513.744 7	10.597 0	4 515.072 5	3.715 3
14	4 566	4 570.718 6	22.265 2	4 573.424 7	55.126 2
15	4 629	4 622.416 7	43.339 8	4 625.783 6	10.345 2
16	4 674	4 669.327 6	21.831 3	4 672.635 1	1.863 0
17	4 703	4 711.894 5	79.112 1	4 714.454 9	131.214 7
18	4 758	4 750.519 7	55.954 9	4 751.701 1	39.676 1
19	4 780	4 785.568 2	31.004 9	4 784.808 7	23.123 6
20	4 820	4 817.371 3	6.910 1	4 814.186 1	33.801 4
21	4 840	4 846.229 3	38.804 2	4 840.213 2	0.045 5
$\sum$	—	—	113 352.435 2	—	71 232.796 8

　　从计算结果可知,修正指数模型的残差平方和要远大于逻辑斯谛曲线模型的残差平方和,这说明逻辑斯谛曲线模型的拟合效果更好。因此,本例最终选用逻辑斯谛曲线模型来进行预测。

　　我们将 $t=22,t=23$ 代入模型,可计算出该公司 2018 年和 2019 年的销售额的预测值分别为:

$$\hat{Y}_{22} = \frac{5\ 032.078\ 1}{1 + 0.641\ 9 \times e^{-0.132\ 6 \times 22}} \approx 4\ 863.240\ 5(万元)$$

$$\hat{Y}_{23} = \frac{5\ 032.078\ 1}{1 + 0.641\ 9 \times e^{-0.132\ 6 \times 23}} \approx 4\ 883.588\ 8(万元)$$

思考与练习

1.简述如何识别以下几种非线性曲线模型。

(1) 多项式曲线模型　　(2) 修正指数曲线模型　　(3) 对数曲线模型

(4) 冈珀茨曲线模型　　(5) 逻辑斯谛曲线模型

2.试述用三点法估计增长曲线模型参数的基本思想。

3.试述用分段求和法估计增长曲线模型参数的基本思想。

4.某环境检测机构为了加强控制和管理地区环境状况,需要对废水排放量做预测。现有以下数据资料,试建立二项式曲线模型,并预测 2018 年的污水排放量。

单位:万吨

年份	2011 年	2012 年	2013 年	2014 年	2015 年	2016 年	2017 年
污水排放量	405	470	496	538	645	765	882

5.某企业过去 13 年的销售收入列表如下,试建立合适的曲线模型,对 $t = 15$ 时的销售收入进行预测。

单位:万元

年份编号 t	1	2	3	4	5	6	7
销售收入 Y	300	420	570	830	1 150	1 600	2 240
年份编号 t	8	9	10	11	12	13	
销售收入 Y	3 100	4 460	6 010	8 430	11 900	16 400	

6.某市过去 12 年内某种家电销售量如下表所示,试用修正指数模型预测 $t = 13$ 和 $t = 14$ 时该种家电的销售量。

单位:万件

年份编号 t	1	2	3	4	5	6
销售量 Y	2.35	3.31	3.96	4.60	4.90	5.14
年份编号 t	7	8	9	10	11	12
销售量 Y	5.33	5.48	5.60	5.70	5.78	5.84

7.某化肥厂在过去15年中销售化肥的统计资料如下表所示,请建立合适的模型,对 $t=16,t=17$ 的化肥销售额进行预测。(提示:建立修正指数模型)

单位:万元

年份编号 t	1	2	3	4	5	6	7	8
销售额	1 347	1 744	2 041	2 267	2 585	2 689	2 700	2 835
年份编号 t	9	10	11	12	13	14	15	
销售额	2 840	2 880	2 920	2 949	2 974	2 989	3 002	

8.某湖泊2003—2017年鱼的产量如下表所示,建立模拟该时间序列的逻辑斯谛曲线模型,预测该湖泊2018年和2019年鱼的产量。

单位:万条

年份	年份编号 t	产量	年份	年份编号 t	产量
2003 年	1	34	2011 年	9	126
2004 年	2	39	2012 年	10	138
2005 年	3	44	2013 年	11	142
2006 年	4	50	2014 年	12	149
2007 年	5	58	2015 年	13	157
2008 年	6	74	2016 年	14	165
2009 年	7	91	2017 年	15	176
2010 年	8	109			

9.已知2003—2017年某品牌空调在某地区的销售量资料如下表所示,试用冈珀茨曲线模型来模拟该时序,并对2018年和2019年的该品牌空调销售量进行预测。

单位:万台

年份	年份编号 t	销售量	年份	年份编号 t	销售量
2003 年	1	20	2011 年	9	147
2004 年	2	16	2012 年	10	174
2005 年	3	19	2013 年	11	207
2006 年	4	30	2014 年	12	221
2007 年	5	46	2015 年	13	237
2008 年	6	59	2016 年	14	256
2009 年	7	74	2017 年	15	266
2010 年	8	115			

第六章　马尔科夫预测法

随着市场经济的发展,各国、各企业之间的竞争越来越激烈,而市场状态的转移,是市场竞争不断深化的表现。各市场竞争者都希望能够及时掌握市场状态的转移规律,从而在市场竞争中处于不败之地。在实际情况中,状态出现的概率是随时间不断变化的,而且变化是一个随机过程。其中最简单的过程就是马尔科夫过程。马尔科夫预测方法是马尔科夫过程或马尔科夫链在经济预测领域里的一种应用,可用来对现实中许多具有无后效性特点的经济过程进行预测。

6.1　马尔科夫链的基本概念

一、状态与状态概率

人们通常把某事物在某一时间的状况叫作这个事物在这一时间所处的状态。例如,人民的生活水平有"温饱""小康""富裕"三种状态;某企业的经营状况有"盈利""不盈不亏""亏损"三种状态;某种商品的销售状况有"畅销""平销""滞销"三种状态等等。将事物在时间 t 所处的第 i 种状态记为 S_i,假设事物有 n 种不同的状态,则这 n 种不同的状态所构成的状态空间记为 S,$S = \{S_1, S_2, \cdots, S_n\}$。

被研究对象在 t 时间处于状态空间中的某一状态,把其处于各种状态的可能性称为状态概率。记状态 S_i 的概率为 $\pi_i(t)$,即:

$$\pi_i(t) = p\{X_t = S_i\} \qquad (t = 1, 2, \cdots; i = 1, 2, \cdots, n) \qquad (6\text{-}1)$$

用 $\Pi(k)$ 表示被研究对象第 k 期的状态概率空间,即:

$$\Pi(k)=(\pi_1(k),\pi_2(k),\cdots,\pi_n(k)) \quad (k=1,2,\cdots) \tag{6-2}$$

其中，$\sum_{i=1}^{n}\pi_i(k)=1,\pi_i(k)\geqslant 0$。

二、状态转移、转移概率及状态转移矩阵

1.状态转移及其转移概率

我们把研究对象当作一个系统，那么系统的状态是随时间的转移而变化的。系统由一个时期所处的状态 S_i 到未来某时期所处的可能状态 S_j 的转变被称为状态转移，发生这种状态转移的可能性被称为转移概率。状态转移可分为一次转移和多次转移。所谓一次转移是指系统在相邻两个时期的状态转移，多次转移是指系统经过多个时期的状态转移。

系统在时间 $t=m$ 时处于状态 S_i，在下一时间 $t=m+1$ 时处于状态 S_j 的概率记为 p_{ij}，则称 p_{ij} 为一次转移概率。显然有：

$$p_{ij}=P\{S_j\mid S_i\}=P\{X_{m+1}=S_j\mid X_m=S_i\}$$

k 次转移概率是指，系统在时间 $t=m$ 时处于状态 S_i，经过 k 步转移之后，在时间 $t=m+k$ 时处于状态 S_j 的概率，记为 $p_{ij}(k)$。

$$p_{ij}(k)=P\{S_j\mid S_i\}=P\{X_{m+k}=S_j\mid X_m=S_i\} \quad (k=1,2,\cdots)$$

由概率的性质可知：$0\leqslant p_{ij}\leqslant 1(i,j=1,2,\cdots,n)$，$\sum_{j=1}^{n}p_{ij}=1(i=1,2,\cdots,n)$。

2.状态转移概率矩阵

系统一次转移概率的集合组成的矩阵被称为一次转移概率矩阵，记为：

$$(p_{ij})_{n\times n}=\begin{pmatrix} p_{11} & p_{12} & \cdots & p_{1n} \\ p_{21} & p_{22} & \cdots & p_{2n} \\ \vdots & \vdots & & \vdots \\ p_{n1} & p_{n2} & \cdots & p_{nn} \end{pmatrix}\triangleq \boldsymbol{P}$$

系统 k 次转移概率的集合组成的矩阵被称为 k 次转移概率矩阵，记为 $\boldsymbol{P}(k)$，即

$$(p_{ij}(k))_{n\times n}=\begin{pmatrix} p_{11}(k) & p_{12}(k) & \cdots & p_{1n}(k) \\ p_{21}(k) & p_{22}(k) & \cdots & p_{2n}(k) \\ \vdots & \vdots & & \vdots \\ p_{n1}(k) & p_{n2}(k) & \cdots & p_{nn}(k) \end{pmatrix}\triangleq \boldsymbol{P}(k)$$

如果这种转移是随机的,则 k 次转移概率矩阵等于一次转移矩阵的 k 次方,即:

$$P(k) = (p_{ij}(k))_{n \times n} = P(1)^k = \begin{pmatrix} p_{11} & p_{12} & \cdots & p_{1n} \\ p_{21} & p_{22} & \cdots & p_{2n} \\ \vdots & \vdots & & \vdots \\ p_{n1} & p_{n2} & \cdots & p_{nn} \end{pmatrix}^k$$

被研究对象的状态转移概率矩阵完全地描述了被研究对象的变化过程。

三、马尔科夫过程

某现象在时间 $m+1$ 时处于状态 S_j 的概率仅与该现象在时间 m 时所处的状态 S_i 有关,而与时间 m 前所处何种状态无关的特性称为无后效性。这种特性最早由俄国数学家马尔科夫研究发现,故又称为马尔科夫性。具有这种特性的时间转移和状态转移的过程就称为马尔科夫过程。

马尔科夫过程的时间参数可以取无限的、连续的值,在某一时间的状态也可以有无限种可能。马尔科夫链是马尔科夫过程的一种特殊情况,其时间参数取离散值,在某一时间的可能状态只有可列个,即是离散时间有限状态的马尔科夫过程。它们的本质特征都是无后效性。

因此,利用马尔科夫方法进行预测需要一个基本假设:状态转移概率矩阵必须具有一定的稳定性。所以,必须具有足够的统计数据,才能保证预测的精度与准确性。这一假设通常被称为"稳定性"或"遍历性"。由于在实际工作中,"稳定性"难以保证,因此,马尔科夫预测法只能用来进行短期预测,若用马尔科夫预测法进行长期预测则应及时修正异步转移概率矩阵。

四、标准概率矩阵与平衡向量

对于概率矩阵,若转移是随机的,即存在正整数 k 使得矩阵 $P^k = (p_{ij}(k))_{n \times n}$,那么称概率矩阵 P 为标准概率矩阵。

若矩阵 P 是一个标准概率矩阵,则必存在非零向量 $\Pi = (\pi_1, \pi_2, \cdots, \pi_n)$,使得 $\Pi P = \Pi$。其中 $\pi_i \geqslant 0, \sum_{i=1}^{n} \pi_i = 1, \Pi$ 为平衡向量,也叫作终极状态概率。

【例 6-1】假设转移概率矩阵为 $P = \begin{pmatrix} 0 & 1 & 0 \\ 0 & 0 & 0 \\ 0.5 & 0.5 & 0 \end{pmatrix}$，试判断其是否为一个

标准概率矩阵。如果是标准概率矩阵，那么它的终极状态概率为多少？

因为 $\Pi P = \Pi, \Pi = (\pi_1, \pi_2, \pi_3)$，其中 $\pi_1 + \pi_2 + \pi_3 = 1$，即得：

$$(\pi_1, \pi_2, 1 - \pi_1 - \pi_2)P = (\pi_1, \pi_2, 1 - \pi_1 - \pi_2)$$

$$\begin{cases} 0.5(1 - \pi_1 - \pi_2) = \pi_1 \\ \pi_1 + 0.5(1 - \pi_1 - \pi_2) = \pi_2 \end{cases}$$

解之得 $\pi_1 = 0.2, \pi_2 = 0.4, \pi_3 = 0.4$，从而说明状态转移概率矩阵 P 是标准概率矩阵，所研究对象的终极概率状态分别为 $0.2, 0.4$ 和 0.4。

6.2 状态概率的估算

马尔科夫方法的基本内容之一就是系统状态的转移概率矩阵的估算。为了求出每一个转移概率，一般采用以频率近似概率的思想进行计算。

一、状态概率估计

被研究对象 X 存在 n 种状态，其状态空间记为：$S = \{S_1, S_2, \cdots, S_n\}$

设在 N 次观察中，被研究对象 X 处于状态 S_i 共有 n_i 次，显然 $N = \sum_{i=1}^{n} n_i$。用频率代替概率可得：

$$\pi_i = P\{X = S_i\} = \frac{n_i}{N} \quad (i = 1, 2, \cdots, n)$$

其中 $0 \leqslant \pi_i \leqslant 1$，且 $\sum_{i=1}^{n} \pi_i = 1$。

π_i 可以作为现象 X 处于状态 S_i 的状态概率估计。故而状态概率向量为 $\Pi = (\pi_1, \pi_2, \cdots, \pi_n)$。

二、转移概率估计

如果被研究对象 X 处于 S_i，下一次转入状态 S_j 共发生了 n_{ij} 次，显然 $n_i =$

$\sum_{i=1}^{n} n_{ij} (i=1,2,\cdots,n)$，那么用频率代替概率可得：

$$p_{ij} = P\{X = S_j \mid X = S_i\} = \frac{n_{ij}}{n_i} \qquad (i,j = 1,2,\cdots,n)$$

其中 $0 \leqslant p_{ij} \leqslant 1$，且 $\sum_{i=1}^{n} p_{ij} = 1$。则 p_{ij} 就可以作为现象的一步转移概率估计值。

6.3   马尔科夫链在经济预测方面的应用

在经济领域中，很多现象都具有马尔科夫链的特征。用马尔科夫链的基本原理和基本方法研究这些现象，可以对这些现象的发展变化做出预测。本节通过一些例子来介绍马尔科夫链在经济预测方面的运用。

一、市场占有率预测

市场占有率是指在某一地区某企业产品销售量在该地区同类产品的市场销售总量中所占的份额。市场占有率是公司销售率和盈利率的一个重要控制比率。在激烈的市场竞争中，对现有和未来的市场占有率的估计关系到企业经营的成败。假如我们对市场情况不太清楚，如何对它进行预测。马尔科夫方法为市场占有率预测提供了较为可靠的工具。

假设顾客在市场上对一类商品有 n 种选择，它们是 n 个不同品牌，分别记为 $S_1, S_2, \cdots, S_i, \cdots, S_n$。顾客在本期选择了 S_i 品牌的产品，在下一期有可能转移购买其他同类产品的品牌。这一过程就构成了马尔科夫链，可用马尔科夫原理对这 n 种品牌的市场占有率进行预测。具体步骤如下：

1.进行市场调查

（1）调查目前的市场占有情况，即调查所有顾客在目前消费该类商品时购买各种商品的比重，获得初始分布 $\boldsymbol{\Pi}(0) = (\pi_1(0), \pi_2(0), \cdots, \pi_n(0))$。

（2）调查顾客在选择 n 种品牌的流动情况，先获得转移频率矩阵，从而由频率估算概率，获得转移概率矩阵。

2.建立数学模型

通过一步转移概率矩阵 $\boldsymbol{P}$，测算出第 k 步转移概率矩阵 $\boldsymbol{P}(k)$。

3.市场预测

(1) 预测第 k 期的市场占有率。

$$\boldsymbol{\Pi}(k) = \boldsymbol{\Pi}(0)\boldsymbol{P}(k)$$

(2) 预测稳定状态下的市场占有率,即顾客的流动对市场占有率没有影响,亦即在顾客流动过程中,各种品牌在顾客流动的过程中争取到的顾客和失去的顾客相互抵消。

下面通过一个具体的例子加以说明。

【例 6-2】在某地区销售的洗发水主要有三个厂家提供,分别用 1,2,3 来表示。在 12 月对 2 000 名消费者进行调查,购买厂家 1、厂家 2、厂家 3 的产品的消费者人数分别为 1 400,200 和 400。同时得到用户的转移频数矩阵为:

$$\boldsymbol{N} = \begin{matrix} & 1 & 2 & 3 \\ 1 \\ 2 \\ 3 \end{matrix} \begin{pmatrix} 700 & 420 & 280 \\ 60 & 80 & 60 \\ 120 & 120 & 160 \end{pmatrix}$$

以上矩阵第一行表示购买厂家 1 产品的 1 400 个消费者中有 700 个继续购买厂家 1 的产品,420 个转向购买厂家 2 的产品,280 个转向购买厂家 3 的产品。第二行和第三行的含义同第一行。

(1) 对三个厂家次年 1—6 月份的市场占有率进行预测。

(2) 试求当市场处于均衡状态时,各厂商的市场占有率是多少。

解:(1) 在 12 月,厂家 1、厂家 2、厂家 3 形成了市场分割,市场占有率分别用 1 400,200 和 400 除以 2 000 求得,得到初始分布为 $\boldsymbol{\Pi}(0) = (0.7, 0.1, 0.2)$。

用矩阵 $\boldsymbol{N}$ 的第一行、第二行和第三行的各元素分别除以 1 400,200 和 400,得到一步转移概率矩阵:

$$\boldsymbol{P} = \begin{pmatrix} 0.5 & 0.3 & 0.2 \\ 0.3 & 0.4 & 0.3 \\ 0.3 & 0.3 & 0.4 \end{pmatrix}$$

由假设可知 $\boldsymbol{P}$ 是稳定的,得到:

当 $k = 1$ 时,即第 1 个月各厂家的市场占有率为:

$$\boldsymbol{\Pi}(1) = \boldsymbol{\Pi}(0)\boldsymbol{P} = (0.7, 0.1, 0.2) \begin{pmatrix} 0.5 & 0.3 & 0.2 \\ 0.3 & 0.4 & 0.3 \\ 0.3 & 0.3 & 0.4 \end{pmatrix} = (0.44, 0.31, 0.25)$$

当 $k = 2$ 时,即第 2 个月各厂家的市场占有率为:

$$\Pi(2)=\Pi(0)P^2=(0.7,0.1,0.2)\begin{pmatrix}0.5&0.3&0.2\\0.3&0.4&0.3\\0.3&0.3&0.4\end{pmatrix}^2$$

$$=(0.388,0.331,0.281)$$

由 $\Pi(0)$，$\Pi(1)$ 和 $\Pi(2)$ 可知，虽然12月有 70% 的顾客购买厂家1的产品，10% 的顾客购买厂家2的产品，20% 的顾客购买厂家3的产品，但是经过一步转移，1月份厂家1、厂家2、厂家3的市场占有率分别为 44%，31% 和 25%；如果转移概率不变，2月份厂家1、厂家2、厂家3的市场占有率分别为 38.8%，33.1% 和 28.1%。厂家1的市场占有率有所下降，厂家2的市场占有率上升幅度较大，厂家3的市场占有率上升幅度较小。详细结果见表 6-1。

表 6-1　市场占有率变动表

月份 i	三个厂家的市场占有率		
	π_1^i	π_2^i	π_3^i
1	0.440	0.310	0.250
2	0.388	0.331	0.281
3	0.378	0.333	0.290
4	0.376	0.333	0.291
5	0.375	0.333	0.292
6	0.375	0.333	0.292

从表 6-1 中可以看出，厂家1的市场占有率随着时间的推移逐渐稳定在 37.5%，厂家2和厂家3的市场占有率都逐渐稳定在 33.3% 和 29.2% 上。

（2）又由于概率矩阵 P 是标准概率矩阵，因此存在唯一的市场均衡点。故而存在 $\Pi^*=(\pi_1^*,\pi_2^*,\pi_3^*)$，使得 $\Pi^*P=\Pi^*$，且 $\pi_1^*+\pi_2^*+\pi_3^*=1,0\leqslant\pi_i^*\leqslant1(i=1,2,3)$。求解：

$$(\pi_1,\pi_2,\pi_3)\begin{pmatrix}0.5&0.3&0.2\\0.3&0.4&0.3\\0.3&0.3&0.4\end{pmatrix}=(\pi_1,\pi_2,\pi_3)$$

即：

$$\begin{cases}0.5\pi_1+0.3\pi_2+0.3\pi_3=\pi_1\\0.3\pi_1+0.4\pi_2+0.3\pi_3=\pi_2\\0.2\pi_1+0.3\pi_2+0.4\pi_3=\pi_3\\\pi_1+\pi_2+\pi_3=1\end{cases}$$

得 $\pi_1^* = 0.375, \pi_2^* = 0.333, \pi_3^* = 0.292$，于是均衡市场占有率为 $\boldsymbol{\Pi}^* = (0.375, 0.333, 0.292)$。

随着时间的推移，三个厂家的市场占有率逐步趋于稳定,当市场达到均衡状态时,各厂家的市场占有率分别为 37.5%,33.3%,29.2%,也就是在这一地区厂家1、厂家2、厂家3的长期市场占有率分别为 37.5%,33.3%,29.2%,这与最初的市场份额的分割是无关的,而是与企业在市场竞争中采取挽留老客户、吸引新客户的有力措施有直接的关系。

根据上述的预测结果,似乎各厂家有稳定的市场占有率。但是竞争对手是不会甘心的,他们会采取各种各样的对策,去夺回他们失去的市场。有稳定市场占有率的一方也会采取适当的策略,去巩固市场地位或争取更大的市场份额,这种策略称为经营管理的策略,它的优劣同获取利润大小密切相关,因此下面介绍利润预测法。

二、期望利润预测

一个生产厂家的利润伴随着市场状态的变化而变化。由于市场状态的变化具有随机性,所以生产厂家的利润也具有不确定性。下面用马尔科夫链的基本原理对厂家的利润进行预测。

1.利润矩阵

设一个市场状态空间为 $S = \{S_1, S_2, \cdots, S_n\}$,转移概率矩阵为 $\boldsymbol{P} = (p_{ij})_{n \times n}$。当市场状态从 i 转移至 j 时,厂家存在一个损益值 $r_{ij}(i, j = 1, 2, \cdots, n)$。若 $r_{ij} > 0$,则表示盈利;若 $r_{ij} = 0$,则表示保本;若 $r_{ij} < 0$,则表示亏损。称由 $r_{ij}(i, j = 1, 2, \cdots, n)$ 构成的 n 阶方阵:

$$\boldsymbol{R} = (r_{ij})_{n \times n} = \begin{pmatrix} r_{11} & r_{12} & \cdots & r_{1n} \\ r_{21} & r_{22} & \cdots & r_{2n} \\ \vdots & \vdots & & \vdots \\ r_{n1} & r_{n2} & \cdots & r_{nn} \end{pmatrix}$$

为利润矩阵或损益矩阵,并称该系统形成的马尔科夫链为带利润的马尔科夫链。

2.期望利润预测

设 $v_i(k)$ 为从状态 i 开始,经过 k 步转移到各状态所获得的期望利润,$i = 1, 2, \cdots, n$。记 $v(k) = (v_1(k), v_2(k), \cdots, v_n(k))^\mathrm{T}, k = 1, 2, \cdots$,并规定 $v(0) = \boldsymbol{0}$。

当 $k=1$ 时, $v_i(1)=\sum\limits_{j=1}^{n}p_{ij}r_{ij}\quad(i=1,2,\cdots,n)$

当 $k>1$ 时, $v_i(k)$ 等于由状态 i 开始,经过一步转移到各状态所获得的利润 $v_i(1)$ 加上经一步转移后所到达的各个状态再经 $k-1$ 步转移到达的状态所获得的期望利润 $v_j(k-1)$,数学表达式为:

$$v_i(k)=v_i(1)+\sum_{j=1}^{n}p_{ij}v_j(k-1)=v_i(1)+\boldsymbol{P}v(k-1)$$

于是:

$$\boldsymbol{v}(k)=\begin{pmatrix}v_1(k)\\v_2(k)\\\vdots\\v_n(k)\end{pmatrix}=\begin{pmatrix}v_1(1)\\v_2(1)\\\vdots\\v_n(1)\end{pmatrix}+\begin{pmatrix}p_{11}&p_{12}&\cdots&p_{1n}\\p_{21}&p_{22}&\cdots&p_{2n}\\\vdots&\vdots&&\vdots\\p_{n1}&p_{n2}&\cdots&p_{nn}\end{pmatrix}\begin{pmatrix}v_1(k-1)\\v_2(k-1)\\\vdots\\v_n(k-1)\end{pmatrix}$$

$$=\boldsymbol{v}(1)+\boldsymbol{P}v(k-1)$$

下面通过一具体例子加以说明。

【例 6-3】某生产厂家每月面临的市场状态为畅销、平销和滞销三种,分别用 S_1, S_2 和 S_3 来表示。假设市场的销售状态转移记录和状态转移利润表如表 6-2 所示:

表 6-2　转移状态与状态转移利润表

当前状态	下一步状态					
	S_1		S_2		S_3	
	转移次数	利润	转移次数	利润	转移次数	利润
S_1	4	50	3	30	3	10
S_2	2	30	2	20	1	−5
S_3	2	15	1	10	2	−10

其中利润的单位为万元。

(1) 求市场状态转移概率矩阵和损益矩阵。

(2) 预测下个月的期望利润。

(3) 预测未来三个月的期望利润。

解:(1)由表 6-2 中的状态转移频数可得到一步转移概率矩阵为:

$$\boldsymbol{P}=\begin{pmatrix}0.4&0.3&0.3\\0.4&0.4&0.2\\0.4&0.2&0.4\end{pmatrix}$$

损益矩阵为：

$$P = \begin{pmatrix} 50 & 30 & 10 \\ 30 & 20 & -5 \\ 15 & 10 & -10 \end{pmatrix}$$

（2）一步转移期望利润分别为：

$$v_1(1) = \sum_{j=1}^{3} p_{1j} r_{1j} = 0.4 \times 50 + 0.3 \times 30 + 0.3 \times 10 = 32$$

$$v_2(1) = \sum_{j=1}^{3} p_{2j} r_{2j} = 0.4 \times 30 + 0.4 \times 20 + 0.2 \times (-5) = 19$$

$$v_3(1) = \sum_{j=1}^{3} p_{3j} r_{3j} = 0.4 \times 15 + 0.2 \times 10 + 0.4 \times (-10) = 4$$

故而一步转移的期望利润向量为 $v(1) = (32 \quad 19 \quad 4)^{\mathrm{T}}$。

由递推公式可得：

$$v(2) = v(1) + Pv(2-1) = \begin{pmatrix} 32 \\ 19 \\ 4 \end{pmatrix} + \begin{pmatrix} 0.4 & 0.3 & 0.3 \\ 0.4 & 0.4 & 0.2 \\ 0.4 & 0.2 & 0.4 \end{pmatrix} \begin{pmatrix} 32 \\ 19 \\ 4 \end{pmatrix} = \begin{pmatrix} 51.7 \\ 40.2 \\ 22.2 \end{pmatrix}$$

$$v(3) = v(1) + Pv(3-1) = \begin{pmatrix} 32 \\ 19 \\ 4 \end{pmatrix} + \begin{pmatrix} 0.4 & 0.3 & 0.3 \\ 0.4 & 0.4 & 0.2 \\ 0.4 & 0.2 & 0.4 \end{pmatrix} \begin{pmatrix} 51.7 \\ 40.2 \\ 22.2 \end{pmatrix} = \begin{pmatrix} 71.4 \\ 60.2 \\ 41.6 \end{pmatrix}$$

由计算结果得 $v_1(1)=32.0$，$v_1(2)=51.7$，$v_1(3)=71.4$，也就是说，如果本月市场处于畅销状态，下一个月的期望利润为 32.0 万元，未来第 2 个月的期望利润为 51.7 万元，未来第 3 个月的期望利润为 71.4 万元。其他的以此类推。

用马尔科夫预测方法进行的预测是建立在一步转移概率矩阵和损益矩阵是稳定的假设基础上的。因此，一般用马尔科夫法做短期预测。由于市场竞争变化快，就需要随时分析市场变化，进一步修正转移概率矩阵和损益矩阵，以提高马尔科夫预测法的精确性。

6.4　马尔科夫预测案例

【例 6-4】考虑某地区农业收成变化的三个状态，即丰收、平收和歉收。记 S_1 为丰收状态，S_2 为平收状态，S_3 为歉收状态。表 6-3 给出了该地区 1978—2017 年期间农业收成的状态变化情况。

表 6-3　某地区 1978—2017 年农业收成情况表

年份(年)	1978	1979	1980	1981	1982	1983	1984	1985	1986	1987
状态	S_1	S_1	S_2	S_3	S_2	S_1	S_3	S_2	S_1	S_2
年份(年)	1988	1989	1990	1991	1992	1993	1994	1995	1996	1997
状态	S_3	S_1	S_2	S_3	S_1	S_2	S_1	S_3	S_3	S_1
年份(年)	1998	1999	2000	2001	2002	2003	2004	2005	2006	2007
状态	S_3	S_3	S_2	S_1	S_1	S_3	S_2	S_2	S_1	S_2
年份(年)	2008	2009	2010	2011	2012	2013	2014	2015	2016	2017
状态	S_1	S_3	S_2	S_1	S_1	S_2	S_2	S_3	S_1	S_2

试计算:

(1) 初始状态概率。

(2) 该地区农业收成变化的一步和二步转移概率矩阵。

(3)2018—2023 年可能出现的各种状态的概率。

(4) 终极状态的状态概率。

解:(1) 在 40 个记录中,有 15 个处于状态 S_1,14 个处于状态 S_2,11 个处于状态 S_3,即 $N=40$, $n_1=15$, $n_2=14$, $n_3=11$。

那么初始概率为:

$$\boldsymbol{\Pi}=\left(\frac{15}{40},\frac{14}{40},\frac{11}{40}\right)$$

(2) 由表 6-3 可得 40 次记录中的状态转移情况,如表 6-4。

表 6-4　状态转移情况表

当前状态	下一步状态转移次数		
	S_1	S_2	S_3
S_1	3	7	5
S_2	7	2	4
S_3	4	5	2

由表 6-4,我们可得一步状态转移矩阵为:

$$P = \begin{pmatrix} \dfrac{3}{15} & \dfrac{7}{15} & \dfrac{5}{15} \\ \dfrac{7}{13} & \dfrac{2}{13} & \dfrac{4}{13} \\ \dfrac{4}{11} & \dfrac{5}{11} & \dfrac{2}{11} \end{pmatrix} = \begin{pmatrix} 0.200\ 0 & 0.466\ 7 & 0.333\ 3 \\ 0.538\ 5 & 0.153\ 8 & 0.307\ 7 \\ 0.363\ 6 & 0.454\ 5 & 0.181\ 8 \end{pmatrix}$$

二步转移概率矩阵为：

$$P(2) = P^2 = \begin{pmatrix} 0.200\ 0 & 0.466\ 7 & 0.333\ 3 \\ 0.538\ 5 & 0.1538 & 0.307\ 7 \\ 0.363\ 6 & 0.454\ 5 & 0.181\ 8 \end{pmatrix}^2$$

$$= \begin{pmatrix} 0.412\ 5 & 0.316\ 6 & 0.270\ 9 \\ 0.302\ 4 & 0.414\ 8 & 0.307\ 7 \\ 0.383\ 6 & 0.322\ 2 & 0.294\ 1 \end{pmatrix}$$

二步转移的概率 $p_{ij}(2)$ 的意义如图 6-1 所示：

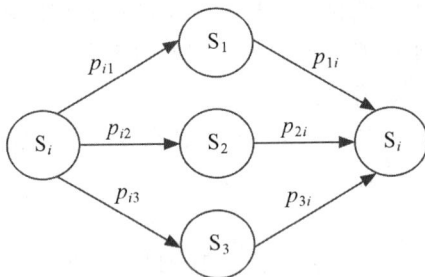

图 6-1

故 $p_{IJ}(2) = \displaystyle\sum_{k=1}^{3} p_{ik} p_{kj}$

（3）将 2017 年的农业收成记为 $\mathit{\Pi}(0)$，因为 2017 年是平收状态，故而 $\mathit{\Pi}(0) = (0,1,0)$，这也是预测 2018—2023 年状态概率的初始状态向量。若该一步转移概率矩阵具有遍历性和稳定性，那么 k 步转移后的状态向量为 $\mathit{\Pi}(k) = \mathit{\Pi}(0)P^k$.

该地区农业在 2018 年的收成状态向量 $\mathit{\Pi}(1)$ 为：

$$\mathit{\Pi}(1) = \mathit{\Pi}(0)P = (0,1,0) \begin{pmatrix} 0.200 & 0.467 & 0.333 \\ 0.539 & 0.154 & 0.308 \\ 0.364 & 0.455 & 0.182 \end{pmatrix}$$

$$=(0.538,0.154,0.308)$$

也就是说，该地区农业在 2018 年有 53.8％ 的概率处于丰收状态，15.4％ 的概率处于平收状态，30.8％ 的概率处于歉收状态。

该地区在 2019 年的收成状态向量 $\boldsymbol{\Pi}(2)$ 为：

$$\boldsymbol{\Pi}(2)=\boldsymbol{\Pi}(0)\boldsymbol{P}^2=(0,1,0)\begin{pmatrix}0.200 & 0.467 & 0.333\\0.538 & 0.154 & 0.308\\0.364 & 0.455 & 0.182\end{pmatrix}^2$$

$$=(0.302,0.415,0.283)$$

也就是说该地区农业在 2019 年有 30.2％ 的概率处于丰收状态，41.5％ 的概率处于平收状态，28.3％ 的概率处于歉收状态。

将其他年份也代入递推公式，可求得 2020—2023 年可能出现的各种状态的概率，如表 6-5 所示。

表 6-5　某地区 2018—2023 年农业收成状态概率预测值

年份	2018 年			2019 年			2020 年		
状态	S_1	S_2	S_3	S_1	S_2	S_3	S_1	S_2	S_3
概率	0.538	0.154	0.308	0.302	0.415	0.283	0.387	0.333	0.280
年份	2021 年			2022 年			2023 年		
状态	S_1	S_2	S_3	S_1	S_2	S_3	S_1	S_2	S_3
概率	0.359	0.359	0.278	0.368	0.351	0.280	0.365	0.353	0.280

（4）设终极状态的状态概率 $\boldsymbol{\Pi}=(\pi_1,\pi_2,\pi_3)$，则：

$$(\pi_1,\pi_2,\pi_3)=(\pi_1,\pi_2,\pi_3)\begin{pmatrix}0.200 & 0.467 & 0.333\\0.538 & 0.154 & 0.308\\0.364 & 0.455 & 0.182\end{pmatrix}$$

即：

$$\begin{cases}\pi_1=0.200\pi_1+0.538\pi_2+0.364\pi_3\\\pi_2=0.467\pi_1+0.154\pi_2+0.455\pi_3\\\pi_3=0.333\pi_1+0.308\pi_2+0.182\pi_3\end{cases}$$

解以上方程组，可得 $\pi_1=0.365,\pi_2=0.353,\pi_3=0.281$。这也说明，该地区农业收成的变化过程，在无穷多次状态转移后，丰收和平收状态出现的概率相差不大，但都将大于歉收状态出现的概率。

思考与练习 ～～～～～～～～～～～～～～～～～～～～～～～～～～～～

1.试判断以下转移概率矩阵是否为一个标准概率矩阵,如果是标准概率矩阵,那么它的终极状态概率为多少?

$$P = \begin{pmatrix} 0.4 & 0.3 & 0.3 \\ 0.7 & 0.2 & 0.1 \\ 0.6 & 0.1 & 0.3 \end{pmatrix}$$

$$P = \begin{pmatrix} 0 & 0 & 1 \\ 1 & 0 & 0 \\ 0.6 & 0.1 & 0.3 \end{pmatrix}$$

$$P = \begin{pmatrix} 0.5 & 0.5 \\ 0.6 & 0.4 \end{pmatrix}$$

2.某产品的市场状态有畅销、平销、滞销三种,三年有如下记录,见下表。用"1"代表畅销,用"2"代表平销,用"3"代表滞销。试求:

(1) 初始状态概率。

(2) 该市场变化的一步、二步和三步转移概率矩阵。

(3) 未来1年的1～6月可能出现的各种状态的概率。

(4) 市场的终极状态概率。

各月份市场状态

月份编号	1	2	3	4	5	6	7	8	9	10	11	12	13
市场状态	1	1	2	3	3	2	2	1	1	1	3	2	2
月份编号	14	15	16	17	18	19	20	21	22	23	24	25	
市场状态	3	1	1	2	3	1	3	2	2	3	2	3	
月份编号	26	27	28	29	30	31	32						
市场状态	2	2	1	3	2	1	1						

3.某地区有甲、乙、丙三个电脑公司。在对该地区的5 000名顾客进行调查的过程中发现:在上一个季度甲公司的市场占有率为60%,乙公司的市场占有率为30%,丙公司的市场占有率为10%。市场占有率低的公司采取措施,努力提高自己的占有率,结果市场情况有如下的变化,用矩阵表示如下:

$$N = \begin{matrix} 1 \\ 2 \\ 3 \end{matrix} \begin{matrix} 1 & 2 & 3 \end{matrix} \begin{pmatrix} 2\,000 & 500 & 500 \\ 300 & 1\,000 & 200 \\ 100 & 250 & 50 \end{pmatrix}$$

以上矩阵第一行表示购买甲公司产品的 3 000 个消费者中有 2 000 个继续购买甲公司的产品,500 个转向购买乙公司的产品,500 个转向购买丙公司的产品。第二行和第三行的含义同第一行。

(1) 试求购买电脑的顾客在三种产品之间转移的概率矩阵。

(2) 对三个公司未来三个季度的市场占有率进行预测。

(3) 试求当市场处于均衡状态时,各公司的市场占有率是多少。

4.已知某经济系统的状态转移概率矩阵和利润矩阵分别为:

$$P = \begin{pmatrix} 0.5 & 0.5 \\ 0.6 & 0.4 \end{pmatrix}, R = \begin{pmatrix} 100 & 20 \\ 30 & -10 \end{pmatrix}$$

试求出即期、第 2 期和第 3 期的期望利润值。

5.设一家生产厂家的产品每个月市场状态有畅销和滞销两种状态,分别用"1"和"2"来表示。假设从畅销到畅销可获利 100 万元,从畅销到滞销可获利 40 万元;从滞销到畅销可获利 60 万元,从滞销到滞销可获利 20 万元。现有 24 个月的销售记录,如下表所示:

各月份市场状态

月份编号	1	2	3	4	5	6	7	8	9	10	11	12
市场状态	1	1	2	2	2	2	1	1	1	1	2
月份编号	13	14	15	16	17	18	19	20	21	22	23	24
市场状态	1	1	1	1	2	1	1	2	2	1	2

(1) 求销售市场状态转移概率矩阵。

(2) 预测未来 3 个月的期望利润。

第七章　灰色预测法

　　预测,是指根据可获得的历史数据或资料,运用一定的方法和手段对未来的发展趋势进行科学推测。灰色预测基于人们对系统演化不确定性特征的认识,通过对原始数据进行处理后建立灰色模型,发现并掌握系统发展规律,从而对系统未来的状态做出科学的定量预测。

7.1　灰色预测相关理论概述

一、灰色系统

(一)灰色系统的基本概念

　　灰色系统理论(Grey System Theory)的创立源于 20 世纪 80 年代,邓聚龙教授在 1981 年上海中美控制系统学术会议上所做的"含未知数系统的控制问题"的学术报告中首次使用了"灰色系统"一词。灰色系统理论产生于控制理论的研究中,是控制理论的观点和方法应用于社会经济系统的产物,也是控制理论与运筹学等相结合的产物。灰色系统理论以灰色系统为研究对象,以系统的白化、淡化、量化、模型化、最优化为核心,以对各种灰色系统发展的预测和控制为目的。

　　灰色系统是介于白色系统和黑色系统之间的一种系统。白色系统是指一个系统的内部特征完全已知,即系统的信息是完全充分的;黑色系统是指一个系统的内部信息一无所知,只能通过它同外界的联系来进行观测和研究。灰色系统是指一个系统内的一部分信息已知,另一部分信息未知,且系统内各因素之间具有不确定的关系。作为实际问题,灰色系统在日常及社会生活中大量存在,绝对的白色系统和绝对的黑色系统都是很少见的,随着对掌握现实世界的要求的提升,人们对于社会经济等各方面的研究往往已经不满足于简单的定性分析。

灰色系统论的主要任务是对于一个不甚明确且整体信息不足的灰色系统,从控制论角度提出一种新的建模思想和方法,通过分析各种因素的关联及其量的测度来处理随机量并发现规律,使系统的灰度逐渐减小,白度逐渐增加,直至认识系统的变化规律。

(二)灰色系统理论的特点

灰色系统是既含已知信息又含未知或非确知信息的系统。灰色系统理论一般可用于处理小样本、贫信息的系统。

(1) 对不确定的量进行量化处理

数学史上最早研究的是确定型的微分方程,即在拉普拉斯决定论框架内的数学,其观点是:一旦有了描写事物的微分方程及初值,就能确知事物任何时候的运动。随后随着数学的发展,对于不确定量进行量化处理的方法主要有三种,包括概率论与数理统计、模糊数学和灰色系统理论。随着概率论与数理统计的发展,产生了用随机变量和随机过程来研究事物的状态和运动的方法;模糊数学研究的主要是没有明显或清晰界限的事物,通过隶属函数来使模糊概念量化,通过模糊数学来描述人文科学类的概念等;而灰色系统理论则利用灰色数学来处理不确定量,使不确定量得以量化。表 7-1 列出了这三种方法的适用情形。

表 7-1　三种处理不确定量的方法对比

方法	适用情形
概率论与数理统计	适用于"大样本不确定性"问题,即样本量大、数据多但缺乏明显规律的情况
模糊数学	适用于"认知的不确定性"问题,即人的经验及认知先验信息的不确定
灰色系统理论	适用于"少数据不确定性"问题,即既无经验、数据量又少的不确定性问题

(2) 充分利用确定性信息探寻系统的发展规律

灰色系统内的一部分信息是已知的,另一部分信息是未知的,系统内各因素间具有不确定的关系,研究灰色系统的关键是如何使灰色系统白化、模型化、优化。灰色系统视不确定量为灰色量,提出灰色系统建模的具体数学方法,通过分析各种因素的关联及其量的测度来处理随机量和发现规律,使系统的灰度逐渐减小,白度逐渐增加,利用时间序列来确定微分方程的参数,反映事件的变化规律并做出预测直至认识系统的变化规律。

(3)适用于处理贫信息系统

系统分析的经典方法是将系统的行为看作随机变化的过程,用概率统计方法,从大量历史数据中寻找统计规律,这对于处理数据量较大的情况较为有效,但对于分析数据量少的贫信息系统则较为棘手。灰色系统理论研究的是贫信息建模,提供了贫信息情况下解决系统问题的新途径。它把一切随机过程看作在一定范围内变化的、与时间有关的灰色过程,对灰色量不是从寻找统计规律的角度进行大样本研究,而是用数据生成的方法,将杂乱无章的原始数据整理成规律性较强的生成数列后再做进一步的研究。灰色系统理论具有能够利用"少数据"建模寻求现实规律的良好特性,解决了数据不足或系统周期短的问题。

二、灰色预测

(一)灰色预测的概念

灰色预测是对既含有已知信息又含有不确定信息的系统进行预测,是对在一定范围内变化的、与时间有关的灰色过程进行预测。灰色预测通过鉴别系统因素之间发展趋势的相异程度,即进行关联分析,并对原始数据进行生成处理来寻找系统变动的规律,生成有较强规律性的数据序列,然后建立相应的微分方程模型,从而预测事物的发展趋势。灰色预测用等时距观测到的反映预测对象特征的一系列数量值构造灰色预测模型,预测未来某一时刻的特征量,或达到某一特征量的时间。灰色预测的优点是对具有不确定性因素的复杂系统预测效果较好,且所需样本数据量较少;但是基于指数率的预测没有考虑系统的随机性,中长期预测精度较差。

(二)灰色预测的类型

(1)灰色时间序列预测。用观测到的反映预测对象特征的时间序列(如产量、销量、吞吐量、人口数量、利率等)构造灰色预测模型,预测未来某一时刻的特征量,或者达到某一特征量的时间。

（2）灾变预测（畸变预测）。通过模型预测异常值出现的时刻,预测异常值什么时候出现在特定区间内,或者是给出下一个或几个异常值出现的时刻,以便人们提早采取对策,减少损失,例如对旱灾、地震等灾害进行预测。

（3）系统预测。通过对系统行为特征指标建立一组相互关联的灰色预测理论模型,在预测系统整体变化的同时,预测系统中众多变量间相互协调关系的发展变化,例如市场中代用产品、相互关联产品销售量互相制约关系的预测。

（4）拓扑预测（波形预测）。根据原始数据绘制相应的曲线,在曲线上按定值寻找该定值发生的所有时间点,并以该定值为框架构成时点数列,之后建立灰色模型预测该定值可能出现的时点,从而预测事物未来变动的轨迹。

三、生成列

为了弱化原始时间序列的随机性,为建立灰色模型提供信息,在建立灰色预测模型之前,需先对原始时间序列进行数据处理,经过数据处理后的时间序列即称为生成列。灰色系统常用的数据处理方式有累加和累减两种。

（一）累加

累加是将原始序列通过累加得到生成列。累加的规则是将原始序列的第一个数据作为生成列的第一个数据,将原始序列的第二个数据与生成列的第一个数据的和作为生成列的第二个数据,再将原始序列的第三个数据与生成列的第二个数据之和作为生成列的第三个数据,以此类推得到累加规则下的生成列。

记原始序列为:

$$X^{(0)} = \{x^{(0)}(1), x^{(0)}(2), \cdots, x^{(0)}(n)\}$$

记生成列为:

$$X^{(1)} = \{x^{(1)}(1), x^{(1)}(2), \cdots, x^{(1)}(n)\}$$

上述式子中,上标"0"表示原始序列,上标"1"表示一次累加生成列。其中:

$$x^{(1)}(k) = \sum_{i=1}^{k} x^{(0)}(i) = x^{(1)}(k-1) + x^{(0)}(k) \tag{7-1}$$

同理,可做 m 次累加,即为:

$$X^{(m)}(k) = \sum_{i=1}^{k} X^{(m-1)}(i) \qquad (7\text{-}2)$$

对于非负数据,累加的次数越多,则随机性弱化也越多;当累加次数足够多时,可认为该序列已由随机序列变为非随机序列了。一般随机序列的多次累加序列大多可用指数曲线逼近。

【例7-1】若 $X^{(0)} = \{2.45, 3.38, 3.97, 4.55, 6.12, 6.84, 8.27\}$,求该序列的一次累加生成列。

$$k = 1, x^{(1)}(1) = x^{(0)}(1) = 2.45$$
$$k = 2, x^{(1)}(2) = x^{(1)}(1) + x^{(0)}(2) = 2.45 + 3.38 = 5.83$$
$$k = 3, x^{(1)}(3) = x^{(1)}(2) + x^{(0)}(3) = 5.83 + 3.97 = 9.80$$
$$k = 4, x^{(1)}(4) = x^{(1)}(3) + x^{(0)}(4) = 9.80 + 4.55 = 14.35$$
$$k = 5, x^{(1)}(5) = x^{(1)}(4) + x^{(0)}(5) = 14.35 + 6.12 = 20.47$$
$$k = 6, x^{(1)}(6) = x^{(1)}(5) + x^{(0)}(6) = 20.47 + 6.84 = 27.31$$
$$k = 7, x^{(1)}(7) = x^{(1)}(6) + x^{(0)}(7) = 27.31 + 8.27 = 35.58$$

因而累加生成列为:

$$X^{(1)} = \{2.45, 5.83, 9.80, 14.35, 20.47, 27.31, 35.58\}$$

(二) 累减

累减是累加的逆运算,将原始序列的后一个数据减去前一个数据,所得的数据序列即为累减生成列。累减可将累加生成列还原为非生成列,从而在建模中获得增量信息。一次累减的公式为:

$$x^{(1)}(k) = x^{(0)}(k) - x^{(0)}(k-1) \qquad (7\text{-}3)$$

【例7-2】若 $X^{(0)} = \{2.45, 5.83, 9.80, 14.35, 20.47, 27.31, 35.58\}$,求该序列的一次累减生成列。

令 $k = 0, x^{(0)}(0) = 0$
$$k = 1, x^{(1)}(1) = x^{(0)}(1) - x^{(0)}(0) = 2.45$$
$$k = 2, x^{(1)}(2) = x^{(0)}(2) - x^{(0)}(1) = 5.83 - 2.45 = 3.38$$
$$k = 3, x^{(1)}(3) = x^{(0)}(3) - x^{(0)}(2) = 9.80 - 5.83 = 3.97$$
$$k = 4, x^{(1)}(4) = x^{(0)}(4) - x^{(0)}(3) = 14.35 - 9.80 = 4.55$$
$$k = 5, x^{(1)}(5) = x^{(0)}(5) - x^{(0)}(4) = 20.47 - 14.35 = 6.12$$
$$k = 6, x^{(1)}(6) = x^{(0)}(6) - x^{(0)}(5) = 27.31 - 20.47 = 6.84$$
$$k = 7, x^{(1)}(7) = x^{(0)}(7) - x^{(0)}(6) = 35.58 - 27.31 = 8.27$$

因而累减生成列为:

$$X^{(1)} = \{2.45, 3.38, 3.97, 4.55, 6.12, 6.84, 8.27\}$$

四、关联度

为研究两个事物间的关联程度,可利用相关系数和相似系数等指标进行分析,但是计算这些指标大都需要足够多的样本或是要求数据服从一定的概率分布。然而在客观世界中,许多因素之间的关系是灰色的,分不清因素之间的关系是否密切,这样就很难发现因素间的主要特征和关系。

灰因素关联分析是为了揭示灰色系统的主要特性,是灰色系统分析和预测的基础。关联度分析是分析系统中各因素关联程度的方法,计算关联度首先需要计算关联系数。

(一)关联系数的计算

(1)确定参考序列 $X_0(k)$ 和比较序列 $X_i(k)$ 分别为:

$$X_0(k) = \{x_0(1), x_0(2), \cdots, x_0(n)\}$$
$$X_i(k) = \{x_i(1), x_i(2), \cdots, x_i(n)\}$$

(2)在计算关联系数之前,需要对初值不同且单位不统一的序列进行初始化。一般采用的方法是用同一序列的所有数据分别除以第一个数据,其目的是消除各因素的量纲,突显各因素间的接近性,从而增加可比性。

可将初始化后的参考序列和比较序列记为:

$$X_0(k)^* = \{1, x_0(2)/x_0(1), \cdots, x_0(n)/x_0(1)\}$$
$$X_i(k)^* = \{1, x_i(2)/x_i(1), \cdots, x_i(n)/x_i(1)\}$$

(3)计算各个比较序列的对应差序列,即初始化后的参考序列与比较序列对应点的绝对差组成的序列:

$$\Delta_i(k) = \{0, |X_0(2)^* - X_i(2)^*|, \cdots, |X_0(k)^* - X_i(k)^*|\}$$

(4)计算关联系数:

$$\xi_i(k) = \frac{\min\min\Delta_i(k) + \rho\max\max\Delta_i(k)}{|X_0(k)^* - X_i(k)^*| + \rho\max\max\Delta_i(k)} \tag{7-4}$$

式中,$\min\min\Delta_i(k)$ 为两级最小差,其中 $\min\Delta_i(k)$ 指的是第一级最小差,表示某一绝对差序列 $\Delta_i(k)$ 中的最小值,$\min\min\Delta_i(k)$ 指的是第二级最小差,表示所有绝对差序列中最小值组成的新序列中的最小值;$\max\max\Delta_i(k)$ 为两级最大差,其含义与两级最小差类似;ρ 为分辨率,$0 < \rho < 1$,通常情况下 $\rho = 0.5$。

（二）关联度

关联系数 $\xi_i(k)$ 其实只是表示比较序列与参考序列在各个点 (k) 上的关联程度，并不能反映出比较序列与参考序列之间的关联程度。为了从总体上把握序列之间的关联程度，引入关联系数的时间平均值来进行分析，即关联度：

$$\gamma_i = \frac{1}{n} \sum_{k=1}^{n} \xi_i(k) \qquad (7\text{-}5)$$

【例 7-3】设参考序列为 $X_0(k) = \{7, 11.2, 13.8, 25.14, 29.75, 35\}$，比较序列 $X_{(1)}(k) = \{5.2, 7.8, 10.3, 18.6, 20, 23.8\}$，$X_{(2)}(k) = \{8, 8.9, 12.4, 15.3, 22.6, 30.7\}$，试求关联度。

第 1 步，进行初始化：

$$X_0(k)^* = \left\{1, \frac{11.2}{7}, \frac{13.8}{7}, \frac{25.14}{7}, \frac{29.75}{7}, \frac{35}{7}\right\}$$
$$= \{1, 1.6, 1.971, 3.591, 4.25, 5\}$$
$$X_1(k)^* = \left\{1, \frac{7.8}{5.2}, \frac{10.3}{5.2}, \frac{18.6}{5.2}, \frac{20}{5.2}, \frac{23.8}{5.2}\right\}$$
$$= \{1, 1.5, 1.981, 3.577, 3.846, 4.577\}$$
$$X_2(k)^* = \left\{1, \frac{8.9}{8}, \frac{12.4}{8}, \frac{15.3}{8}, \frac{22.6}{8}, \frac{30.7}{8}\right\}$$
$$= \{1, 1.113, 1.55, 1.913, 2.825, 3.838\}$$

第 2 步，求绝对差序列：

$$\Delta_1(k) = \{0, |X_0(2)^* - X_1(2)^*|, |X_0(3)^* - X_1(3)^*|, \cdots,$$
$$|X_0(k)^* - X_i(k)^*|\}$$
$$= \{0, |1.6 - 1.5|, |1.971 - 1.981|, \cdots, |5 - 4.577|\}$$
$$= \{0, 0.1, 0.01, 0.014, 0.404, 0.423\}$$
$$\Delta_2(k) = \{0, |X_0(2)^* - X_2(2)^*|, |X_0(3)^* - X_2(3)^*|, \cdots,$$
$$|X_0(k)^* - X_2(k)^*|\}$$
$$= \{0, |1.6 - 1.113|, |1.971 - 1.55|, \cdots, |5 - 3.838|\}$$
$$= \{0, 0.487, 0.421, 1.678, 1.425, 1.162\}$$

$$\min\Delta_1(k) = 0, \max\Delta_1(k) = 0.423$$
$$\min\Delta_2(k) = 0, \max\Delta_2(k) = 1.678$$
$$\min\min\Delta_i(k) = 0, \max\max\Delta_i(k) = 1.678$$

第 3 步,计算关联系数(ρ 取 0.5):

$$\xi_1(k) = \frac{\min\min\Delta_i(k) + \rho\max\max\Delta_i(k)}{|X_0(k)^* - X_1(k)^*| + \rho\max\max\Delta_i(k)}$$

$$\xi_1(1) = \frac{0 + 0.5 \times 1.678}{0 + 0.5 \times 1.678} = 1$$

$$\xi_1(2) = \frac{0 + 0.5 \times 1.678}{|1.6 - 1.5| + 0.5 \times 1.678} = 0.893\,5$$

$$\xi_1(3) = \frac{0 + 0.5 \times 1.678}{|1.971 - 1.981| + 0.5 \times 1.678} = 0.988\,2$$

$$\xi_1(4) = \frac{0 + 0.5 \times 1.678}{|3.591 - 3.577| + 0.5 \times 1.678} = 0.983\,5$$

$$\xi_1(5) = \frac{0 + 0.5 \times 1.678}{|4.25 - 3.846| + 0.5 \times 1.678} = 0.675\,0$$

$$\xi_1(6) = \frac{0 + 0.5 \times 1.678}{|5 - 4.577| + 0.5 \times 1.678} = 0.664\,8$$

同理,

$$\xi_2(k) = \frac{\min\min\Delta_i(k) + \rho\max\max\Delta_i(k)}{|X_0(k)^* - X_2(k)^*| + \rho\max\max\Delta_i(k)}$$

$$\xi_2(1) = 1$$

$$\xi_2(2) = 0.632\,7$$

$$\xi_2(3) = 0.665\,9$$

$$\xi_2(4) = 0.333\,3$$

$$\xi_2(5) = 0.370\,6$$

$$\xi_2(6) = 0.419\,3$$

第 4 步,计算关联度:

$$\gamma_1 = \frac{1}{n}\sum_{k=1}^{n}\xi_1(k)$$

$$= \frac{1}{6} \times (1 + 0.893\,5 + 0.988\,2 + 0.983\,5 + 0.675\,0 + 0.664\,8)$$

$$= 0.867\,5$$

$$\gamma_2 = \frac{1}{n}\sum_{k=1}^{n}\xi_2(k)$$

$$= \frac{1}{6} \times (1 + 0.632\,7 + 0.665\,9 + 0.333\,3 + 0.370\,6 + 0.419\,3)$$

$$= 0.570\,3$$

计算结果表明,$X_{(1)}(k)$ 与 $X_0(k)$ 的关联程度大于 $X_{(2)}(k)$ 与 $X_0(k)$ 的关联程度。

7.2　灰色预测 GM(1,1) 模型

灰色模型(grey model)和其他任何模型一样,并不具有普遍适用性,而是有其特定的建模条件。灰色模型的特点在于其建模机理与其他模型不同,在建模的数据处理上,通过灰色序列生成找寻数据演变的规律。灰色系统的模型 $GM(n,h)$ 是以灰色模块概念为基础、以微分拟合法为核心的建模方法,其中 n 表示微分方程阶数,h 表示参与建模的序列个数,最常用的是 GM(1,1) 模型。

一、GM(1,1) 模型

令 $X^{(0)}$ 为 GM(1,1) 建模序列:
$$X^{(0)} = \{x^{(0)}(1), x^{(0)}(2), \cdots, x^{(0)}(n)\}$$
通过一次累加生成新序列为:
$$X^{(1)} = \{x^{(1)}(1), x^{(1)}(2), \cdots, x^{(1)}(n)\}$$
$$x^{(1)}(k) = \sum_{i=1}^{k} x^{(0)}(i), k = 1, 2, \cdots, n$$
令 $Z^{(1)}$ 为 $X^{(1)}$ 的紧邻均值生成序列:
$$Z^{(1)} = \{z^{(1)}(2), z^{(1)}(3), \cdots, z^{(1)}(n)\}$$
$$z^{(1)}(k) = \frac{1}{2}[x^{(1)}(k) + x^{(1)}(k-1)], k = 1, 2, \cdots, n$$
则 GM(1,1) 灰色微分模型的基本形式为:
$$x^{(0)}(k) + az^{(1)}(k) = b \tag{7-6}$$
其中,称参数 a 为发展系数,b 为灰色作用量。

设 $\hat{a} = \begin{pmatrix} a \\ b \end{pmatrix}$,$\hat{a}$ 为待估参数向量,则灰色微分方程(7-6)的最小二乘估计参数列满足:
$$\hat{a} = (\boldsymbol{B}^{\mathrm{T}}\boldsymbol{B})^{-1}\boldsymbol{B}^{\mathrm{T}}\boldsymbol{Y}_n$$
其中,

$$\boldsymbol{B} = \begin{pmatrix} -z^{(1)}(2) & 1 \\ -z^{(1)}(3) & 1 \\ \vdots & \vdots \\ -z^{(1)}(n) & 1 \end{pmatrix}, \boldsymbol{Y}_n = \begin{pmatrix} x^{(0)}(2) \\ x^{(0)}(3) \\ \vdots \\ x^{(0)}(n) \end{pmatrix}$$

则称

$$\frac{\mathrm{d}x^{(1)}}{\mathrm{d}t} + ax^{(1)} = b \tag{7-7}$$

为灰色微分方程 $x^{(0)}(k) + az^{(1)}(k) = b$ 的白化方程,也叫影子方程。

白化方程(7-7)的解也称时间响应函数,其形式为:

$$\hat{x}^{(1)}(t) = \left[x^{(1)}(0) - \frac{b}{a} \right] \mathrm{e}^{-at} + \frac{b}{a}$$

GM(1,1)灰色微分方程(7-6)的时间响应式为:

$$\hat{x}^{(1)}(k+1) = \left[x^{(1)}(0) - \frac{b}{a} \right] \mathrm{e}^{-ak} + \frac{b}{a} (k = 1, 2, \cdots, n)$$

取 $x^{(1)}(0) = x^{(0)}(1)$,则可得预测模型为:

$$\hat{x}^{(1)}(k+1) = \left[x^{(0)}(1) - \frac{b}{a} \right] \mathrm{e}^{-ak} + \frac{b}{a} (k = 1, 2, \cdots, n)$$

累减后的预测方程为:

$$\hat{x}^{(0)}(k+1) = \hat{x}^{(1)}(k+1) - \hat{x}^{(1)}(k) (k = 1, 2, \cdots, n)$$

一般而言,建模序列 $X^{(0)}$ 中的数据并不要求必须全部用来建模,但是模型数据的取舍必须保证建模序列等时距、相连且不得出现跳跃。若所取用的数据不同,则得到的模型也不同,待估参数向量 $\hat{a} = \begin{pmatrix} a \\ b \end{pmatrix}$ 也会不尽相同。

二、GM(1,1)模型检验

GM(1,1)模型的检验一般包括残差检验、关联度检验和后验差检验。

(一)残差检验

残差检验是对模型预测还原值与实际值的残差进行逐点检验。首先利用预测模型计算 $\hat{X}^{(1)}(i)$,之后对其进行一次累减生成 $\hat{X}^{(0)}(i)$,然后计算原始序列 $X^{(0)}(i)$ 与 $\hat{X}^{(0)}(i)$ 的绝对误差序列:

$$\Delta^{(0)} = \{ \Delta^{(0)}(i), i = 1, 2, \cdots, n \}$$

$$\Delta^{(0)}(i) = \left| x^{(0)}(i) - \hat{x}^{(0)}(i) \right|$$

以及相对误差序列：

$$\Phi = \{\varphi(i), i = 1, 2, \cdots, n\}$$

$$\varphi(i) = \frac{\Delta^{(0)}(i)}{\hat{x}^{(0)}(i)} \times 100\%$$

并计算出平均相对误差：

$$\bar{\varphi} = \frac{1}{n} \sum_{i=1}^{n} \varphi(i)$$

若给定 α，当 $\bar{\varphi} < \alpha$，且 $\varphi(n) < \alpha$ 成立时，称模型为残差合格模型。α 分别取 $0.01, 0.05, 0.1$ 时，所对应的模型分别为优、合格、勉强合格。

（二）关联度检验

关联度检验即通过考察模型值曲线与建模序列曲线的相似程度进行检验。根据 7.1 节所讲的关联度计算方法，计算出 $\hat{X}^{(0)}(i)$ 与原始序列 $X^{(0)}(i)$ 的关联度。一般而言，当 $\rho = 0.5$ 时，关联度越大越好；通常认为关联度大于 0.6 便是满意的。

（三）后验差检验

后验差检验，即对残差分布的统计特性进行检验。

首先，计算原始序列的标准差：

$$S_1 = \sqrt{\frac{\sum \left[x^{(0)}(i) - \bar{x}^{(0)} \right]^2}{n - 1}}$$

$$\bar{x}^{(0)} = \frac{1}{n} \sum_{i=1}^{n} x^{(0)}(i)$$

其次，计算绝对误差的标准差：

$$S_2 = \sqrt{\frac{\sum \left[\Delta^{(0)}(i) - \bar{\Delta}^{(0)} \right]^2}{n - 1}}$$

$$\bar{\Delta}^{(0)} = \frac{1}{n} \sum_{i=1}^{n} \Delta^{(0)}(i)$$

从而计算出方差比：

$$C = \frac{S_2}{S_1}$$

之后计算出小误差概率：

$$p = P\{\,|\,\Delta^{(0)}(i) - \overline{\Delta}^{(0)}\,| < 0.674\,5S_1\,\}$$

其中,令 $e_i = |\,\Delta^{(0)}(i) - \overline{\Delta}^{(0)}\,|$,$S_0 = 0.674\,5S_1$,则 $p = P\{e_i < S_0\}$。

若对于给定的 $C_0 > 0$,当 $C < C_0$ 时,则称模型为方差比合格模型;若对于给定的 $P_0 > 0$,当 $p > P_0$ 时,则称模型为小误差概率合格模型。具体见表7-2。

表 7-2 后验差检验判别参照表

p	C	模型精度
>0.95	<0.35	优
>0.80	<0.50	合格
>0.70	<0.65	勉强合格
$\leqslant 0.70$	$\geqslant 0.65$	不合格

若残差检验、关联度检验、后验差检验均能通过,则可以用所建的模型进行预测;否则应进行残差修正。

7.3 GM(1,1) 残差模型及其他

一、GM(1,1) 残差模型

当原始序列 $X^{(0)}$ 建立的 GM(1,1) 模型检验不合格或是精度不理想时,可用 GM(1,1) 残差模型进行残差修正或是提高模型的预测精度。

设原始序列 $X^{(0)}$ 建立的 GM(1,1) 模型为:

$$\hat{x}^{(1)}(i+1) = \left[x^{(0)}(1) - \frac{b}{a}\right]e^{-ai} + \frac{b}{a} \quad (i = 1, 2, \cdots, n)$$

从而可获得生成序列 $X^{(1)}$ 的预测值序列 $\hat{X}^{(1)}$,定义残差序列为:

$$e^{(0)}(j) = x^{(1)}(j) - \hat{x}^{(1)}(j)$$

若取 $j = i, i+1, \cdots, n$,则与 $X^{(1)}$ 及 $\hat{X}^{(1)}$ 对应的残差序列为:

$$e^{(0)}(k) = \{e^{(0)}(1), e^{(0)}(2), \cdots, e^{(0)}(n)$$

计算 $e^{(0)}(k)$ 的生成序列 $e^{(1)}(k)$,并据此建立相应的 GM(1,1) 模型为:

$$\hat{e}^{(1)}(i+1) = \left[e^{(0)}(1) - \frac{b_e}{a_e}\right]e^{-a_e k} + \frac{b_e}{a_e}$$

其导数为：

$$\left[\hat{e}^{(1)}(i+1)\right]' = -a_e\left[e^{(0)}(1) - \frac{b_e}{a_e}\right]e^{-a_e k}$$

由此可得 GM(1,1) 的残差修正模型为：

$$\hat{x}^{(1)}(k+1) = \left[x^{(0)}(1) - \frac{b}{a}\right]e^{-ak} + \frac{b}{a} + \delta(k-i)(-a_e)\left[e^{(0)}(1) - \frac{b_e}{a_e}\right]e^{-a_e k}$$

$$(7\text{-}8)$$

其中，$\delta(k-i) = \begin{cases} 1, k \geqslant i \\ 0, k < i \end{cases}$ 为修正系数。

应用此模型时一般可只利用部分残差数据，并不要求使用全部残差数据来建立模型，而且修正模型所代表的是差分微分方程，其修正作用与 $\delta(k-i)$ 中 i 的取值有关。

二、GM(1,N) 模型

如果系统是由若干个相互影响的因素组成的，则可考虑采用 GM(1,N) 模型。该模型是描述多元一阶线性动态的模型，主要用于系统的动态分析。

设 $X_1^{(0)} = \{x_1^{(0)}(1), x_1^{(0)}(2), \cdots, x_1^{(0)}(n)\}$ 为系统特征数据序列，同时设 $X_i^{(0)} = \{x_i^{(0)}(1), x_i^{(0)}(2), \cdots, x_i^{(0)}(n)\}(i=2,3,\cdots,N)$ 为相关因素序列。分别对 $X^{(0)}$ 进行一次累加，得到各序列所对应的累加生成列 $X^{(1)}$，之后计算出 $X_1^{(1)}$ 的紧邻均值生成序列 $Z_1^{(1)}$，则称

$$x_1^{(0)}(k) + az_1^{(1)}(k) = \sum_{i=2}^{N} b_i x_i^{(1)}(k) \qquad (7\text{-}9)$$

为 GM(1,N) 灰色微分方程。

定义 $\hat{a} = \begin{bmatrix} a & b_2 & \cdots & b_N \end{bmatrix}^{\mathrm{T}}$ 为待估参数向量，则灰色微分方程(7-8)的最小二乘估计参数列满足：

$$\hat{a} = (\boldsymbol{B}^{\mathrm{T}}\boldsymbol{B})^{-1}\boldsymbol{B}^{\mathrm{T}}\boldsymbol{Y}_n$$

其中，

$$\boldsymbol{B} = \begin{bmatrix} -z^{(1)}(2) & x_2^{(1)}(2) & \cdots & x_N^{(1)}(2) \\ -z^{(1)}(3) & x_2^{(1)}(3) & \cdots & x_N^{(1)}(3) \\ \vdots & \vdots & & \vdots \\ -z^{(1)}(n) & x_2^{(1)}(4) & \cdots & x_N^{(1)}(n) \end{bmatrix}, \boldsymbol{Y}_n = \begin{bmatrix} x^{(0)}(2) \\ x^{(0)}(3) \\ \vdots \\ x^{(0)}(n) \end{bmatrix}$$

则称

$$\frac{\mathrm{d}x_1^{(1)}}{\mathrm{d}t} + ax_1^{(1)} = \sum_{i=2}^{N} b_i x_i^{(1)}(k) \tag{7-10}$$

为 GM$(1, N)$ 灰色微分方程$(7-9)$的白化方程，也叫影子方程。白化方程$(7-10)$的解为：

$$x_1^{(1)}(t) = \mathrm{e}^{-at}\Big[\sum_{i=2}^{N}\int b_i x_i^{(1)}(t)\mathrm{e}^{at}\,\mathrm{d}t + x_1^{(1)}(0) - \sum_{i=2}^{N}\int b_i x_i^{(1)}(0)\mathrm{d}t\Big]$$

$$= \mathrm{e}^{-at}\Big[x_1^{(1)}(0) - t\sum_{i=2}^{N} b_i x_i^{(1)}(0) + \sum_{i=2}^{N}\int b_i x_i^{(1)}(t)\mathrm{e}^{at}\,\mathrm{d}t\Big]$$

当 $X_i^{(1)}(i = 1, 2, \cdots, N)$ 的变化幅度很小时，可将 $\sum_{i=2}^{N} b_i x_i^{(1)}(k)$ 视作灰常量，此时，GM$(1, N)$ 灰色微分方程$(7-9)$的近似时间响应式为：

$$\hat{x}_1^{(1)}(k+1) = \mathrm{e}^{-ak}\Big[x_1^{(1)}(0) - \frac{1}{a}\sum_{i=2}^{N} b_i x_i^{(1)}(k+1)\Big] +$$

$$\frac{1}{a}\sum_{i=2}^{N} b_i x_i^{(1)}(k+1) \quad (k = 1, 2, \cdots, n)$$

取 $x_1^{(1)}(0) = x_1^{(0)}(1)$，则可得预测模型为：

$$\hat{x}_1^{(1)}(k+1) = \mathrm{e}^{-ak}\Big[x_1^{(0)}(1) - \frac{1}{a}\sum_{i=2}^{N} b_i x_i^{(1)}(k+1)\Big] + \frac{1}{a}\sum_{i=2}^{N} b_i x_i^{(1)}(k+1)$$

$$\tag{7-11}$$

累减后的预测方程为：

$$\hat{x}_1^{(0)}(k+1) = \hat{x}_1^{(1)}(k+1) - \hat{x}_1^{(1)}(k) \quad (k = 1, 2, \cdots, n) \tag{7-12}$$

7.4　灰色灾变预测

灰色灾变预测（畸变预测）是通过模型预测异常值出现的时刻，预测异常值什么时候出现在特定区间内，或者是给出下一个或几个异常值出现的时刻，以便人们及时采取对策，减少损失。

设原始序列为 $X = \{x(1), x(2), \cdots, x(n)\}$，给定上限（下限）异常值（灾变值）$\xi$，则称满足 $x(q(i)) \geqslant \xi$（或 $x(q(i)) \leqslant \xi$）的序列

$$X_\xi = \{x(q(1)), x(q(2)), \cdots, x(q(m))\}$$

为上（下）灾变序列，且称

$$Q^{(0)} = \{q(1), q(2), \cdots, q(m)\}$$

为灾变日期序列。

随后利用 GM(1,1) 模型的建模思路及方法对灾变日期序列 $Q^{(0)}$ 进行建模预测。首先计算出 $Q^{(0)}$ 的一次累加生成列：

$$Q^{(1)} = \{q^{(1)}(1), q^{(1)}(2), \cdots, q^{(1)}(m)\}$$

计算出 $Q^{(1)}$ 的紧邻均值生成序列 $Z^{(1)}$，则称 $q(k) + az^{(1)}(k) = b$ 为灾变 GM(1,1) 灰色微分模型。

设 $\hat{a} = \begin{pmatrix} a \\ b \end{pmatrix}$ 为灾变 GM(1,1) 灰色微分模型的最小二乘估计参数列，则灾变日期序列的 GM(1,1) 序号响应式为：

$$\hat{q}^{(1)}(k+1) = \left[q(1) - \frac{b}{a} \right] e^{-ak} + \frac{b}{a} \quad (k = 1, 2, \cdots, n)$$

$$\hat{q}^{(0)}(k+1) = \hat{q}^{(1)}(k+1) - \hat{q}^{(1)}(k)$$

则可得预测模型为：

$$\hat{q}(k+1) = \left[q(1) - \frac{b}{a} \right] e^{-ak} - \left[q(1) - \frac{b}{a} \right] e^{-a(k-1)}$$

$$= (1 - e^a) \left[q(1) - \frac{b}{a} \right] e^{-ak} \tag{7-13}$$

在 $Q^{(0)} = \{q(1), q(2), \cdots, q(m)\}$ 中，若 $q(m)(m \leqslant n)$ 为最近一次灾变发生的日期，则称 $\hat{q}(m+1)$ 即为下一次灾变发生的预测日期，称 $\hat{q}(m+k)$ 为未来第 k 次灾变发生的预测日期。

7.5 灰色预测法案例

一、GM(1,1) 模型案例

【例 7-4】表 7-3 为某地区 2011—2017 年的社会消费品零售总额的数据，试建立 GM(1,1) 模型预测该地区 2018 年的社会消费品零售总额。

表 7-3　某地区 2011—2017 年社会消费品零售总额　　　单位：亿元

年份	2011 年	2012 年	2013 年	2014 年	2015 年	2016 年	2017 年
零售总额	8 004.2	9 453.7	10 915.6	12 426.6	14 005.0	15 740.4	17 618.3

解：$X^{(0)} = \{8\ 004.2, 9\ 453.7, 10\ 915.6, 12\ 426.6, 14\ 005.0, 15\ 740.4,$

17 618.3}

第 1 步,构造累加生成列:

$$x^{(1)}(1) = x^{(0)}(1) = 8\ 004.2$$
$$x^{(1)}(2) = x^{(1)}(1) + x^{(0)}(2) = 8\ 004.2 + 9\ 453.7 = 17\ 457.9$$
$$x^{(1)}(3) = x^{(1)}(2) + x^{(0)}(3) = 17\ 457.9 + 10\ 915.6 = 28\ 373.5$$
$$x^{(1)}(4) = x^{(1)}(3) + x^{(0)}(4) = 28\ 373.5 + 12\ 426.6 = 40\ 800.1$$
$$x^{(1)}(5) = x^{(1)}(4) + x^{(0)}(5) = 40\ 800.1 + 14\ 005.0 = 54\ 805.1$$
$$x^{(1)}(6) = x^{(1)}(5) + x^{(0)}(6) = 54\ 805.1 + 15\ 740.4 = 70\ 545.5$$
$$x^{(1)}(7) = x^{(1)}(6) + x^{(0)}(7) = 70\ 545.5 + 17\ 618.3 = 88\ 163.8$$

因而累加生成列为:

$$X^{(1)} = \{8\ 004.2, 17\ 457.9, 28\ 373.5, 40\ 800.1, 54\ 805.1, 70\ 545.5, 88\ 163.8\}$$

第 2 步,构造数据矩阵 $\boldsymbol{B}$ 和数据向量 $\boldsymbol{Y}_n$:

$$
\boldsymbol{B} = \begin{pmatrix} -z^{(1)}(2) & 1 \\ -z^{(1)}(3) & 1 \\ \vdots & \vdots \\ -z^{(1)}(n) & 1 \end{pmatrix} = \begin{pmatrix} -\dfrac{1}{2}\left[x^{(1)}(1) + x^{(1)}(2)\right] & 1 \\[2mm] -\dfrac{1}{2}\left[x^{(1)}(2) + x^{(1)}(3)\right] & 1 \\[2mm] -\dfrac{1}{2}\left[x^{(1)}(3) + x^{(1)}(4)\right] & 1 \\[2mm] -\dfrac{1}{2}\left[x^{(1)}(4) + x^{(1)}(5)\right] & 1 \\[2mm] -\dfrac{1}{2}\left[x^{(1)}(5) + x^{(1)}(6)\right] & 1 \\[2mm] -\dfrac{1}{2}\left[x^{(1)}(6) + x^{(1)}(7)\right] & 1 \end{pmatrix}
$$

$$
= \begin{pmatrix} -\dfrac{1}{2} \times (8\ 004.2 + 17\ 457.9) & 1 \\[2mm] -\dfrac{1}{2} \times (17\ 457.9 + 28\ 373.5) & 1 \\[2mm] -\dfrac{1}{2} \times (28\ 373.5 + 40\ 800.1) & 1 \\[2mm] -\dfrac{1}{2} \times (40\ 800.1 + 54\ 805.1) & 1 \\[2mm] -\dfrac{1}{2} \times (54\ 805.1 + 70\ 545.5) & 1 \\[2mm] -\dfrac{1}{2} \times (70\ 545.5 + 88\ 163.8) & 1 \end{pmatrix} = \begin{pmatrix} -12\ 731.05 & 1 \\ -22\ 915.70 & 1 \\ -34\ 586.80 & 1 \\ -47\ 802.60 & 1 \\ -62\ 675.30 & 1 \\ -79\ 354.65 & 1 \end{pmatrix}
$$

$$Y_n = \begin{pmatrix} x^{(0)}(2) \\ x^{(0)}(3) \\ \vdots \\ x^{(0)}(n) \end{pmatrix} = \begin{pmatrix} 9\ 453.7 \\ 10\ 915.6 \\ 12\ 426.6 \\ 14\ 005.0 \\ 15\ 740.4 \\ 17\ 618.3 \end{pmatrix}$$

第 3 步，计算待估参数向量 $\hat{a} = (B^T B)^{-1} B^T Y_n = \begin{pmatrix} a \\ b \end{pmatrix}$：

$$B^T B = \begin{pmatrix} 14\ 393\ 897\ 948.3 & -260\ 066.1 \\ -260\ 066.1 & 6 \end{pmatrix}$$

$$(B^T B)^{-1} = \begin{pmatrix} 0.000\ 000\ 000\ 32 & 0.000\ 013\ 885\ 74 \\ 0.000\ 013\ 885\ 74 & 0.768\ 534\ 852\ 26 \end{pmatrix}$$

$$B^T Y_n = \begin{pmatrix} -3\ 854\ 394\ 206.4 \\ 80\ 159.6 \end{pmatrix}$$

$$\hat{a} = (B^T B)^{-1} B^T Y_n = \begin{pmatrix} a \\ b \end{pmatrix} = \begin{pmatrix} -0.121\ 713\ 349 \\ 8\ 084.347\ 34 \end{pmatrix}$$

即 $a = -0.121\ 713\ 349$，$b = 8\ 084.347\ 34$。

第 4 步，得出预测模型为：

$$\frac{dx^{(1)}}{dt} - 0.121\ 713\ 349 x^{(1)} = 8\ 084.347\ 34$$

$$x^{(1)}(0) = 8\ 004.2 \quad \frac{b}{a} = -66\ 421.205\ 36$$

$$\hat{x}^{(1)}(k+1) = \left(x^{(0)}(1) - \frac{b}{a} \right) e^{-ak} + \frac{b}{a}$$

$$= 74\ 425.405\ 36 e^{0.121\ 713k} - 66\ 421.205\ 36$$

第 5 步，进行残差检验。

(1) 根据预测模型计算序列 $\hat{X}^{(1)}(k)$：

$k = 0$，$\hat{x}^{(1)}(1) = 74\ 425.405\ 36 e^0 - 66\ 421.205\ 36 = 8\ 004.2$

$k = 1$，$\hat{x}^{(1)}(2) = 74\ 425.405\ 36 e^{0.121\ 713 \times 1} - 66\ 421.205\ 36 = 17\ 637.073$

$k = 2$，$\hat{x}^{(1)}(3) = 74\ 425.405\ 36 e^{0.121\ 713 \times 2} - 66\ 421.205\ 36 = 28\ 516.729$

$k = 3$，$\hat{x}^{(1)}(4) = 74\ 425.405\ 36 e^{0.121\ 713 \times 3} - 66\ 421.205\ 36 = 40\ 804.537$

$k = 4$，$\hat{x}^{(1)}(5) = 74\ 425.405\ 36 e^{0.121\ 713 \times 4} - 66\ 421.205\ 36 = 54\ 682.755$

$k = 5$，$\hat{x}^{(1)}(6) = 74\ 425.405\ 36 e^{0.121\ 713 \times 5} - 66\ 421.205\ 36 = 70\ 357.230$

$k=6, \hat{x}^{(1)}(7)=74\,425.405\,36e^{0.121\,713\times6}-66\,421.205\,36=88\,060.450$

$\hat{X}^{(1)}(k)=\{8\,004.2, 17\,637.073, 28\,516.729, 40\,804.537, 54\,682.755,$

$\qquad\qquad 70\,357.230, 88\,060.450\}$

（2）计算累减生成序列 $\hat{X}^{(0)}(k)$：

$$\hat{x}^{(0)}(1)=\hat{x}^{(1)}(1)=8\,004.2$$

$$\hat{x}^{(0)}(2)=\hat{x}^{(1)}(2)-\hat{x}^{(1)}(1)=9\,632.873$$

$$\hat{x}^{(0)}(3)=\hat{x}^{(1)}(3)-\hat{x}^{(1)}(2)=10\,879.655$$

$$\hat{x}^{(0)}(4)=\hat{x}^{(1)}(4)-\hat{x}^{(1)}(3)=12\,287.808$$

$$\hat{x}^{(0)}(5)=\hat{x}^{(1)}(5)-\hat{x}^{(1)}(4)=13\,878.218$$

$$\hat{x}^{(0)}(6)=\hat{x}^{(1)}(6)-\hat{x}^{(1)}(5)=15\,674.475$$

$$\hat{x}^{(0)}(7)=\hat{x}^{(1)}(7)-\hat{x}^{(1)}(6)=17\,703.220$$

$\hat{X}^{(0)}(k)=\{8\,004.2, 9\,632.873, 10\,879.655, 12\,287.808, 13\,878.218,$

$\qquad\qquad 15\,674.475, 17\,703.220\}$

$X^{(0)}=\{8\,004.2, 9\,453.7, 10\,915.6, 12\,426.6, 14\,005.0, 15\,740.4, 17\,618.3\}$

（3）计算绝对误差序列 $\Delta^{(0)}$ 和相对误差序列 Φ：

绝对误差序列：

$\quad\Delta^{(0)}=\{0, 179.173, 35.944, 138.792, 126.782, 65.925, 84.920\}$

相对误差序列：

$\quad\quad\Phi=\{0, 1.86\%, 0.33\%, 1.13\%, 0.91\%, 0.42\%, 0.48\%\}$

平均相对误差：

$$\overline{\varphi}=\frac{1}{n}\sum_{i=1}^{n}\varphi(i)=0.73\%$$

平均相对误差为 0.73%，小于 0.05，且相对误差序列都小于 2%，模型精确度高，所建立的模型合格。

第 6 步，进行关联度检验。

（1）计算原始序列 $X^{(0)}$ 与序列 $\hat{X}^{(0)}(k)$ 的对应差序列，即绝对误差序列：

$\quad\Delta^{(0)}=\{0, 179.173, 35.944, 138.792, 126.782, 65.925, 84.920\}$

由于只有一个参考序列和一个被比较序列，故不必再寻找第二级最小差和最大差，则：

$$\min\Delta^{(0)}=0, \max\Delta^{(0)}=179.173$$

（2）计算关联系数（ρ 取 0.5）：

$$\xi(k)=\frac{\min\Delta^{(0)}+\rho\max\Delta^{(0)}}{|x^{(0)}(k)-\hat{x}^{(0)}(k)|+\rho\max\Delta^{(0)}}$$

$$\xi(1) = \frac{0 + 0.5 \times 179.173}{0 + 0.5 \times 179.173} = 1$$

$$\xi(2) = \frac{0 + 0.5 \times 179.173}{179.173 + 0.5 \times 179.173} = 0.333$$

$$\xi(3) = \frac{0 + 0.5 \times 179.173}{35.944 + 0.5 \times 179.173} = 0.714$$

$$\xi(4) = \frac{0 + 0.5 \times 179.173}{138.792 + 0.5 \times 179.173} = 0.392$$

$$\xi(5) = \frac{0 + 0.5 \times 179.173}{126.782 + 0.5 \times 179.173} = 0.414$$

$$\xi(6) = \frac{0 + 0.5 \times 179.173}{65.925 + 0.5 \times 179.173} = 0.576$$

$$\xi(7) = \frac{0 + 0.5 \times 179.173}{84.920 + 0.5 \times 179.173} = 0.513$$

（3）计算关联度：

$$\gamma = \frac{1}{n} \sum_{k=1}^{n} \xi(k) = 0.563$$

当 $\rho = 0.5$ 时，$\gamma = 0.563 > 0.56$，基本满意，通过检验。

第 7 步，进行后验差检验。

（1）计算原始序列 $X^{(0)}$ 的标准差：

$$S_1 = \sqrt{\frac{\sum \left[x^{(0)}(i) - \bar{x}^{(0)} \right]^2}{n - 1}} = 1\ 403.439\ 6$$

（2）计算绝对误差序列 $\Delta^{(0)}$ 的标准差：

$$S_2 = \sqrt{\frac{\sum \left[\Delta^{(0)}(i) - \bar{\Delta}^{(0)} \right]^2}{n - 1}} = 21.460\ 27$$

（3）计算方差比：

$$C = \frac{S_2}{S_1} = 0.015\ 3$$

（4）计算小误差概率：

$$S_0 = 0.674\ 5 S_1 = 0.674\ 5 \times 1\ 403.439\ 6 = 946.62$$

$$e_i(k) = \{ | \Delta^{(0)}(k) - \bar{\Delta}^{(0)} | \}$$

$$= \{ 90.22, 88.95, 54.28, 48.57, 36.56, 24.29, 5.30 \}$$

所有的 e_i 都小于 S_0，因而小误差概率 $p = P\{ e_i < S_0 \} = 1$，又因为 $C =$

0.0153＜0.35,所以模型精度为优,通过检验。

第8步,模型经检验后可用于预测,预测公式为:

$$\hat{x}^{(0)}(k+1)=\hat{x}^{(1)}(k+1)-\hat{x}^{(1)}(k)$$

$$\hat{x}^{(1)}(k+1)=74\ 425.405\ 36e^{0.121\ 713k}-66\ 421.205\ 36$$

当 $k=7$ 时,可计算出第8期(即2018年)的预测值为:

$$\hat{x}^{(0)}(8)=\hat{x}^{(1)}(8)-\hat{x}^{(1)}(7)$$

$$=(74\ 425.405\ 36e^{0.121\ 713\times8}-66\ 421.205\ 36)-88\ 060.450$$

$$=19\ 994.546\ 6$$

因而该地区2018年的社会消费品零售总额的预测值为19 994.546 6亿元。

二、灾变预测案例

【例7-5】某地区年度平均降雨量(单位:mm)的原始数据序列为:

$$X=\{x(1),x(2),\cdots,x(21)\}$$

$$=\{385.3,527.1,437.9,289.2,425.8,310.6,613.7,324.3,$$

$$399.7,685.4,562.9,220.1,530.8,336.8,429.7,313.2,$$

$$582.4,462.5,348.2,603.8,400.1\}$$

规定年降水量 $\xi=350$ mm 为下限异常值,即 $x(t)\leqslant350$ 是旱灾年,试做旱灾预测。

解:若 $\xi=350$ mm 为下限异常值,则得下限灾变序列为:

$$X_\xi=\{x(q(1)),x(q(2)),\cdots,x(q(7))\}$$

$$=\{289.2,310.6,324.3,220.1,336.8,313.2,348.2\}$$

$$=\{x(4),x(6),x(8),x(12),x(14),x(16),x(19)\}$$

与之对应的灾变日期序列为:

$$Q^{(0)}=\{q(1),q(2),\cdots,q(7)\}$$

$$=\{4,6,8,12,14,16,19\}$$

利用 GM(1,1) 模型的建模思路及方法对灾变日期序列 $Q^{(0)}$ 进行建模预测,首先计算出 $Q^{(0)}$ 的一次累加生成列:

$$Q^{(1)}=\{q^{(1)}(1),q^{(1)}(2),\cdots,q^{(1)}(7)\}$$

$$=\{4,10,18,30,44,60,79\}$$

计算 $Q^{(1)}$ 的紧邻均值生成序列 $Z^{(1)}$,构造数据矩阵 $\boldsymbol{B}$ 和数据向量 $\boldsymbol{Y}_n$:

$$
\boldsymbol{B} = \begin{pmatrix} -z^{(1)}(2) & 1 \\ -z^{(1)}(3) & 1 \\ \vdots & \vdots \\ -z^{(1)}(n) & 1 \end{pmatrix} = \begin{pmatrix} -\dfrac{1}{2}[q^{(1)}(1)+q^{(1)}(2)] & 1 \\ -\dfrac{1}{2}[q^{(1)}(2)+q^{(1)}(3)] & 1 \\ -\dfrac{1}{2}[q^{(1)}(3)+q^{(1)}(4)] & 1 \\ -\dfrac{1}{2}[q^{(1)}(4)+q^{(1)}(5)] & 1 \\ -\dfrac{1}{2}[q^{(1)}(5)+q^{(1)}(6)] & 1 \\ -\dfrac{1}{2}[q^{(1)}(6)+x^{(1)}(7)] & 1 \end{pmatrix}
$$

$$
= \begin{pmatrix} -\dfrac{1}{2}\times(4+10) & 1 \\ -\dfrac{1}{2}\times(10+18) & 1 \\ -\dfrac{1}{2}\times(18+30) & 1 \\ -\dfrac{1}{2}\times(30+44) & 1 \\ -\dfrac{1}{2}\times(44+60) & 1 \\ -\dfrac{1}{2}\times(60+79) & 1 \end{pmatrix} = \begin{pmatrix} -7 & 1 \\ -14 & 1 \\ -24 & 1 \\ -37 & 1 \\ -52 & 1 \\ -69.5 & 1 \end{pmatrix}
$$

$$
\boldsymbol{Y}_n = \begin{pmatrix} q(2) \\ q(3) \\ \vdots \\ q(n) \end{pmatrix} = \begin{pmatrix} 6 \\ 8 \\ 12 \\ 14 \\ 16 \\ 19 \end{pmatrix}
$$

计算待估参数向量 $\hat{\boldsymbol{a}} = (\boldsymbol{B}^{\mathrm{T}}\boldsymbol{B})^{-1}\boldsymbol{B}^{\mathrm{T}}\boldsymbol{Y}_n = \begin{pmatrix} a \\ b \end{pmatrix}$:

$$
\boldsymbol{B}^{\mathrm{T}}\boldsymbol{B} = \begin{pmatrix} 9\,724.25 & -203.5 \\ -203.5 & 6 \end{pmatrix}
$$

$$(\boldsymbol{B}^{\mathrm{T}}\boldsymbol{B})^{-1} = \begin{pmatrix} 0.000\ 354\ 332 & 0.012\ 017\ 776 \\ 0.012\ 017\ 776 & 0.574\ 269\ 558 \end{pmatrix}$$

$$\boldsymbol{B}^{\mathrm{T}}\boldsymbol{Y}_n = \begin{pmatrix} -3\ 112.5 \\ 75 \end{pmatrix}$$

$$\hat{a} = (\boldsymbol{B}^{\mathrm{T}}\boldsymbol{B})^{-1}\boldsymbol{B}^{\mathrm{T}}\boldsymbol{Y}_n = \begin{pmatrix} a \\ b \end{pmatrix} = \begin{pmatrix} -0.201\ 53 \\ 5.664\ 89 \end{pmatrix}$$

即 $a = -0.201\ 53$，$b = 5.664\ 89$，则可得灾变 GM(1,1) 灰色微分模型为 $q(k)$ $-0.201\ 53z^{(1)}(k) = 5.664\ 89$，灾变日期序列的 GM(1,1) 序号响应式为：

$$\hat{q}^{(1)}(k+1) = \left[q(1) - \frac{b}{a} \right] e^{-ak} + \frac{b}{a}$$

$$= 32.109\ 89e^{0.201\ 53k} - 28.109\ 89$$

$$\hat{q}^{(0)}(k+1) = \hat{q}^{(1)}(k+1) - \hat{q}^{(1)}(k)$$

进一步求得预测模型为：

$$\hat{q}(k+1) = \left[q(1) - \frac{b}{a} \right] e^{-ak} - \left[q(1) - \frac{b}{a} \right] e^{-a(k-1)}$$

$$= (1 - e^a) \left[q(1) - \frac{b}{a} \right] e^{-ak}$$

$$= 5.860\ 64e^{0.201\ 53k}$$

由此可得 $Q^{(0)}$ 的模拟序列为：

$$\hat{Q}^{(0)} = \{\hat{q}^{(0)}(2), \hat{q}^{(0)}(3), \hat{q}^{(0)}(4), \hat{q}^{(0)}(5), \hat{q}^{(0)}(6), \hat{q}^{(0)}(7)\}$$

$$= \{7.17, 8.77, 10.73, 13.12, 16.05, 19.64\}$$

绝对误差序列为：

$$\Delta^{(0)} = \{1.17, 0.77, 1.27, 0.88, 0.05, 0.64\}$$

相对误差序列：

$$\Phi = \{0.195, 0.096, 0.106, 0.062, 0.003, 0.033\}$$

平均相对误差：

$$\bar{\varphi} = \frac{1}{6}\sum_{i=2}^{7}\varphi(i) = 0.08$$

由于 $\bar{\varphi} = 0.08 < 0.1$，因而所建立的模型合格可用。

根据预测模型进行预测：

$$k = 7, \hat{q}(k+1) = \hat{q}(7+1) \approx 24$$

$$\hat{q}(8) - \hat{q}(7) \approx 4$$

即从最近一次旱灾发生的日期算起，4 年之后可能发生旱灾。

思考与练习

1.简述灰色系统的基本概念及特点。

2.什么是灰色预测？灰色预测有哪些类型？

3.什么是 GM(1,1) 模型？其检验都包括什么？

4.设参考序列为：

$$X_0 = \{8, 13.2, 15.4, 25.15, 31.76, 33.1\}$$

被比较序列分别为：

$$X_1 = \{6.4, 8.7, 12.3, 19.2, 25.9, 30.8\}$$

$$X_2 = \{7.9, 12.7, 16.2, 23.8, 28.9, 35.8\}$$

试求关联度。

5.设有某地区 2011—2017 年的地区生产总值如下表：

年份	2011 年	2012 年	2013 年	2014 年	2015 年	2016 年	2017 年
地区生产总值（亿元）	14 737.1	17 560.2	19 701.8	21 868.5	24 055.8	25 979.8	28 810.6

（1）试建立 GM(1,1) 模型，并预测该地区 2018 年的地区生产总值。

（2）用 GM(1,1) 残差修正模型建立预测模型预测 2018 年的地区生产总值。

6.某地区时常发生重大干旱灾害，现将 1990 年以来特大旱灾的成灾面积在 100 万公顷以上的作为异常值进行统计，如下表所示（其中 k 是发生特大旱灾年份的所处的时间位置）：

年份	1992 年	1996 年	2001 年	2003 年	2008 年	2010 年	2013 年
k	3	7	12	14	19	21	24
受灾面积（公顷）	114.5	130.9	127.2	100.4	150.3	148.5	130.8

试运用灰色灾变预测的方法预测下一次发生特大旱灾的时间。

第八章　经济决策概述

本书的上半部分阐述了经济预测的基本方法。我们知道,预测是一种手段,预测的最终目的是进行决策,为决策提供依据。因此,从本章开始我们将阐述经济决策的基本理论和基本方法。本章将介绍经济决策的基本概念、基本类型、进行决策的基本步骤等,让读者对经济决策有一个初步的认识,为以后进一步学习打下基础。

8.1　经济决策的基本概念

一、决策的概念

决策是人类社会固有的行为,小至个人生活,大至治国安邦,都存在决策问题。在我国悠久的历史长河中,就有许多成功决策的案例。诸葛亮运筹帷幄,"隆中对"为刘备争取三国鼎立的局面制定了战略决策;田忌交换赛马的顺序而赢得比赛的故事也给后人带来优化决策的启示。时代的脚步发展到21世纪,决策活动更是体现在政治、经济、社会各个领域,合理、成功的决策将推动社会的稳步发展,反之可能给社会带来沉重的负担。

那么什么是决策?我们要如何界定决策?时至今日,决策的定义仍没有统一的说法。基本上可以把这些说法分为两种,即狭义的决策和广义的决策。狭义派以中国经济学家于光远为代表,他认为"决策就是做出决定",就是对若干行动方案的决断或选择;广义派以美国经济学家西蒙(H.A.Simon)为代表,他认为"管理就是决策",从管理的角度揭示了决策的含义,强调决策在管理中的地位。

在本书中,决策可以看作是为实现某一特定的目标(对象),利用掌握的信息,运用一定的方法,对影响目标实现的各因素进行准确判断和计算后,在多种行动方案中进行选优的过程。

我们可以从一个商业上的例子,进一步体会决策的含义。西尔斯 — 罗巴克公司是全球著名的私人零售商巨头,在 20 世纪二三十年代,当时公司的总裁金斯·罗伯特·伍德做出了一个大胆而有远见的决策 —— 将商店开到高速公路旁,并建立起一套有效的采购体系。这在当时看似滑稽的做法在后来证明是相当正确的。随着城市化的推进、城市面积的扩张,居民对零售商店的需求也将增加,要及时准确地了解各零售店的进货数量,统一完善的采购体系不可或缺。在短短的 3 年内,西尔斯 — 罗巴克的零售商店已经扩张至 300 多家,迅速成为美国零售业巨头。

为了更准确、更全面理解这一概念,我们可以从以下几个方面认识决策:

1.决策是一个过程

决策由多个相互衔接的环节构成:首先是发现问题,提出决策目标,这是决策的起点;其次是进行预测,对问题的发展趋势进行推测,找到决策的依据;再次是进行分析,拟定若干个可行方案,在给定评价标准的基础上进行选择;最后才是实施决定的方案,并进行监督、管理和反馈。因此,我们应克服一般理解上把决策局限在最后一个环节的思维定势,要把决策看成为一个完整的过程。

2.决策是由既有分工又有协作的群体共同努力完成的

一般来说,参与决策的群体包括三部分人:决策的组织者或领导者、决策的参与者、决策的执行者。他们构成了决策群体,不仅每个人分工明确,职责分明,而且各尽所能,相互配合。只有这样才能发挥资源的互补优势,完成一个正确的决策。

3.决策是多种要素构成的综合统一体

决策由多个要素构成:第一是决策者和决策组织,人是决策的主体,且以一定的组织形式存在;第二是决策体制,也可以说是权力分配;第三是决策对象,是决策的客体;第四是决策信息,信息为决策提供资料和依据,是决策者科学决策的前提,它包括过去、现在和将来的若干情况;第五是决策的理论和方法,每一项决策都需要以一定的理论为指导,采用合适的决策方法。这五个要素的有机结合,才能保证决策者做出正确的决策。

二、经济决策的概念与基本原则

决策可以应用在诸多领域,例如军事上的决策、政治上的决策等。决策应用在经济领域就构成了经济决策。我们综合之前对决策的定义,可以这样来理解经济决策:经济决策是以经济理论为基础,以过去和现在的各种信息为依据,在定性分析和定量分析的基础上,结合既定目标,对研究对象的运行方向和变化程度做出决定,并在这一决定实施过程中通过反馈不断加以调整的过程。

经济决策中所要遵循的原则是多层次的,不仅有适用于任何决策及决策过程中各环节的一般性原则,也有适用于经济方面特定决策和决策过程的某个特定环节的特殊原则。以下我们介绍经济决策的一般原则:

1.最优化原则

优化是决策的实质。经济决策中,传统的原则就是最优化原则,要求以最小的物质消耗取得最大的经济效益,以最低的成本取得最高的产量和最大市场份额、最大利润等。但在有些情况下,选择次优方案也是决策中可能出现的情况。由于环境的变化,许多问题不存在最优解,或者不能求出最优解,因此往往采取人们所能接受的满意的标准,该原则我们称为"满意原则"。

2.系统原则

经济环境是一个复杂的大系统,从而决定了经济决策是处于复杂系统之中的。国民经济系统包含了许多相互联系、相互制约的子系统,如工业系统、农业系统、商业系统等。因此经济决策要应用系统工程的理论与方法,以系统的总体目标为核心,以满足系统优化要求为准绳,强调系统配套、系统完整和系统平衡,从整个系统出发权衡利弊,进行取舍。

3.信息准确原则

经济决策的成功与否,不仅与决策的科学性有关,也与信息的准确性、完整性密切相关。当然这里的完整信息是指在当前客观条件下可以获取的所有信息。在经济决策前需要使用信息,信息是提供决策的依据和材料。信息不准确、不完整都将严重影响决策的正确性。在经济决策之后也要使用信息,决策者通过信息反馈对决策实施情况进行监控和调整,如果缺少了这一部分的信息,我们的决策过程将是不完整的。

4.可行性原则

经济决策必须可行,即决策者选择的方案在技术上、资源上必须可行,否则就不能实现预定的经济目标。为此,决策者在进行决策之前要进行可行性研究,从技术上、经济上以及社会效益上全面考虑。对于不同的决策目标,可行性研究内容也有所不同。

5.集体决策原则

所谓集体决策,不是靠少数领导"拍脑袋",也不是找几个专家简单讨论一下,或者靠少数服从多数原则进行决策,而应该依靠和运用智囊团,对要决策的经济问题进行系统的调查研究,弄清历史和现状,掌握第一手资料,然后通过方案论证和综合评估,对比择优,提出切实可行的方案供决策者参考。这样的决策过程是决策者和专家集体智慧的成果,是科学的、经过可行性论证的,因而是切合实际的。在经济决策中,我们要强调集体的决策,杜绝非科学的"拍脑袋"决策,这样才能减少决策失误。

三、经济决策的公理

所谓经济决策的公理是指所有理性决策者都能接受或承认的基本原理。在介绍公理之前,我们要引入两个概念,一个是"主观概率",一个是"效用"。主观概率指决策者对某一种自然状态出现的可能性的估计;效用指决策者对实行每一种方案所带来的结果的评价,这种评价也带有一定的主观性,受决策者的兴趣、爱好、价值观等因素影响。

经济决策的公理有以下四点:

1.对决策者而言,不同待选方案的效用大小是可比的和非循环的

可比性:假设决策者面临两个备选方案 A,B,决策者要么确认方案 A 的效用大于方案 B,要么确认方案 B 的效用大于方案 A,要么确认方案 A 与方案 B 的效用一样。

非循环性:假设决策者面临三个备选方案 A,B 和 C,假定决策者两两比较方案后,确定方案 A 的效用大于方案 B,方案 B 的效用大于方案 C,那么决策者必定要确认方案 A 的效用大于方案 C,即方案的优劣次序是不能相互循环的。

2.各备选方案必须具有独立存在的价值

假设有两个备选方案 A 和 B,在第一种自然状态下方案 A 的效用大于方案 B,在第二种自然状态下方案 A 的效用小于方案 B,那么我们说方案 A 和 B 都具有独立存在的价值。反过来说,一旦出现某一方案在各方面均显著劣于另一个方案,那么这个方案就可以被第二个方案替代,说明该方案没有存在的价值,因此可以不予考虑。

3.主观概率与方案结果之间不存在必然联系

决策者估计某种状态出现的主观概率不受方案结果的影响,两者是相互独立的。对自然状态出现的可能性大小的主观概率估计只与决策者主观上对自然状态发展趋势估计的乐观程度有关。例如决策者预期产品市场销售情况有两种结果:一种是畅销,概率为0.6;一种是滞销,概率为0.4。畅销的结果是获利15万元,滞销获利－2万元。假设经过成本改造后,第一种结果的获利提高为18万元,第二种的获利也增加为2万元。那么在其他条件不变的情况下,决策者对市场销售结果的预期概率不应该改变,仍应该是0.6和0.4。

4.效用的等价性和替换性

若两个方案对决策者来说是等同效用、不分优劣的,那么两个方案就可以相互替代。假设决策者面临两个投资机会:一个是投资股票,可能以0.5的概率获利1 000元,以0.5的概率损失500元;另一个投资机会是购买债券,可以确定性地得到250元收益。如果决策者是风险中性的,那么对决策者来说,这两个投资机会的效用是等价的,可以互相替代。

8.2　经济决策的分类

经济决策所要解决的问题是多种多样的。经济决策因其要解决的问题不同而有不同的类型。以下介绍几种经济决策的类型。

一、宏观经济决策与微观经济决策

经济决策按应用的范围大小来分,可分为宏观经济决策和微观经济决策。

宏观经济决策是指以一个国家的国民经济、行业或部门经济以及地区经济的发展为决策目标,设计和选择最优方案的决策。例如厦门市的地区经济发展战略决策、高新技术产业发展战略决策等。微观经济决策是指以一个企业、一个基层单位的经济发展为目标,制定和选择最佳经营管理方案的决策。例如公司的投资决策、材料的库存量决策等。

宏观经济决策与微观经济决策有着密切的关系,宏观经济决策以微观经济决策为构成要素,微观经济决策应服从宏观经济决策的要求。

二、战略决策与战术决策

经济决策按决策的目标性质划分,可以分为战略决策和战术决策。

战略决策是指对经济发展方向和远景规划,对经济发展的长远战略目标、战略重点、战略措施做出的重大决策。例如,在宏观上,对我国社会、经济、科技协调发展的远景规划所做出的决策;在微观上,企业未来 5 年主要投资方向、公司治理方面的改革、是否引入战略投资者等重大决策。战术决策是指为了实现战略目标而对一些带有局部性、暂时性的或其他执行性质的问题所作的决策。例如对产品某零部件实行对外招标采购的决策就属于战术决策。

战略决策是战术决策的前提,战术决策是战略决策的保证。因此,战略决策和战术决策应有机地结合起来,实现决策的科学化。

三、定性决策与定量决策

经济决策按是否运用数学工具辅助决策来分,可分为定性决策和定量决策。

定性决策是指决策的目标和未来的行动无法用数量表示,而只能进行抽象概括和定性描述,决策者主要依据其知识、经验进行决策。例如经济体制改革决策、组织机构调整决策等。定量决策是指决策的目标和未来行动可以用数量的形式表示,决策者可以利用统计资料,建立数学模型进行决策。例如企业生产的盈亏平衡决策、成本控制决策等。

定性决策和定量决策的划分是相对的,二者在一定情况下可以相互转换。在实践中,为了提高决策的科学性,经常需要将定性和定量决策方法结合起来。

四、程序化决策与非程序化决策

经济决策按结构和程序划分,可以分为程序化决策和非程序化决策。

程序化决策是指对所决策的问题可按固定的程序或方法进行处理。这种决策能够广泛应用数学方法和电子计算机,其所解决的问题具有反复性、再生性、多变量性等特点。非程序化决策是指对所决策的问题无法用常规的程序和方法进行处理。这种决策往往是针对从前未曾发生或未曾处理过的问题，因而无固定的程序和方法可循，一般依赖于决策者的经验和判断能力决策。

五、单目标决策与多目标决策

经济决策按目标数量划分，可以分为单目标决策和多目标决策。

单目标决策是指决策所要达到的目标只有一个的决策。例如企业当年的利润决策，目标只有一个，即确定要实现多少利润。多目标决策是指决策所要达到的目标不止一个的决策。例如企业在一定时期的经营决策问题，除了要考虑利润目标以外，还要考虑企业产品的市场占有率、企业的公众形象等。

在多目标决策中，各决策目标常常会产生矛盾，如何协调好它们之间的关系，妥善处理好多个目标间的关系，是多目标决策过程中的重点和难点。一般处理的方法是对各目标进行充分的论证，尽可能减少一些次要目标，留下最主要的目标。

六、确定型决策与非确定型决策

经济决策按信息的完备程度划分，可以分为确定型决策与非确定型决策。

确定型决策是在决策时所需的各种信息完全确定的条件下做出的一种决策，每一个决策方案都只有一个确定的结果，便于选择。对于确定型决策，决策者可以通过调查研究或其他渠道掌握可靠信息，选取最佳方案，做出决策。例如已知企业产品成本及价格的情况下，可以确定性地得到企业盈亏平衡点的产量，根据实际需求量可以对企业是否投产、是否引进新设备、是否进行固定资产更新等做出决策。

非确定型决策是指决策是在信息不完全确定的条件下进行的，其所处理的未来事件的各种自然状态的发生具有不确定性。例如企业产品未来在市场上可能面临非常受欢迎、一般受欢迎、不受欢迎等情况，从而有三种可能的销售情况，每一种销售情况的出现都有一定的概率，因此企业在该产品产量的决策上需要考虑到未知风险的因素。非确定型决策又有两种：一种是可预测各种自然状态发生的概率，但不管如何，该决策始终要冒一定风险，故称为风险型决策；另一种是指对未来自然状态有一定的了解，但无法确定其各种状态发生的概率,不确定因素更多,因而称为不确定型决策。

确定型决策和非确定型决策的科学思考原则不同。对于确定型决策,我们可以通过调查研究或其他渠道掌握可靠的信息,选取最佳方案进行决策。选择到最佳方案后就要集中力量促进该方案的实施、运行,获取最佳经济效益。若实施不及时,错过了机会,那么即使当时选择的方案达到最优原则,结果也于事无补。对于非确定型决策,一是要选择最可能实现的行动方案,并且在实施时要有预防准备,如遇不测事件也可应付自如;二是要在执行过程中尽量利用反馈的信息,消除更多的不确定性,将非确定型转化为确定型。

本书将在以后章节着重讨论确定型决策和非确定型决策的方法。

8.3　经济决策的一般程序

人们在经济决策过程中,为了能遵循科学决策的原则,必须严格按照科学决策的程序执行,使思维和行为规范化、条理化。经济决策的一般步骤如下:

一、通过调研发现问题

为了发现问题,必须先进行调查研究,调查应建立在科学统计的基础上,通过样本反映总体,抓住事物发展的特征。

所谓问题,就是现状和目标间的差距。这里有三点需要注意:一是要看差距有多大,是否超过了一定的限度,如果在允许范围之内,一般就构不成问题;二是要估计差距的发展趋势,即使目前差距不很明显,但从未来发展趋势来看,差距会越来越大,那么这个问题就值得重视;三是看差距的影响程度,影响越大越需要密切关注。

发现问题,要求对问题的表现(时间、空间、程度等)、问题的性质(迫切性、发展性、严重性等)、问题的原因有清楚的了解。只有深入了解问题,才能开展决策活动。

二、确定目标

决策目标是根据所要解决的问题来确定的,因此在明确了问题之后,就应该确立目标以解决问题。目标是否可行、是否合理决定了经济决策的成败,因此要根据决策的问题,经过周密、系统、全面的分析和归纳,分清问题的主次后来确定目标。如果目标确定不当,不仅决策无法达到预期结果,而且会造成巨大经济损失。例如法国航空公司在 20 世纪 60 年代决定试制协和式飞机[①],目标是制造出"喷气式、超音速、宽机体"的飞机,但由于追求超音速而带来了高噪音问题,严重影响了飞机的安全飞行标准,耗资数十亿美元,最后只能改变既定目标,尽力挽回损失。因此在确定目标时,我们一般应注意以下几点:

(1)确定目标要从客观实际出发,目标要满足可行性和合理性的要求。目标对决策起到指导的作用,一旦所确定的目标脱离实际,没有科学依据,那么以后的决策过程以及决策的结果将不存在科学性。因此,在确定目标前,要对目标的正确性进行反复的、充分的论证。在论证过程中,要寻根问底,对影响目标的各种因素做纵向与横向分析,以进一步明确目标的合理性和实现目标的可能性。

(2)目标必须具体明确。一是指概念的含义要确切,避免含糊其辞、模棱两可;二是指时间要明确,即完成目标的时间明确;三是指约束条件要明确,如可用资源的约束等。

(3)确定目标要有全局观点。经济决策的确定,要有全局观点,以大局为重,要以系统优化为指导思想,不能片面追求本企业、本部门的经济效益,而忽视社会效益。如在考虑某项经济建设项目时,地方政府和企业不能为了追求地方经济的短期快速增长和资金的迅速积累而造成对环境和生态平衡的破坏。

三、收集分析有关决策目标的信息

信息是决策的基础,是控制决策实施的依据,是检验决策是否正确的尺度。经济决策失误往往与信息失灵有关,若信息传递迟缓,决策者无法及时掌握情况的变化,就会导致决策失误。

一般由于信息的原因,影响决策的实现有以下几种情况:

(1)由于信息失灵或信息不通而造成决策失误。

(2)无法加工处理信息,以致无法提取有用信息。

(3)信息来源单一,无法验证真伪,造成决策失误。

---

① 冯文权.经济预测与决策技术.武汉:武汉大学出版社,2002

为了使决策正确,决策者要广泛地搜集内部和周围环境中有关决策目标的资料,并力求准确及时,然后经过信息加工、归类整理,进行详细的分析研究。这种分析包含定性、定量及定性定量相结合的方法,从而为制定并实现决策目标、预测发展趋势、设计方案和可行性论证提供科学依据。

四、预测未来

搜集资料和预测都是决策的前提,但资料又是预测的前提,没有资料和预测就难以做出正确的决策。

时间序列的三个阶段是过去、现在和未来。预测就是为了获取未来的信息,通过对过去和现在的信息进行研究和分析判断,或进行信息加工建立模型,以推断事物的发展趋势。这种动态的信息加工处理就形成了科学的预测。通过科学的预测,获取更多更准确的未来信息,为探索各种可供选择的方案提供科学的依据。

五、拟定各种可供选择的方案

在分析基础上设计的决策方案就是实现决策目标的手段。为了实现决策目标,必须拟定出可供选择的各种可行方案。方案在设计时一般要经过两大步骤:一是轮廓设想,二是细部设计。轮廓设想从不同角度大胆设想各种方案,但不要求过多地考虑细节,如同新产品设计的构思阶段;而细部设计是对已提出的设想做进一步加工,形成具体方案。具体方案应至少包括三个方面的内容:一是本方案的各个构成要素;二是明确各要素间的关系;三是提出方案实施的条件,并对可能产生的结果做出初步评价。拟定方案要广泛听取专家建议,常用的方法有头脑风暴法等。

六、评估和选择方案

对方案的评估是选择方案的前提,选择方案则是评价的结果。一般按以下一些标准对方案进行评估:

(1)方案能否保证实现目标。决策的目的是达到目标,因此评价方案的优劣,首先应看其与目标的贴近度。

(2)局部服从全局。评价一个方案应从全局的角度来衡量。如果一个方案只对局部有利,而对全局来说是不利的,那么这个方案就不是理想的。

（3）讲究效益,求利避害。在保证目标能够实现和对全局有利的前提下,评价一个方案就要看实施方案所需的代价和时间,以实现最佳效益。

（4）协调与适应。决策方案中所涉及的各种因素,如人力、财力、时间等要能和谐配套,方案实施后,要能适应环境的变化和意外事件的干扰。

（5）可行性。方案是否可行,可以从方案的技术适宜性、经济合理性和建议可行性角度进行综合论证。

在做完了方案评估后,我们就能在备选方案中选择最优或最令人满意的决策方案。选择最优方案的方法有两大类:一类称为经验判断法,即决策者根据以往的经验和所掌握的材料,综合以上对各种备选方案的评价,多方面比较,从中选出最优或令人满意的方案;一类称为数学分析法,它是运用优化数学或统计数学的方法,求出目标的最优解。

七、实施、监督和反馈

方案的实施是决策的延续和具体化,并且是检验决策是否正确的基本环节。在普遍实施之前,要通过实际试验法和模拟仿真法等进行检验,以避免决策失误。例如,葛洲坝水利工程在决策实施之前就进行了大量的模拟仿真试验。

监督是指为了使方案实施不偏离决策目标,而对实施的整个过程中各环节,包括对实施人员的配置和要求、实施的计划和组织等的监察与督促,对决策目标的实现起到保障作用。

由于决策是个动态过程,在实施过程中,有必要及时地反馈实施情况和进程。一旦在实施过程中出现了新情况、新问题,那么及时地修正目标和方案是很有必要的。

下面我们可以通过一个流程图,把经济决策的步骤表示出来,见图8-1。

```
┌─────────┐      ┌─────────┐                        ┌─────────────┐
│调查研究  │─────→│确定目标  │←───────────────────────│             │
│发现问题  │      │         │                        │             │
└─────────┘      └─────────┘                        │             │
                      │                             │             │
                      ↓                             │             │
                 ┌─────────┐                        │             │
                 │搜集和分析 │                        │             │
                 │相关信息  │                        │             │
                 └─────────┘                        │             │
                      │                             │及时反        │
┌─────────┐      ┌─────────┐                        │馈信息，      │
│预测技术  │─────→│预测未来可 │                        │必要时        │
│         │      │能的情况  │                        │修正          │
└─────────┘      └─────────┘                        │             │
                      │                             │             │
                      ↓                             │             │
                 ┌─────────┐                        │             │
                 │拟定若干个 │                        │             │
                 │备选方案  │                        │             │
                 └─────────┘                        │             │
                      │                             │             │
┌─────────┐      ┌─────────┐                        │             │
│可行性    │─────→│方案的评估 │                        │             │
│研究      │      │与选择    │                        │             │
└─────────┘      └─────────┘                        │             │
                      │                             │             │
                      ↓                             │             │
                 ┌─────────┐                        │             │
                 │方案的实施 │───────────────────────→│             │
                 │与监督    │                        └─────────────┘
                 └─────────┘
```

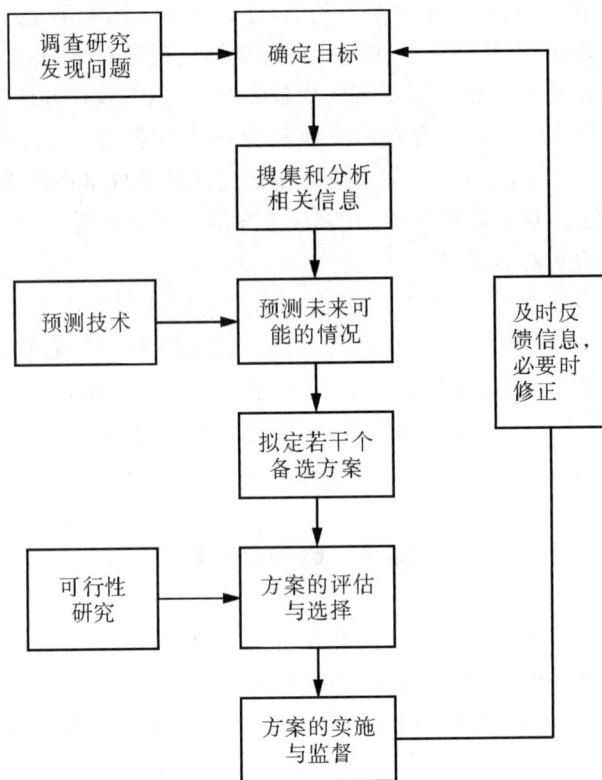

图 8-1   经济决策流程图

8.4   经济决策与经济预测的关系

大多数经济预测的目的是做好经济决策,经济预测的作用是通过各种宏观和微观决策来实现的;经济决策根据经济预测的结果做出决定,为合理的经济预测的实现提供机会。

一、经济预测是经济决策的基础和保证

1.经济预测是做出正确经济决策的前提

从本质上说,经济决策属于未来。因为决策目标总是与未来的发展相联

系,而决策过程中的最佳方案是在实践活动之前形成的。那么决策者就必须根据所有可收集的信息,全面地认识经济事务变化趋势,在充分认识研究对象的现阶段状况和未来发展方向后才能合理地确定决策的目标和最佳方案。因此,没有科学的经济预测就不会有科学的经济决策。事实上,经济预测一直贯穿于经济决策始终。例如在决策完成阶段,需要对决策过程和实施效果进行全面的总结和反馈,即进行事后预测,它不仅可以总结经验,提高决策能力,而且可以更好地把握当前经济系统的运行状况,为下一个决策做准备。

2.经济预测是降低经济决策风险的手段

未来存在不确定性,因此经济决策会有风险。科学的经济预测是避免盲目的经济决策、降低未来不确定性的重要途径。通过科学的经济预测可以提高决策的自觉性和科学性。对于一项重大的经济决策项目,如果事先进行了科学的预测,会使决策有了科学的依据,增强决策者的主动性。因此,正确的经济决策来源于科学的经济预测。

3.经济预测是决策者形成"独特领导艺术"的基本因素

经济决策科学化的前提之一,是决策者具有良好素质和战略眼光。要具备这样的独特领导素质,就要广泛地收集信息,在对过去和现在的大量信息进行系统分析和"深加工"后,提炼出对未来经济局势的观点和看法。决策者通过这类科学的预测信息,对决策问题做到心中有数,从而能当机立断,把握最佳时机,保证决策目标的顺利实现。

二、经济决策是经济预测的目的并反作用于预测

1.经济决策是经济预测的目的

一般地,人们在对事物的发展做出预测后,会在这个基础上采取某种行动。换句话说,人们是为了采取行动而进行预测,预测的根本目的在于决策。假如人们预测到未来某只股票的发展趋势,就会充分利用该信息,做出当期购买或者延迟购买,以及购买多少的决定。因此经济预测的最终落脚点就是使信息需求者和政策制定者做出合理的、准确的决策。

2.经济决策对经济预测有反作用

经济决策对经济预测的反作用可以表现在两个方面:一是决策结果是检验预测有用性的最佳标准。工厂用预测技术测算出改进工艺后的最佳生产规模,当在预测期内按照这种生产规模组织生产取得了良好的生产效益时,预测的有用性就得到了说明。二是人们的反应行动会对预测结果能否实现产生影

响。例如在决策实施过程中,人们要进行"跟踪预测",及时反馈事物的发展信息,以适时地修正原先预测值,达到更好的预测效果。这本身就是经济决策对预测具有反作用的一个重要表现。

三、经济预测与决策的分析方法

经济预测与经济决策的分析方法有很密切的联系。具体可以表现在以下几个方面:

一是经济预测与经济决策都以经济统计为基石。统计指标为经济预测与决策提供基本资料;描述性统计方法、推断性统计方法都应用在预测与决策分析过程中。例如描述时间序列的长期趋势和季节变动的统计方法已经直接用于预测技术;风险型决策和不确定型决策的求解也涉及如何运用统计方法通过部分已知信息推断全部未知信息进行决策的问题。

二是经济预测与经济决策有相似的分析体系。经济预测与决策各自都有许多具体的方法,但基本上都可以分类为定性分析方法和定量分析方法。前者主要依靠人们的经验知识来判断,后者主要依靠建立数学模型,或应用电子计算机技术来解决。但不管是经济预测还是经济决策,都要把定性与定量方法结合起来,实现优势互补。

三是经济预测与经济决策应用许多相同的方法。例如德尔菲法是一种主要的专家预测法,但同时在决策领域也有广泛应用,在定性指标的评分量化中起到重要作用。又如马尔科夫法,在经济预测和经济决策中都有应用。它把运行系统的状态和状态转移过程进行统计分析,预测出未来某个状态出现的概率,然后在此基础上改进策略直至最优。

思考与练习

1.什么叫经济决策?经济决策有哪几种类型?

2.经济决策要遵循的基本原则有哪些?

3.经济决策的公理有哪些?

4.如何才能合理科学地确定决策目标?

5.在进行方案评估时,要如何确定评估标准?

6.试讨论预测与决策之间的关系。

7.请举个实例说明决策在管理中的重要性。

8.如何理解经济预测贯穿于经济决策的全过程?

第九章　确定型决策

　　按照决策者掌握信息的完备程度，可以将经济决策分为确定型决策和不确定型决策。两类决策的基本区别是一个决策方案是否有一个确定的结果。应该说完全确定的信息在现实决策世界中是不存在的，但是确定型决策的方法和思路在实践中仍然得到广泛的应用。

　　本章首先将提出确定型决策的基本概念，然后重点介绍盈亏平衡分析、微分极值分析和线性规划等确定型决策的方法及其应用。

9.1　确定型决策的基本概念

一、确定型决策的概念

　　我们把以下这种情况的决策问题称为确定型决策：通过对决策问题的现有情况和环境条件进行分析，决策者能够确定决策对象未来可能发生的情况，从而可以根据已掌握的科学知识和技术手段，选择最有利的决策方案。

　　确定型决策一般具备以下一些条件：

　　(1) 存在决策者希望达到的一个明确目标；

　　(2) 只存在一个决策者不可控制的自然状态；

　　(3) 存在可供决策者选择的两个或两个以上的备选方案；

　　(4) 不同决策方案在确定状态下的收益值或损失值能够计算出来，从而可进行方案间的比较。

二、确定型决策的分类

确定型决策可以分为两类：单纯选优决策和模型选优决策。

单纯选优是一种较为简单的决策方法。如果决策者遇到的决策问题是：有有限个备选方案，而且掌握的数据无须加工计算即可通过比较得到较优方案或较好行动，那么这样的决策问题，我们用单纯选优决策即可解决。例如，某企业产品可以销售给甲、乙、丙三个同类单位，但由于产量有限，只能销售给其中的一家。已知三个单位对该产品的需求一致，其中三个单位愿意接受的产品单价分别为 25 元、30 元、20 元，直观上可以看出乙单位愿意接受的单价最高，且需求一致，购买数量一样，那么企业将产品销售给乙单位是最佳决策。

模型选优决策是通过建立符合经济情况的数学模型，进行运算后选择最优方案的决策方法。现实生活中，通过建模选优的决策有较广泛的应用，例如采购批量与库存的问题，实现企业盈亏平衡的生产产量问题，设备更新的问题等。不同的模型运用的方法也有所不同，如盈亏分析决策法、微分极值决策法、线性规划方法等。在下面的章节我们将重点介绍如何用模型选优决策方法解决上述问题。

三、模型选优决策的基本思路

通过模型选优的决策方法确定最优决策，其基本思路有：

（1）设计决策目标。一般我们要将目标模型化，即通过建立数学模型确定决策目标。根据决策目标的多寡，我们确定是进行单一目标决策还是多目标决策。特别是在多目标决策中，还应合理区分各目标间的优先级顺序及重要程度。

（2）确认并建立确定型决策的约束条件。有些确定型决策的问题要实现指标的最大化或最小化，需要有一定的限制条件，例如资源的限制。因此要寻找最优方案，必须建立约束条件，并在此基础上进行决策。

（3）求解最优方案。根据目标模型，考虑约束条件，求解确定型决策的优化解。

9.2　盈亏分析决策

一、线性盈亏分析法

（一）线性盈亏分析法的原理

线性盈亏分析法（linear breakeven analysis）是指在假定企业的总销售收益和总成本均是产量的线性函数的前提下，对企业总成本和总收益的变化作线性分析的一种方法。其目的是掌握企业经营的盈亏界限，确定企业的最优生产规模，使企业获得最大的经济效益，辅助企业做出合理的决策。

企业的总成本（总收益）和产量的关系可以用坐标图表示，如图 9-1：

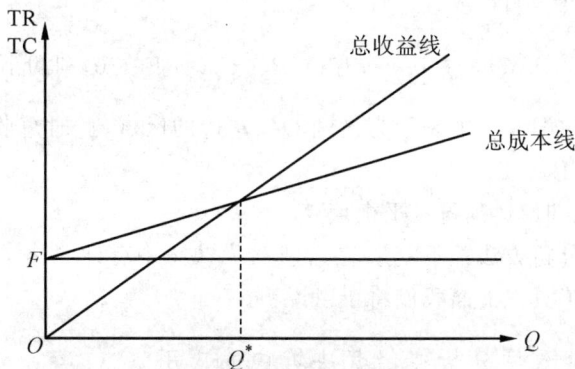

图 9-1　收益成本线

图 9-1 中，TR 表示总收益，TC 表示总成本，Q 表示销售量，F 表示不变成本。

由于前面假定总收益和总成本分别是销售量的线性函数，因此，图中两曲线都为直线，且相交于某点 Q^*。下面我们用数学方法对盈亏分析的原理进行阐述。

除了上述的几个变量，我们还引入价格 P 和单位可变成本 C_v。在图中，价格 P 表现为总收益线的斜率，单位可变成本 C_v 表现为总成本线的斜率。

我们进行盈亏分析的目的是掌握企业经营的盈亏界限，因此要考虑企业的利润。当企业利润为零时,说明此时盈亏平衡,这是一个临界点。下面我们将要找到这个使利润为零的点以及与它相关的一些变量关系。

根据公式:

$$利润 = 总收益 - 总成本$$

我们得到:

$$TR - TC = PQ - (F + C_v Q) = (P - C_v)Q - F$$

当达到盈亏平衡时,有利润等于零,即:

$$(P - C_v)Q - F = 0$$

此时得到盈亏平衡点上的产量 Q^*,解得:

$$Q^* = \frac{F}{P - C_v}$$

当 $Q > Q^*$ 时,$Q > \dfrac{F}{P - C_v}$,有 $Q(P - C_v) - F > 0$,利润大于零,说明此时企业盈利。在图 9-1 中表示为横轴 Q^* 右边的区域,此时总收益线在总成本线上方,即 $TR - TC > 0$。

当 $Q < Q^*$ 时,$Q < \dfrac{F}{P - C_v}$,有 $Q(P - C_v) - F < 0$,利润小于零,说明此时企业亏损。在图 9-1 中表示为横轴 Q^* 左边的区域,此时总收益线在总成本线下方,即 $TR - TC < 0$。

当 $Q = Q^*$ 时,达到盈亏平衡点。

线性盈亏分析方法并不复杂,在企业经营决策中有许多具体的应用,是进行决策的有用工具。下面我们将予以说明。

(二)线性盈亏分析在经营决策中的应用

1.设备更新决策

设备更新是企业经营过程中常常会碰到的问题。在决定是否进行设备更新之前需要注意:设备更新会带来产量的增加、效率的提高,但同时更新会引起固定成本的增加,因此设备更新有利有弊。在市场需求不变的情况下,如果更新后企业的盈利水平提高,那么更新设备是更好的决策,否则不应该更新设备。因此我们要利用盈亏分析方法找到更新后盈亏平衡点的产量,并依据实际需求进行决策。

【例 9-1】假设更新前固定成本 $F_1 = 3\,000$ 元,单位变动成本 $C_{v1} = 5$ 元,价格 $P = 10$ 元,那么根据盈亏分析法,此时的盈亏平衡点的产销量为:

$$Q_1^* = \frac{F_1}{P - C_{v1}} = \frac{3\ 000}{5} = 600(件)$$

如果现在进行设备更新,新设备购置需要 1 000 元,单位变动成本下降为 $C_{v2} = 3$ 元,价格不变,那么根据盈亏分析法,此时的盈亏平衡点的产销量为:

$$Q_2^* = \frac{F_2}{P - C_{v2}} = \frac{3\ 000 + 1\ 000}{10 - 3} = 571(件)$$

更新后的盈亏平衡产量低于更新前的盈亏平衡产量,说明企业抗风险的能力增强。我们用图 9-2 来反映上面的分析。

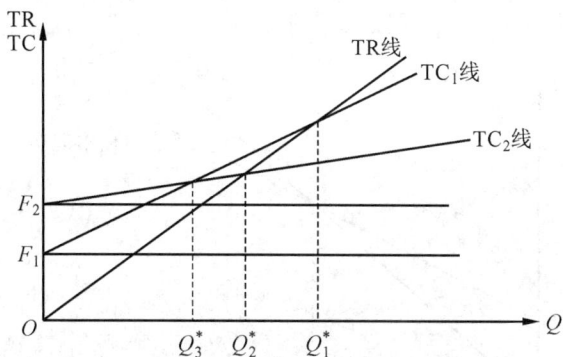

图 9-2 设备更新的线性盈亏分析图

图中的 Q_3^* 表示设备更新前和更新后总成本相等时的产销量。

当 $Q > Q_3^*$ 时,更新后的总成本低于更新前的总成本。Q_3^* 可以这样求得:

$$F_1 + QC_{v1} = F_2 + QC_{v2}$$

$$Q_3^* = \frac{F_2 - F_1}{C_{v1} - C_{v2}} = \frac{1\ 000}{5 - 3} = 500(件)$$

从图 9-2 中可知,$Q_2^* < Q_1^*$。若市场销售量大于 Q_2^*,那么更新设备后的利润将超过不更新时的利润;若市场销售量小于 Q_2^*,那么更新设备也无法扭亏为盈,此时若有 $Q_3^* < Q < Q_2^*$,虽然更新设备同样得不到正的利润,但更新设备后的总成本要低于更新前的总成本,亏损要少于更新前的亏损。

因此,我们做出以下决策:

若 $Q > Q_2^*$,则更新设备;若 $Q < Q_3^*$,则保留原设备;若 $Q_3^* < Q < Q_2^*$,则需要根据实际情况再进行分析确定,如果预测该产品未来有好的销路,即"朝阳产品",那么此时可以进行设备更新。

假设已知此时该产品的销售量为 610 件,那么选择更新设备是较好的方案。

2.自制或外购的决策

生产经营过程中经常会碰到类似这样的问题:假设企业需要某种设备或某款配件,可以选择从别的企业买入,或者自己制造以满足需要。

现在我们可以用盈亏分析的方法来对方案进行选择。

假设该设备(或配件)从外面买入的单位价格为 P 元,自己制造需要固定成本 F 元,单位变动成本 C_v 元,依照盈亏分析的原理,我们需要找到的是:使外购成本与自制成本相等的临界点,并求出该平衡点上的需求量或产量,从而根据实际情况进行决策。如图 9-3 所示。

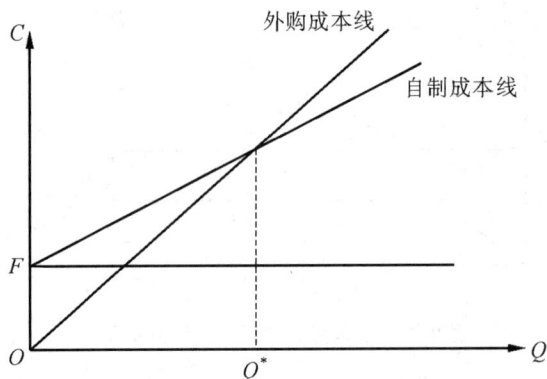

图 9-3　自制或外购的线性盈亏分析图

从图 9-3 可以看出,外购成本线与自制成本线在某一点上相交,二者相等,对应的产量或需求量为 Q^*。求解 Q^* 如下:

$$PQ = F + QC_v$$

$$Q^* = \frac{F}{P - C_v}$$

从公式上看,这里的求解与之前的结果一样,但值得注意的是,这里的 P 不再是产品出售价格,而是设备买入价格。这里求解的平衡临界点是为了衡量自制或外购两种决策带来的成本的大小。

根据决策目标,应选择成本最小的方案。当 $Q < Q^*$ 时,外购成本低于自制成本,选择外购是最优方案;当 $Q > Q^*$ 时,自制成本低于外购成本,选择自己生产该设备(或配件)是最优方案。

【例 9-2】某厂生产某种产品,每年需要某种螺丝18 000 个。如果从外购置,每个价格为 0.2 元;若自己生产则需固定成本2 000 元,单位可变成本 0.1

元。试问该厂要如何决策?

解:根据盈亏分析方法,可以计算盈亏平衡点产量:

$$Q^* = \frac{F}{P - C_v} = \frac{2\ 000}{0.2 - 0.1} = 20\ 000(\text{个})$$

这说明,只有当该厂对该螺丝的需求量超过了20 000个,自制才是最优策略,否则应该选择外购。根据实际情况,该厂的现实需求是18 000个螺丝,因此外购是最优策略。

3.生产规模最优决策

企业投产的时候会涉及生产规模的问题,一方面生产规模受市场需求的影响,另一方面生产规模也会影响企业在设计生产流程方面的决策问题。我们可以用盈亏分析法对此类问题进行决策。

【例9-3】某化工厂有三种方案购置生产设备:第一种,从国外引入生产线,固定成本为800万元,生产产品的单位可变成本为10元;第二种,采用国内同类企业通用的流程设备,固定成本为500万元,生产产品的单位可变成本为12元;第三种,采用自动化程度较低的国产设备,固定成本为300万元,生产产品的单位可变成本为15元。试确定不同生产规模的最优方案。

这里盈亏分析的目的是两两比较规划方案,找到方案间临界点对应的生产规模,然后根据实际的情况做出决策判断。下面我们先列举各方案的成本,找到临界点。

各方案的总成本如下:

$$TC_1 = F_1 + QC_{v1} = 800 + 10Q$$
$$TC_2 = F_2 + QC_{v2} = 500 + 12Q$$
$$TC_3 = F_3 + QC_{v3} = 300 + 15Q$$

我们可以将三个方案的成本线绘制在坐标图上,如图9-4所示。

从图9-4我们可以看出,三条成本线分别相交于 A 点、B 点和 C 点。我们对这些交点分析如下:

A 点:方案二与方案三的成本线交点

$$TC_2 = TC_3$$

$$F_2 + QC_{v2} = F_3 + QC_{v3} \Rightarrow Q^* = \frac{F_2 - F_3}{C_{v3} - C_{v2}} = \frac{200}{3}(\text{万件})$$

B 点:方案一与方案三的交点

要求出该点并不难,但我们观察到,该点位于 A 点和 C 点之间,不管产量是在该临界点的左边还是右边,我们的决策都不会出现变化(在这段区域内,

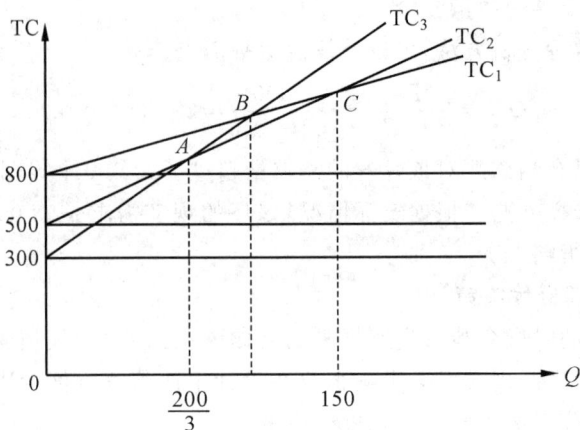

图 9-4 最优生产规模的线性盈亏分析图

成本线最低的始终是方案二)。因此该交点可以不讨论,这里我们可以不求出其具体值。

C 点:方案一与方案二的交点

$$TC_2 = TC_1$$

$$F_2 + QC_{v2} \Rightarrow Q^* = \frac{F_1 - F_2}{C_{v2} - C_{v1}} = \frac{300}{2} = 150(万件)$$

从图上看出,A 点和 C 点将产量分为三段,当 $Q < \dfrac{200}{3}$ 时,第三种方案的总成本最低,是最优方案;当 $\dfrac{200}{3} < Q < 150$ 时,第二种方案的总成本最低,是最优方案;当 $Q > 150$ 时,第一种方案的总成本最低,是要选择的最优方案。

因此,若现在通过市场调研,未来一段时间市场对该产品的需求量很大,约为 160 万件,那么最优决策方案是引入国外生产线,规模化生产使成本降低。

二、非线性盈亏分析

在本节的第一部分,我们介绍了线性盈亏分析的原理及应用。我们在讨论中始终假定成本和收益是产量的线性函数,同时假定产品的价格固定不变,因而收益曲线的斜率不变。但在现实生活中,成本结构是比较复杂的,不可能与产量呈简单的成比例增长关系;另外产品的价格也会随着市场需求、产品供给状况等而变化。这些情况在坐标图上反映为成本线和收益线呈曲线状态，它们与产量是非线性关系。因此，我们就有必要讨论非线性盈亏分析。

根据经济学上的原理，我们假设总收益和总成本与产量之间是二次曲线关系：

$$TR = a_1 Q + a_2 Q^2$$
$$TC = F + b_1 Q + b_2 Q^2$$

在坐标图中可表示为如图 9-5 所示的关系：

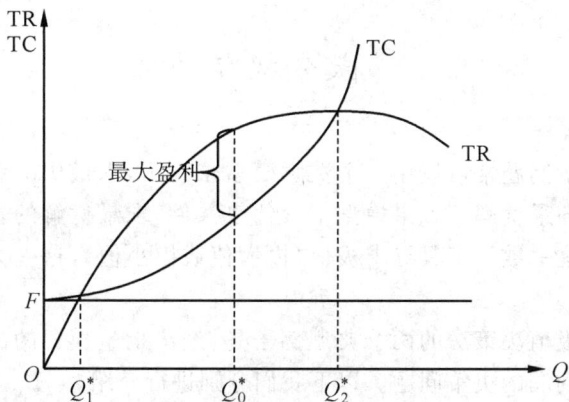

图 9-5　非线性盈亏分析图

总收益曲线和总成本曲线相交于两点，分别对应两个平衡点产量。

$$TR = TC$$
$$a_1 Q + a_2 Q^2 = F + b_1 Q + b_2 Q^2$$
$$(a_2 - b_2) Q^2 + (a_1 - b_1) Q - F = 0$$

解这个二元一次方程，会得到两个解 Q_1^* 和 Q_2^*，分别称为第一盈亏点和第二盈亏点。

当 $Q < Q_1^*$ 或 $Q > Q_2^*$ 时，成本线在收益线之上，企业亏损；当 $Q_1^* < Q < Q_2^*$ 时，成本线在收益线之下，企业盈利。

由于曲线的特点，我们通过求导的方法得出企业的最大盈利点，实际上这种方法是下一节我们要讨论的问题，这里先大致介绍：

利润 $PR = TR - TC = (a_2 - b_2) Q^2 + (a_1 - b_1) Q - F$

令 $\dfrac{dPR}{dQ} = 2(a_2 - b_2) Q + (a_1 - b_1) = 0$，可求得：

$$Q_0^* = \frac{b_1 - a_1}{2(a_2 - b_2)}$$

此时得到的最大利润值为：

$$PR^* = (a_2 - b_2)Q_0^{*2} + (a_1 - b_1)Q_0^* - F$$

此时的 Q_0^* 称为使企业利润达到最大的最优生产规模。这里用的是微分极值方法，对目标函数求一阶导数，利用高等数学的知识求极值，得到目标值。

9.3   微分极值决策

确定型决策问题常可以用一个数学模型来表示，求最优决策归结为寻求这一数学模型的最优解。如果模型不含约束条件，求最优解的基本方法是直接利用求微分这一数学工具寻求极值（极大值或极小值），这一方法称为微分极值决策法。

应用微分极值决策法的两个典型例子是：经济批量模式的决策问题和边际分析求最大利润的决策问题。以下我们分别进行介绍。

一、经济批量的决策

经济批量决策包括：经济生产批量决策和经济采购批量决策。一般产品在生产之前，都会依据客户的订单需求或潜在需求给出一定的生产计划，即在一定生产时期内的生产总量，但由于库存、生产条件等各方面原因，一般工厂会分批生产。经济生产批量决策要解决的问题是，这些产品计划量要分几批生产，每批的产量是多少，从而最大限度地节省企业的生产准备费和产品库存费之和。如果说经济生产批量决策是站在卖方角度考虑，那么经济采购批量决策则是站在买方的角度上，最大限度地节省企业的采购成本，包括运输费、库存费等。

以下我们以经济生产批量决策为例说明经济批量的决策方法。

假设 Q 代表全年的计划产量（件），C_1 代表每次更换工装调整设备费用，C_2 代表每单位产成品、在产品的储存费用，C_3 代表单位产品其他费用，C 代表总费用，q 代表最佳生产批量，我们可以得到：

$$\frac{生\ 产}{总费用}=\frac{更换工装调整}{设\ 备\ 费\ 用}+\frac{产成品和在产品的}{储\ 存\ 费\ 用}+\frac{其\ \ \ 他}{生\ 产\ 费\ 用}$$

由于单位生产批量为 q，那么生产的批次为 $\dfrac{Q}{q}$。假设该企业产品畅销，则

平均产成品和在产品的储存量为 $\dfrac{q}{2}$。符号表示上面的等式有：

$$C=C_1\frac{Q}{q}+C_2\frac{q}{2}+C_3Q$$

现在我们的目标是：如何使总费用最小，并求得此时的 q。问题归结为，当 q 取多少时，总费用 C 最小。

用微分法求解最佳的 q，有：

$$\frac{\mathrm{d}C}{\mathrm{d}q}=-\frac{C_1Q}{q^2}+\frac{C_2}{2}=0$$

$$q=\pm\sqrt{\frac{2C_1Q}{C_2}}$$

由于从经济意义上讲，产量不可能为负值，因此最佳的生产批量应为

$q=\sqrt{\dfrac{2C_1Q}{C_2}}$，该生产批量使总费用最小。

从这里可以看出，利用微分极值法进行决策的关键是依据现实问题写出数学模型，然后再用微分极值原理求值，得到最佳方案。

【例 9-4】某工厂生产某种机械产品，安排年度生产总量为 18 000 台，经估计，生产这种产品每次更换调整设备的费用为 400 元，每台在产品储存费用为 10 元，每台的其他生产费用为 500 元。为了使总费用最小，如何选择生产批量？

解：依题意，更换设备费用 $C_1=400$ 元，储存费用 C_2 为 10 元，其他生产费用 C_3 为 500 元，且总产量要达到 18 000 台，那么根据微分极值法的公式，我们得到：

$$q=\sqrt{\frac{2C_1Q}{C_2}}=\sqrt{\frac{2\times400\times18\ 000}{10}}=1\ 200(台)$$

最佳批次为：$\dfrac{Q}{q}=\dfrac{18\ 000}{1\ 200}=15(次)$

此时的总费用为：$C=C_1\dfrac{Q}{q}+C_2\dfrac{q}{2}+C_3Q=901.2(万元)$

二、边际分析的决策

经济学中的"边际"实际上是单位增量的意思,边际分析是反映函数关系中自变量一单位的变化对因变量的影响。例如在成本函数中,边际成本的含义是指产量变动一个单位对成本的影响。

在经济决策中,利润是一个重要的经济效益指标,我们通常会利用利润函数来考虑其他自变量变动对利润的影响,从而获得利润的极值。

设 TR 为总收益函数;TC 为总成本函数;Q 为产销量,即决策变量;PR 为总利润函数。和之前的讨论一样,TR 和 TC 都是 Q 的函数,因此有:

$$PR(Q) = TR(Q) - TC(Q)$$

根据极值原理,当 $\dfrac{dPR}{dQ} = \dfrac{dTR}{dQ} - \dfrac{dTC}{dQ} = 0$ 时,求得的 Q^* 可以使 PR 取得极值;特别地,当 $\left. \dfrac{d^2PR}{dQ^2} \right|_{Q=Q^*} < 0$ 时,PR 取得极大值。那么 Q^* 为使利润最大的最优生产(销售)规模。

我们再回过头来看利润对产量求微分的式子,有:

$$\frac{dPR}{dQ} = \frac{dTR}{dQ} - \frac{dTC}{dQ} = 0 \Rightarrow MPR = 0$$

$$\frac{dTR}{dQ} = \frac{dTC}{dQ} \Rightarrow MR = MC$$

上式中,MPR 表示为边际利润,MR 表示为边际收益,MC 表示为边际成本。因此,当边际利润为零,即边际收益等于边际成本时,利润达到最大。这也是微观经济学中的一个重要原理。

【例 9-5】某企业生产一种产品,固定成本 $F = 3$ 万元,单位变动成本 $C_v = 35$ 元(其中原料成本为 20 元,其他成本为 15 元),产品在市场上的售价 P 为 70 元。现在由于原材料生产成本降低,因此原料成本下降为 $20 - 0.001Q$ 元,产品价格由于有同类竞争者介入而下降为 $70 - 0.004Q$ 元,试确定最优产量方案,使企业的该种产品利润最大。

解:根据题意,可列出总利润函数、总收益函数和总成本函数分别为:

$$TR = PQ = (70 - 0.004Q)Q = 70Q - 0.004Q^2$$

$$TC = F + QC_v$$

$$= 30\,000 + (15 + 20 - 0.001)Q$$

$$= 30\,000 + 35Q - 0.001Q^2$$

可进一步推得：

$$MR = \frac{dTR}{dQ} = 70 - 0.008Q$$

$$MC = \frac{dTC}{dQ} = 35 - 0.002Q$$

由前面可知，当 MPR 为零时，边际收益等于边际成本。因此，有：

$$MR = MC \Rightarrow 70 - 0.008Q = 35 - 0.002Q$$

从而可以求得，$Q^* = \dfrac{35}{0.006} = 5\,833$（件）

即当产量为 5 833 件时，企业利润最大，获利为：

$$PR = -30\,000 + 35Q^* - 0.003Q^{*2} = 72\,083.33（元）$$

9.4　线性规划决策法

在生产和经营等管理工作中，常常出现这样的问题：在有限项资源条件，如人力、物力、财力的限制下，如何确定方案，使预期目标达到最优。例如，某企业生产两种产品，已知用于各种产品生产的设备运行状况如下，生产一件 A 产品需要设备运行 6 小时，生产一件 B 产品需要设备运行 8 小时，且该设备每天的可运行能力为 20 小时，同时我们也知道了各产品的利润情况，那么现在的决策问题是，如何在正常运转设备的条件下，合理分配 A，B 产品的产量，从而使产品利润最大。

与之前我们讨论过的问题类似，此时的决策目标也很明确，但与之前不同的是，要达到经济效益最大，这时出现了多个约束条件。盈亏方法和微分极值方法不一定能解决这类问题，为此我们引入了线性规划决策方法。

线性规划问题的数学模型需要满足以下条件：

（1）决策变量的取值是连续的。所谓决策变量是问题中要确定的未知量，如上例中的 A，B 产品的产量，它用以表明规划中的用数量表示的方案或措施，可由决策者决定和控制。

（2）目标函数是决策变量的线性函数。根据优化的目标不同，我们可以对目标函数求极大或极小值。

（3）约束条件是含决策变量的线性等式或不等式，所谓约束条件是指决策变量取值时受到各种资源条件的限制。

一般线性规划的求值方法有图解法、单纯形法等,由于在运筹学中规划问题有很详细的论述,本书不重点讨论。我们只举一例子,让读者有初步的认识,有兴趣的读者可以参阅相关教材。

【例9-6】某公司计划制造A,B两种产品,其利润分别为每件2元和每件1元,每种产品的生产需使用三种不同设备,已知各类设备每日生产各种产品所需的时间,以及每日各类设备的最大生产能力,具体如表9-1所示:

表 9-1　设备运行状况

设备	生产各种产品所需时间(件/时)		每台设备的可用时间(时)
	A	B	
1	0	5	15
2	6	2	24
3	1	1	5

试问如何安排每日的各种产品产量,以使获取的利润最大?

解:我们的决策变量为各产品的产量,分别设为 A 产品 x_1 件,B 产品 x_2 件。首先,建立数学模型。

(1)目标函数为:$Z = 2x_1 + x_2$

(2)建立约束条件不等式:

根据已知条件,我们知道各设备的最大限用时间,可以得到下述约束方程:

$$\begin{cases} 0x_1 + 5x_2 \leqslant 15 \\ 6x_1 + 2x_2 \leqslant 24 \\ x_1 + x_2 \leqslant 5 \\ x_1 \geqslant 0, x_2 \geqslant 0 \end{cases}$$

因此,我们要求出一解 (x_1^*, x_2^*) 能满足以上的约束条件,并使目标函数 Z 达到最大。

其次,我们来求最优解。

先引入松弛变量 x_3, x_4, x_5,将上面的不等式约束条件转化为等式方程,有:

$$\begin{cases} 0x_1 + 5x_2 + x_3 = 15 \\ 6x_1 + 2x_2 + x_4 = 24 \\ x_1 + x_2 + x_5 = 5 \\ x_1 \geqslant 0, x_2 \geqslant 0, x_3 \geqslant 0, x_4 \geqslant 0, x_5 \geqslant 0 \end{cases}$$

此时的目标方程变为：

$$Z = 2x_1 + x_2 + 0x_3 + 0x_4 + 0x_5$$

我们同样要使目标方程最大。然后运用单纯型法求解最优策略，求解步骤略。

可以求得结果是：$(x_1^*, x_2^*) = (3.5, 1.5)$，即生产3.5单位A产品和1.5单位B产品，可以使目标利润函数达到最大，$Z_{\max} = 8.5$ 元。

9.5　微分极值法决策案例

【例9-7】假定某类产品的经济总收益在产量 Q 小于 Q_0 时，它的收益随产量上升而上升，但当产量超过 Q_0 以后，它就有所下降，而且产量越大效益下降得越快，因此可以推测该产品的总收益与产量是非线性关系。

现假定总收益曲线满足下述非线性方程：

$$TR = 10Q - 0.5Q^2$$

又已知产品的总成本与产量的关系为：当产量达到 Q_0' 之前，产量增加，总成本减少，说明规模效益发挥作用；当产量超过 Q_0' 后，总成本随产量的增加而逐渐上升。具体的总成本曲线为：

$$TC = 15 - 10Q + 0.5Q^2$$

试问如何确定产品产量，分别使产品的总收益达到最大，使产品的总成本达到最小，并确定产品的盈利区间及最大盈利点。

（1）确定使总收益最大的产量

从 $TR = 10Q - 0.5Q^2$ 这一曲线方程，知道在某一产量点上可以使总收益达到最大。根据微分极值法，对总收益曲线求关于产量的一阶导数，有：

$$\frac{dTR}{dQ} = \frac{d(10Q - 0.5Q^2)}{dQ} = 10 - Q$$

令一阶导数为零，即 $\dfrac{dTR}{dQ} = 10 - Q = 0$，可解得曲线的驻点为：

$$Q_1^* = 10$$

我们可以通过求曲线的二阶导数，来判断该点的极值性质（极大或极小），由于

$$\frac{d^2 TR}{dQ} = \frac{d(10 - Q)}{dQ} = -1 < 0$$

说明该点上的极值为极大。因此,产量 $Q_1^* = 10$ 是使产品总收益最大的产量。

(2) 确定使总成本最小的产量

从 $\mathrm{TC} = 15 - 10Q + 0.5Q^2$ 这一曲线方程,知道在某一产量点上可以使总成本达到最小。

根据微分极值法,对总成本曲线求关于产量的一阶导数,有:

$$\frac{\mathrm{dTC}}{\mathrm{d}Q} = \frac{\mathrm{d}(15 - 10Q - 0.5Q^2)}{\mathrm{d}Q} = -10 + Q$$

令一阶导数为零,有 $\frac{\mathrm{dTC}}{\mathrm{d}Q} = -10 + Q = 0$,求得 $Q_2^* = 10$。

同样,求二阶导数,有 $\frac{\mathrm{d}^2\mathrm{TC}}{\mathrm{d}Q^2} = \frac{\mathrm{d}(-10 + Q)}{\mathrm{d}Q} = 1 > 0$,说明该点上的极值为极小。

因此,产量 $Q_2^* = 10$ 是使产品总成本最小的产量。

(3) 确定盈利区间及最大盈利点

通过总收益曲线和总成本曲线求利润曲线,有:

$$\mathrm{PR} = \mathrm{TR} - \mathrm{TC} = 10Q - 0.5Q^2 - (15 - 10Q + 0.5Q^2)$$
$$= -Q^2 + 20Q - 15$$

从上式可以看出,利润曲线也是关于产量 Q 的二次曲线,盈利区间的存在说明在某两个产量区间内利润大于零。

因此,我们由 $\mathrm{PR} = -Q^2 + 20Q - 15 \geqslant 0$,求得当 $0.78 \leqslant Q \leqslant 19.22$ 时,利润大于等于零,$Q_1 = 0.78$,$Q_2 = 19.22$ 分别是产品盈亏的上下临界点。该产品的盈利区间为 $(0.78, 19.22)$,该区间以外为亏损区域。

对方程

$$\frac{\mathrm{dPR}}{\mathrm{d}Q} = \frac{\mathrm{d}(-Q^2 + 20Q - 15)}{\mathrm{d}Q} = -2Q + 20 = 0$$

求解,可得盈利区间内的最高盈利点为 $Q^{**} = 10$,且有 $\frac{\mathrm{d}^2\mathrm{PR}}{\mathrm{d}Q^2} = \frac{\mathrm{d}(-2Q + 20)}{\mathrm{d}Q} = -2 < 0$。因此当产量为 10 时,产品利润最大,盈利最多。

思考与练习

1. 什么是线性盈亏平衡分析? 在现实经营过程中,该方法有哪些具体应用?

2. 某电视机生产企业,固定成本为 20 万元,每台电视机可变成本为 2 500元,每台价格为 6 000 元,试求盈亏平衡点的产量和盈亏平衡点的销售额。若此时该电视机厂销售量为700台,企业盈亏状况如何?

3.某制造商面临是否更新设备的抉择。已知某设备更新前,产品的固定成本为10万元,单位变动成本为200元;若进行更新,产品的固定成本为16万元,单位变动成本为160元,此时产品的市场售价为240元/件。假设预期该产品销售量为1 400件,该制造商是否应进行设备更新?如果产品预期销售量为2 100件,又该如何决策?

4.某汽车制造企业生产一款新式轿车,需要某种新部件。若从外厂购置,每件购置费20元,若自己制造则需引入新设备,该设备为100万元,每件可变成本为15元。试问,若生产每辆汽车需使用该种部件10件,市场预售汽车1.5万辆,该如何决策?

5.为了生产某种产品,有三种建厂方案,甲种方案:实现自动化生产,固定成本为1 000万元,产品每件可变成本为8元;乙种方案:采用国产设备实现半自动化生产,每件可变成本为10元,固定成本为800万元;丙种方案:手工生产,每件可变成本为15元,固定成本为500万元。试确定不同生产规模的最优方案。

6.确定经济生产批量:假设某塑料制品厂全年的计划产量为20万件,每次更换工装调整设备的费用为2 000元,每件产成品、在产品的储存费用为5元,单位产品其他费用为10元。为了使总费用最小,如何选择经济批量?并计算总费用。

7.确定最大利润产量。假定某种产品的总收益曲线可以表示为 $TR = 150Q - 0.2Q^2$,总成本曲线可以表示为 $TC = 3\,000 - 120Q + 0.1Q^2$,试用微分极值法,求如何生产该产品以获得最大利润,并求其盈利区间。

8.某厂同时生产A,B两种产品,每月的电力消耗量不超过240千瓦·时,设备不超过150台·时,每吨产品的电力、设备台时消耗定额如下表:

资源属性	产品A	产品B	资源限额
电力	3	8	240
设备	6	3	150

产品A每吨可获利2 000元,产品B每吨可获利4 000元,问两种产品各生产多少吨,可使企业在充分利用资源的条件下获利最多?(选做题:可用图解法求得)

第十章 非确定型决策

　　非确定型决策是指决策者对未知事件的自然状态有两种理解：一种是决策者面临的是多种可能的自然状态，可选方案在不同自然状态下的结果不同，未来会出现哪一种自然状态，事前虽难以肯定，但却可以预测其出现的概率，在这种情况下所做的决策被称为风险型决策；另一种与风险型决策条件基本相似，不同的只是不能预测未来自然状态出现的概率，因而不确定因素更多，决策风险更大，在这种情况下所做的决策被称为不确定型决策。本章对不确定型决策和风险型决策进行介绍和比较。

10.1　不确定型决策

　　当决策者只能掌握可能出现的各种状态，而各种状态发生的概率无从知晓时，这类决策就是不确定型决策，或叫概率未知情况下的决策。不确定型决策由于有关因素难以计算，因此很大程度上取决于决策者的经验、判断、估计和胆识，其选择带有很大的主观性。本节针对不确定型问题介绍五种常见的决策方法。为简明起见，以下方法通过具体例子展开。

　　【例 10-1】设某数码相机企业有三种建设策略，分别为 D_1（建设大型工厂）、D_2（建设中型工厂）、D_3（建设小型工厂），不论以哪一种策略建厂，将来都会面临畅销、平销、滞销三种情况之一，但是现在不能预测未来的销售情况属于哪种类型。在每种市场状况下的盈亏情况可估计如表 10-1。

表 10-1　收益值矩阵表

单位:万元

	θ(1)畅销	θ(2)平销	θ(3)滞销
D₁(建设大型工厂)	200	100	−20
D₂(建设中型工厂)	150	120	20
D₃(建设小型工厂)	100	70	40

对于该例,本节按照以下五种决策方法予以讨论。

一、乐观决策准则

乐观决策准则也称为"好中求好"决策准则,或称"最大最大"决策准则。这种决策准则就是充分考虑各种可能出现的最大利益,在各最大利益中选取最大者,将其对应的方案作为最优方案。这种决策准则的基础就是决策者感到前途是乐观的,有信心取得最佳的结果。

现以表 10-1 中的数据进行计算,其具体步骤为:

首先,将每种方案在各种市场状态下的收益(或损失值)以表格形式表现出来,如表 10-2 所示。

表 10-2　收益矩阵表

单位:万元

	θ(1)畅销	θ(2)平销	θ(3)滞销	max	min
D₁(建设大型工厂)	200	100	−20	200	−20
D₂(建设中型工厂)	150	120	20	150	20
D₃(建设小型工厂)	100	70	40	100	40

其次,将每种方案在各种市场状态下的最大收益值计算出来,见表 10-2 中的 max 一列。

最后,取 max 列中的最大值[max(200,150,100)]对应的方案 D₁ 为决策行动方案,即建设大型工厂。

如果决策矩阵表是损失矩阵,则应采取"最小最小"决策准则,即先得出各方案中在各种自然状态下的最小损失值,最小损失值中的最小值所对应的方案为最佳决策方案。

二、悲观决策准则

悲观决策准则也称为"坏中求好"决策准则，或者"小中取大"准则。这种决策准则就是充分考虑可能出现的最坏情况，从每个方案的最坏结果中选择一个最佳值，将其对应的方案作为最优方案。其基本思想和步骤为：

先求出每种方案在各种市场状态下的最小收益值，见表10-2中的min一列。

最后取 min 列中的最大值[$\max(-20,20,40)$]所对应的方案 D_3 为决策行动方案，即修建小型工厂。

三、赫威兹（Hurwicz）决策准则

赫威兹准则又称为乐观系数决策法，它的基本原则是对未来的情况既不过分乐观，也不极端悲观。它是以一个乐观系数 α 表示决策者的乐观程度，$0 < \alpha < 1$。α 越趋近1，则表示决策者对状态的估计越乐观，反之越悲观。α 的大小依不同的决策对象而定，是一个经验数字。那么，用该种方法进行决策时，各种策略的期望收益可按下述公式计算：

$E(D_i) = \alpha \times$ 方案 i 的最大收益值 $+ (1 - \alpha) \times$ 方案 i 的最小收益值

决策准则是期望收益最大者为最优策略，即：

$$E(D_*) = \max_{D_i}[E(D_i)]$$

以上公式中，D_i 为各种方案，D_* 为期望收益最大的方案。表 10-3 为赫威兹决策计算表。

表 10-3　赫威兹决策计算表

	最高收益(H)	最低收益(L)	期望收益 $E(D)$,$\alpha = \dfrac{3}{5}$ $E(D_i) = \alpha H_i + (1 - \alpha) L_i$
D_1（建设大型工厂）	200	-20	112
D_2（建设中型工厂）	150	20	98
D_3（建设小型工厂）	100	40	76

在决策收益中，D_1 的决策收益最大，故而最优策略为 D_1，即建立大型工厂。

四、等概率决策法

不确定型决策的最大特点是不知道各种自然状态出现的概率是多大。既然如此,我们可以假设每种市场状态发生的可能性是完全相等的,计算出各个行动的期望收益值。而其中具有最大期望收益值的方案即最优方案。这种方法为等概率决策法。

如表 10-1 中的数据,市场状态的畅销、平销和滞销发生的概率相等,都是 1/3,那么各方案的期望收益如下:

$$E(D_1) = \frac{1}{3} \times 200 + \frac{1}{3} \times 100 - \frac{1}{3} \times 20 = 93.33(万元)$$

$$E(D_2) = \frac{1}{3} \times 150 + \frac{1}{3} \times 120 + \frac{1}{3} \times 20 = 96.67(万元)$$

$$E(D_3) = \frac{1}{3} \times 100 + \frac{1}{3} \times 70 + \frac{1}{3} \times 40 = 70(万元)$$

D_2 的期望收益最大,故而决策方案 D_2,即建立中型工厂为最优策略。

五、最小最大后悔值法

在不确定型决策中,由于各种自然状态的出现概率无法计算,所以一旦决策付诸实践,必然会处在实际出现的某种自然状态之中。若所选方案不是实际上的最优方案,决策者就会感到后悔。后悔值是所选方案的收益值与该状态下真正的最优方案的收益值之差。该方法的基本原理是决策者先计算出各方案在不同自然状态下的后悔值,然后分别找出各方案对应不同自然状态下的后悔值中的最大值,最后从这些最大后悔值中找出最小的最大后悔值,将其对应的方案作为最优方案。具体步骤如下:

首先列出各种市场情况的最高收益,见表 10-4。

表 10-4 各种市场情况的最高收益表

市场情况	θ(1)畅销	θ(2)平销	θ(3)滞销
最高收益	200	120	40

然后计算各种市场情况的后悔值,见表 10-5。

表 10-5　　后悔值计算表

	θ(1)畅销	θ(2)平销	θ(3)滞销	max
D₁(建设大型工厂)	$200-200=0$	$120-100=20$	$40-(-20)=60$	60
D₂(建设中型工厂)	$200-150=50$	$120-120=0$	$40-20=20$	50
D₃(建设小型工厂)	$200-100=100$	$120-70=50$	$40-40=0$	100

最后取 max 列中的最小值[min(60,50,100)]对应的方案为决策行动方案,即修建中型工厂为最优决策方案。

六、不同决策准则的比较和选择

通过以上分析可以看出,对于同一问题采取不同的策略得到的方案是不一样的。决策者的主观意识、心态等因素都会影响决策方案的选定。我们不能从理论上分辨出各种方法孰优孰劣,但是我们在运用各种方法时,应该充分考虑到客观条件。一般对于规模较小、承担不起大风险的企业,对未来信心不足或者比较保守的决策者来说较多采取悲观决策法。而对未来的发展形势很乐观,有充分的信心取得理想结果,较多采取乐观决策法。对未来的形势保持中性看法的决策者多采取赫威兹决策法。最大最小后悔值决策法多用于那些对决策失误的后果看得比较重的决策者。

10.2　风险型决策

风险型决策,是指决策者对未来情况无法做出肯定的判断,但是可以预测不同自然状态发生的概率以及条件收益。这样决策者采取的每一种策略的预测结果都是用不同自然状态出现的概率表示的,因此不管决策者采取哪一种行动方案,都要冒一定的风险,所以这种决策属于风险型决策。

一、期望值决策法

(一)期望值决策法的定义

期望值决策法是风险型决策法中最简单、最方便的方法,是运用概率分析法确定投资项目的各种方案期望值作为实际值的代表,根据决策指标的期望值的大小来进行投资决策的方法。

（二）期望值决策法的计算步骤

该方法一般分为以下四个步骤:

(1) 根据有关资料,确定不同自然状态 θ_j 及其发生的概率 $P(\theta_j)$。

(2) 估计各种方案 D_i 在各种状态下的收益值(损失值) L_{ij}(L_{ij} 表示第 i 个方案在第 j 种自然状态下的收益值)。

(3) 计算每种方案的期望损益值 $E(D_i)$。

$$E(D_i) = \sum_{j=1}^{m} L_{ij} P(\theta_j)$$

(4) 做出决策。

若决策目标是期望获得最大利润,则取期望收益最大值为决策目标。

$$E(D_*) = \max_{D_i}[E(D_i)]$$

若决策目标是期望获得最小成本,则取期望成本最小值为决策目标。

$$E(D_*) = \min_{D_i}[E(D_i)]$$

【例 10-2】某企业计划推出一款新型产品,企业的备选方案有三种。一是建立新型的生产线,投入的成本最大,但产出最高;二是改造原来的生产线,投入的成本比新建生产线少,产量也会相应少一些;三是继续使用原来的生产线,不会投入相应的成本,产量最少。根据市场需求分析和估计,产品畅销、平销、滞销的概率分别为 0.3,0.5,0.2。根据产量和销售量的不同,企业面临的盈利情况也有所不同,如表 10-6 所示:

表 10-6　收益矩阵表

单位:万元

市场情况	概率	收益		
		D_1(新建生产线)	D_2(改建生产线)	D_3(原有生产线)
$\theta(1)$畅销	0.3	50	30	10
$\theta(2)$平销	0.5	15	20	10
$\theta(3)$滞销	0.2	−10	0	10

计算各方案的期望收益值:

$$E(D_1) = 0.3 \times 50 + 0.5 \times 15 - 0.2 \times 10 = 20.5(万元)$$

$$E(D_2) = 0.3 \times 30 + 0.5 \times 20 + 0.2 \times 0 = 19(万元)$$

$$E(D_3) = 0.3 \times 10 + 0.5 \times 10 + 0.2 \times 10 = 10(万元)$$

根据决策准则进行决策,期望收益最大者为最优策略,则

$$E(D_*) = \max_{D_i}[E(D_i)] = 20.5(万元)$$

故而最优策略是 D_1,即新建一条生产线路。

二、决策树法

(一)决策树法的定义

决策树法是对风险决策时常用的一种图解法。它是把各种备选方案、可能出现的自然状态及各种损益值简明地绘制在一张图上,用树形图进行决策。用决策树可以使决策问题形象化。

(二)决策树法的计算步骤

该方法一般分为以下四个步骤:

(1)通过调查研究得出相关资料,列出损益表,计算各种策略下的期望值。

(2)按决策过程将决策的基本要素以树形的结构绘制成图。

图 10-1 中,R 表示决策点(树根),以"□"所示;从决策点引出 n 条直线,每一条直线表示一个可供选择的方案,称作方案枝;$H_i(i = 1,2,\cdots,n)$ 表示策略点(节点),以"○"表示;从每个策略点引出 m 条直线表示 m 种自然状态,称作概率枝,每条概率枝都应标出该种自然状态 Q_j 出现的概率 $P_j(j = 1,2,\cdots,m)$,末端 V_{ij} 表示第 i 种方案在第 j 种状态下的损益值。

(3)按决策树的结构计算各决策方案枝的期望收益值或期望损失值,其计算公式为:

$$E(H_i) = \sum P_j V_{ij} \qquad (i = 1,2,\cdots,n)$$

(4)按照决策准则进行比较,用反推决策树方式进行分析,并作剪枝决策,最后选定合理的最佳方案。在未被选取的方案枝上画上"‖"号,表示剪掉,最后决策点只留下一条树枝,即为决策中的最优方案。

决策树实际上是期望损益值法的一种图示,它的优点是:一方面它能够形象、明确地表示出各个方案和每一方案所可能发生的自然状态的概率和损益值;另一方面通过计算,能够清楚地反映各个方案的损益值的结果。

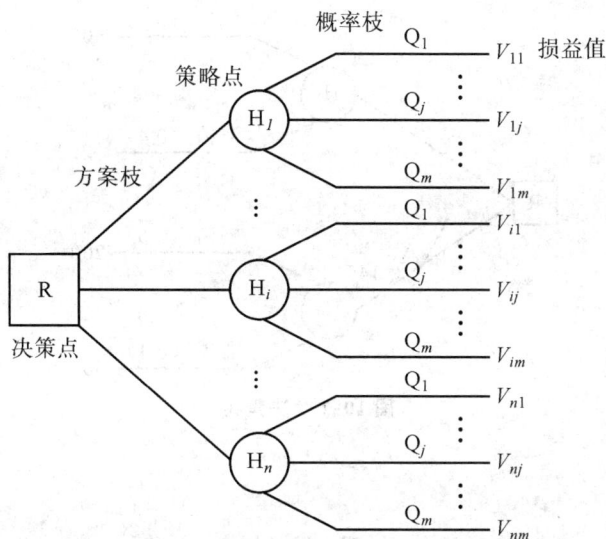

图 10-1 决策树

（三）决策举例

在经济活动中通过决策分析，选出最优方案，以达到决策目的。现举例加以说明。

【例 10-3】某企业生产某种产品，生产出来后畅销的概率为 0.6，滞销的概率为 0.4。现有两种方案：（1）扩大工厂的规模，如果产品畅销可盈利 500 万元，滞销则亏损 200 万元；（2）不改变工厂规模，如果产品畅销可盈利 200 万元，滞销则盈利 50 万元。试问哪一种方案较好？

第一步，画出决策树，如图 10-2 所示。

第二步，计算各节点的期望损益值。

$$H_1: 500 \times 0.6 + (-200) \times 0.4 = 220（万元）$$

$$H_2: 200 \times 0.6 + 50 \times 0.4 = 140（万元）$$

第三步，进行决策。

通过节点值的比较，得到 220 ＞ 140，即节点 1 的值大于节点 2 的值，所以应该将节点 2 剪掉。采用扩建厂房的方案。

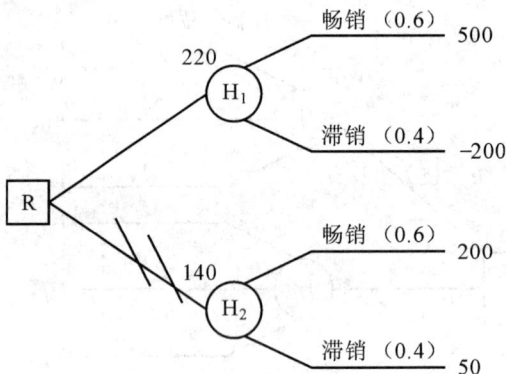

图 10-2　决策树

10.3　马尔科夫决策

第六章已介绍有关马尔科夫链的一些基本概念、简单性质以及利用其进行预测的方法。在市场竞争中,决策者一般要结合实际经济背景,利用预测出的转移概率矩阵和平衡向量做出正确的决策、采取合理的措施以使自己处于有利地位。

马尔科夫决策也是一种风险型决策,下面通过实际应用举例来加以说明。

【例 10-4】某服装厂商在服装市场的销售有畅销和滞销两种状态,用"1"代表畅销,用"2"代表滞销。市场状态的转移概率矩阵和利润矩阵分别为

$$\boldsymbol{P} = \begin{pmatrix} p_{11} & p_{12} \\ p_{21} & p_{22} \end{pmatrix} = \begin{pmatrix} 0.7 & 0.3 \\ 0.4 & 0.6 \end{pmatrix} \text{和} \boldsymbol{R} = \begin{pmatrix} r_{11} & r_{12} \\ r_{21} & r_{22} \end{pmatrix} = \begin{pmatrix} 100 & 40 \\ 50 & -10 \end{pmatrix}$$

,其中利润矩阵中各元素的单位均为万元。

现有以下四种方案,不过采取了这些方案后,转移概率矩阵和利润矩阵也就随之发生了变化,具体情况如下:

(1)在市场畅销时不刊登广告,在滞销时不搞研发的情况下,市场状态的一步转移概率矩阵和利润矩阵为:

$$\begin{pmatrix} p_{11} & p_{12} \\ p_{21} & p_{22} \end{pmatrix} = \begin{pmatrix} 0.5 & 0.5 \\ 0.4 & 0.6 \end{pmatrix}, \begin{pmatrix} r_{11} & r_{12} \\ r_{21} & r_{22} \end{pmatrix} = \begin{pmatrix} 100 & 40 \\ 50 & -10 \end{pmatrix}$$

（2）在市场畅销时刊登广告，在滞销时不搞研发的情况下，市场状态的一步转移概率矩阵和利润矩阵为：

$$\begin{pmatrix} p_{11} & p_{12} \\ p_{21} & p_{22} \end{pmatrix} = \begin{pmatrix} 0.7 & 0.3 \\ 0.4 & 0.6 \end{pmatrix}, \begin{pmatrix} r_{11} & r_{12} \\ r_{21} & r_{22} \end{pmatrix} = \begin{pmatrix} 80 & 30 \\ 50 & -10 \end{pmatrix}$$

（3）在市场畅销时不刊登广告，在滞销时搞研发的情况下，市场状态的一步转移概率矩阵和利润矩阵为：

$$\begin{pmatrix} p_{11} & p_{12} \\ p_{21} & p_{22} \end{pmatrix} = \begin{pmatrix} 0.5 & 0.5 \\ 0.6 & 0.4 \end{pmatrix}, \begin{pmatrix} r_{11} & r_{12} \\ r_{21} & r_{22} \end{pmatrix} = \begin{pmatrix} 100 & 40 \\ 40 & -20 \end{pmatrix}$$

（4）在市场畅销时刊登广告，在滞销时搞研发的情况下，市场状态的一步转移概率矩阵和利润矩阵为：

$$\begin{pmatrix} p_{11} & p_{12} \\ p_{21} & p_{22} \end{pmatrix} = \begin{pmatrix} 0.7 & 0.3 \\ 0.6 & 0.4 \end{pmatrix}, \begin{pmatrix} r_{11} & r_{12} \\ r_{21} & r_{22} \end{pmatrix} = \begin{pmatrix} 80 & 30 \\ 40 & -20 \end{pmatrix}$$

在上述情况下，厂商欲经营 3 年时间，问应该采取什么样的最优策略才能使该厂商获得最大的经济利益？

解：（1）在市场畅销时不刊登广告，在滞销时不搞研发这种情况下，企业下期的期望利润为：

$$v_1(1) = \sum_{j=1}^{2} p_{1j} r_{1j} = 0.5 \times 100 + 0.5 \times 40 = 70（万元）$$

$$v_2(1) = \sum_{j=1}^{2} p_{2j} r_{2j} = 0.4 \times 50 + 0.6 \times (-10) = 14（万元）$$

（2）在市场畅销时刊登广告，在滞销时不搞研发这种情况下，企业下期的期望利润为：

$$v_1(1) = \sum_{j=1}^{2} p_{1j} r_{1j} = 0.7 \times 80 + 0.3 \times 30 = 65（万元）$$

$$v_2(1) = \sum_{j=1}^{2} p_{2j} r_{2j} = 0.4 \times 50 + 0.6 \times (-10) = 14（万元）$$

（3）在市场畅销时不刊登广告，在滞销时搞研发这种情况下，企业下期的期望利润为：

$$v_1(1) = \sum_{j=1}^{n} p_{1j} r_{1j} = 0.5 \times 100 + 0.5 \times 40 = 70（万元）$$

$$v_2(1) = \sum_{j=1}^{n} p_{2j} r_{2j} = 0.6 \times 40 + 0.4 \times (-20) = 16（万元）$$

（4）在市场畅销时刊登广告，在滞销时搞研发这种情况下，企业下期的期望利润为：

$$v_1(1) = \sum_{j=1}^{n} p_{1j}r_{1j} = 0.7 \times 80 + 0.3 \times 30 = 65(万元)$$

$$v_2(1) = \sum_{j=1}^{n} p_{2j}r_{2j} = 0.6 \times 40 + 0.4 \times (-20) = 16(万元)$$

通过期望利润的对比,有 $70 > 65, 16 > 14$,故而应采取在市场畅销时不刊登广告、在滞销时搞研发的策略,即策略三是最优的方案。

10.4　决策方案的敏感性分析

在风险决策中,由于影响决策结果的是各种自然状态的概率和收益值(损失值),而这些值都是根据过去的经验估计和修正得出来的,并不精确可靠。一旦一个值有变化,决策行为是否仍为最优是决策者面临的重要问题。因此,在决策中,应分析自然状态的概率的变化和损益值的变化对最优方案存在多大的影响,敏感性分析即是解决这一问题的方法。如果状态概率或损益值数据的变动影响了最优方案的选择,我们就说最优方案对这些数据变动的反应是敏感的;如果状态概率或损益值数据的变动未影响最优方案的选择,我们就说最优方案对这些数据变动的反应是不敏感的。下面用具体的例子加以说明。

【例 10-5】续例 10-2,假设市场状态出现的概率发生变化,产品畅销、平销、滞销的概率分别为 0.2, 0.6, 0.2 时,各方案的期望收益为:

$$E(D_1) = 0.2 \times 50 + 0.6 \times 15 - 0.2 \times 10 = 17(万元)$$

$$E(D_2) = 0.2 \times 30 + 0.6 \times 20 + 0.2 \times 0 = 18(万元)$$

$$E(D_3) = 0.2 \times 10 + 0.6 \times 10 + 0.2 \times 10 = 10(万元)$$

这时的最优方案不再是 D_1,而是 D_2,即改建生产线即可。

当产品畅销、平销、滞销的概率分别为 0.2, 0.5, 0.3 时,各方案的期望收益为:

$$E(D_1) = 0.2 \times 50 + 0.5 \times 15 - 0.3 \times 10 = 14.5(万元)$$

$$E(D_2) = 0.2 \times 30 + 0.5 \times 20 + 0.3 \times 0 = 16(万元)$$

$$E(D_3) = 0.2 \times 10 + 0.5 \times 10 + 0.3 \times 10 = 10(万元)$$

这时的最优方案不再是 D_1,而是 D_2,即改建生产线即可。

通过以上分析可以得出,当市场概率产生微小变化时,畅销、平销、滞销的概率从 0.3, 0.5, 0.2 变化到 0.2, 0.6, 0.2 或 0.2, 0.5, 0.3 时,决策方案就从 D_1 变

化到 D_2。由此可见,方案 D_1 对市场状态具有高度敏感性,稳定性低,决策者所冒的风险就很大。反之,如果市场状态概率稍加改动,不会引起决策方案的变化,则这个方案的灵敏性低,稳定性高,该方案成功的可靠性越高。

当产品畅销、平销、滞销的概率分别为 0.25,0.5,0.25 时,各方案的期望收益为:

$$E(D_1)=0.25\times50+0.5\times15-0.25\times10=17.5(万元)$$
$$E(D_2)=0.25\times30+0.5\times20+0.25\times0=17.5(万元)$$
$$E(D_3)=0.25\times10+0.5\times10+0.25\times10=10(万元)$$

此时,D_1 与 D_2 的期望收益相等,市场概率(0.25,0.5,0.25)称为转折概率或转折水平(即转折点)。

10.5　决策树法决策案例

【例 10-6】某厂计划提高一种产品的质量,从而提高其在市场上的竞争力。现在公司有以下三种方案可以采取:(1) 公司组织技术人员逐渐改进,使用期是 10 年;(2) 购买先进技术,这样前期投入相对较大,使用期是 10 年;(3) 前四年先采取(1) 的方案,四年后根据情况再决定是否需要购买先进技术,四年后买入技术时相对第一年便宜一些,如果不扩建,收益与前四年一样。预计该种商品前四年畅销的概率是 0.7,滞销的概率是 0.3。如果前四年畅销,后六年畅销的概率为 0.9;若前四年滞销,后六年滞销的概率为 1.0。相关的收益数据如表 10-7 所示。

表 10-7　投资收益表

单位:万元

| 方案 | 投资额 | | 每年收益 | | | |
	第一年	第四年	前四年 畅销	前四年 滞销	后六年 畅销	后六年 滞销
(1)	200	0	80	20	80	20
(2)	500	0	200	-30	200	-30
(3)	100	200	80	20	800	20
					200	-30

(1) 画出决策树,如图 10-3 所示。

(2) 计算出各节点期望值。

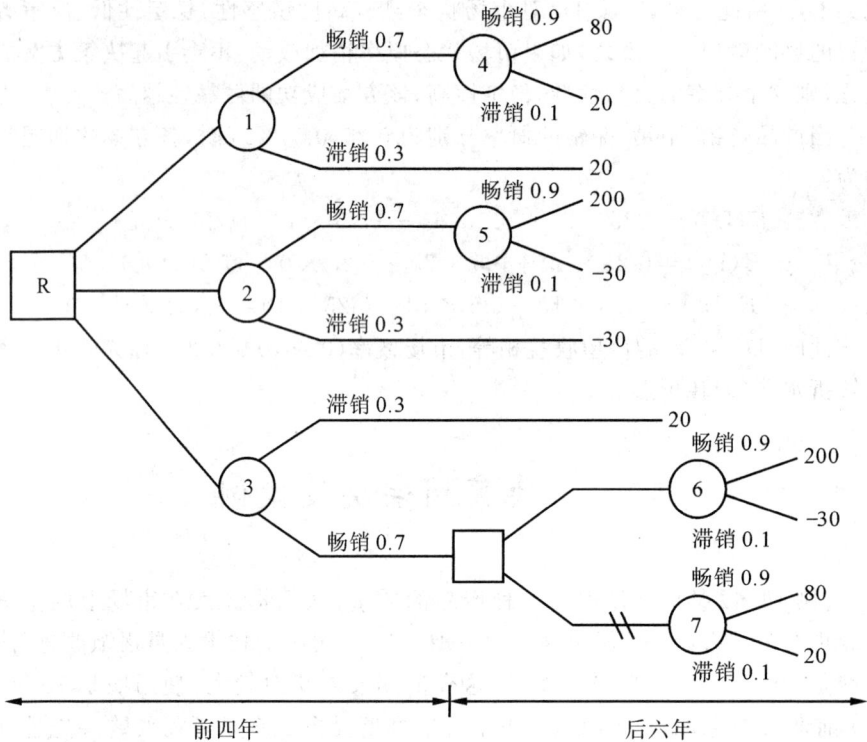

图 10-3　决策树

节点 ④:$(80 \times 0.9 + 20 \times 0.1) \times 6 = 444$(万元)

节点 ①:$(80 \times 4 + 444) \times 0.7 + 20 \times 0.3 \times 10 - 200 = 394.8$(万元)

节点 ⑤:$(200 \times 0.9 - 30 \times 0.1) \times 6 = 1\,062$(万元)

节点 ②:$(200 \times 4 + 1\,062) \times 0.7 - 30 \times 0.3 \times 10 - 500 = 713.4$(万元)

节点 ⑥:$(200 \times 0.9 - 30 \times 0.1) \times 6 - 200 = 862$(万元)

节点 ⑦:$(80 \times 0.9 + 20 \times 0.1) \times 6 = 444$(万元)

因为 $444 < 862$,所以将 ⑦ 这一枝剪掉。

节点 ③:$(80 \times 4 + 862) \times 0.7 + 20 \times 0.3 \times 10 - 100 = 787.4$(万元)

（3）比较决策。

将决策点 ①、②、③ 的期望收益值进行比较,决策点 ③ 的期望收益值最大,所以应选择先公司组织技术人员逐渐改进,然后再引进技术的决策。

思考与练习

1.某投资公司现有50万元资金,准备将其在证券市场上投资于不同的证券组合。目前被选方案有三种,分别为A,B,C三种投资组合,分别为保守、稳健和冒险型的投资组合。假设证券市场分成四种状态,公司能够面对这四种状态的收益矩阵如下:

收益值矩阵表

单位:万元

状态 获利方案	股票市场趋势			
	暴涨	中速上升	中速下跌	暴跌
A 组合	25	7.5	0	−30
B 组合	37.5	1.5	−5	−40
C 组合	50	1	−15	−50

(1)用乐观决策准则求出最优方案。

(2)用悲观决策准则求出最优方案。

(3)用赫威兹决策准则求出最优方案。

(4)用等概率决策准则求出最优方案。

(5)用最小最大后悔值决策准则求出最优方案。

2.某企业有四种行动方案,分别为 D_1,D_2,D_3,D_4,不论哪一种行动方案,都会面临着 $\theta(1),\theta(2),\theta(3)$ 三个自然状态,它们相应的收益值矩阵如下表。

收益值矩阵表

单位:万元

	$\theta(1)$	$\theta(2)$	$\theta(3)$
D_1	40	55	60
D_2	22	40	60
D_3	50	70	35
D_4	36	50	60

(1)用乐观决策准则求出最优方案。

(2)用悲观决策准则求出最优方案。

(3)用赫威兹决策准则求出最优方案。

(4)用等概率决策准则求出最优方案。

(5)用最小最大后悔值决策准则求出最优方案。

3.假设某食品厂经销一种食品,进货成本为每千克30元,销售价格为每千克50元。如果该食品在一周以内卖不出去,就只能以降价的方式回收部分成本,平均每千克回收成本为20元。该厂利用历史资料对市场的销售状况进行分析,发现该食品每周的销售量如下:

单位:千克

概率	0.4	0.3	0.2	0.1
周销售量	60	70	80	90

(1)试用期望值决策法确定每种进货量的期望收益值,从而确定合理的进货量方案。

(2)对各方案进行敏感性分析。

4.某工厂欲投资兴办一个工厂,有两种方案可供选择,一是建大厂,二是建小厂。大厂需投资400万元,小厂需投资100万元,两者的使用期都是10年。在此期间,估计产品畅销的可能性是0.7,滞销的可能性是0.3,两个方案的年度收益矩阵如下表所示:

收益值矩阵表

单位:万元

自然状态	概率	建大厂	建小厂
畅销	0.7	90	40
滞销	0.3	—10	20

(1)画出决策树。

(2)用决策树技术找出最优方案。

5.假设某商品的未来市场有畅销、平销和滞销三种情况,它们出现的概率分别为0.5,0.3与0.2。公司目前有甲、乙、丙三类产品可供选择,每种产品的盈利状况如下表所示。

收益值矩阵表

单位:万元

	甲	乙	丙
畅销	1 500	1 000	800
平销	800	800	700
滞销	100	200	500

(1)画出决策树。

(2)用决策树技术求出最优生产方案。

6.某商业经营管理公司要在一个城市的主要街道上投资一个购物中心，目前设计了3种方案，一是建立大型的购物中心，二是中型购物中心，三是小型购物中心。建立大、中、小型购物中心前期投资额分别为8 000万元,5 000万元和3 000万元。三种类型的使用期都是15年,估计在此期间前5年销路好和销路差的概率分别为0.6和0.4。如果前五年畅销,后十年销路好的概率为0.8;若前五年滞销,后十年销路差的概率为1.0。投资收益如下表所示:

投资收益表

单位:万元

方案	每年收益			
	前五年		后十年	
	畅销	滞销	畅销	滞销
方案一:建立大型购物中心	1 000	−200	1 000	−200
方案二:建立中型购物中心	600	100	200	100
方案三:建立小型购物中心	400	150	400	150

(1)画出决策树。

(2)用决策树技术求出最优生产方案。

7.某企业把生产的产品W在市场上的销售分为畅销和滞销两种状态。根据企业的历史数据可知:产品W连续畅销的概率为60%,由畅销转为滞销的概率为40%,连续滞销的概率为50%,由滞销转为畅销的概率为50%。并且在连续畅销的情况下可获得160万元,由畅销转到滞销的情况下可获得60万元,在连续滞销的情况下亏损40万元,由滞销转到畅销的情况下可获利50万元。企业准备投资20万元作为本企业的广告宣传费,根据历史经验,可知该项资金投入以后会有如下效果:

(1)企业产品W由畅销转为滞销的可能性从40%下降为30%。

(2)企业产品W由滞销转为畅销的可能性从50%上升为60%。

试问该企业是否应该进行广告宣传,在什么情况下进行广告宣传?

8.设甲、乙、丙三企业生产同一用途的商品,并在同一地区销售,这一地区使用该种商品的顾客有100万人。目前的一步转移概率矩阵为:

$$P = \begin{pmatrix} 0.3 & 0.4 & 0.3 \\ 0.1 & 0.3 & 0.6 \\ 0.3 & 0.3 & 0.4 \end{pmatrix}$$

设甲、乙、丙三企业不论哪一个企业每争取到一个顾客作为消费者可以在单位时间内获得10元。现在甲公司通过进行市场分析,拟定以下两种方案欲改变转移概率矩阵,以吸引更多的消费者。

方案1:投资10万元用于改进产品和企业产品宣传以吸引顾客,这时的一步转移概率矩阵 P_1 为:

$$P_1 = \begin{pmatrix} 0.4 & 0.4 & 0.2 \\ 0.1 & 0.3 & 0.6 \\ 0.3 & 0.3 & 0.4 \end{pmatrix}$$

方案2:投资20万元用于改进产品和企业产品宣传以吸引顾客,这时的一步转移概率矩阵 P_2 为:

$$P_2 = \begin{pmatrix} 0.5 & 0.3 & 0.2 \\ 0.1 & 0.3 & 0.6 \\ 0.3 & 0.3 & 0.4 \end{pmatrix}$$

假设在甲企业采取行动时,乙、丙企业不采取任何行动,试问甲企业应该采取哪一种方案?

第十一章 多目标决策

上一章提出的决策方法是解决决策者面临一个既定目标时所做的决策，比如利润最大化，或者成本最小化，或者保持环境优良等等。但在现实经济生活中决策者往往面临很多复杂的问题，需要同时满足两个或者更多的目标。这时要在多个目标中寻找一种平衡，就需要采用多目标决策法。本章将对多目标决策问题进行说明并讨论几种解决这一问题的方法。

11.1 多目标决策概述

一、多目标问题的提出

多目标决策方法是从 20 世纪 70 年代中期发展起来的一种决策分析方法。决策分析是在系统规划、设计和制造等阶段为解决当前或未来可能发生的问题，在若干可选的方案中选择和决定最佳方案的一种分析过程。在社会经济系统的研究控制过程中我们所面临的系统决策问题常常是多目标的，例如，我们在研究生产过程的组织决策时，既要保证生产系统的产量最大，又要使产品质量高，生产成本低等。这些目标之间相互作用、相互矛盾，使决策过程相当复杂，使决策者常常很难做出决策。这类具有多个目标的决策就是多目标决策。其实质就是在各个目标之间寻求一种合理的权衡。

多目标决策方法现已广泛地应用于工艺过程、工艺设计、配方配比、水资源利用、环境、人口、教育、能源、企业信息系统设计和评价、经济管理等领域。

二、多目标决策的基本问题

多目标决策有一些共同的特点,最明显的就是在进行决策时考虑的目标不止一个。另外两个主要的特点是:(1) 目标之间的不可公度性,即各个目标之间没有统一的度量标准,因而难以进行直接比较,例如投资项目决策问题中,项目净收益现值用万元计,而投资回收期却以年(或月)计;(2) 目标之间的矛盾性,即采取某一措施改善其中一个目标则会妨碍其他目标的实现,比如化工投资往往可以增加利润但却会使污染大大加重。

三、多目标决策问题的分类

一个多目标决策问题一般都包括目标体系、备选方案和决策准则三个基本要素。所谓目标体系是指由决策者选择方案所考虑的目标组构成。所谓备选方案是指决策者根据实际问题设计出的解决问题的方案。决策准则是指用于选择方案的标准,通俗地说是指决策者选择方案的依据。我们可以根据决策方案的多少将多目标决策问题分为两类:具备有限个备选方案的多目标决策问题和具备无限个备选方案的问题。本章只讨论有限个方案的多目标决策问题的基本解法。

多目标决策的目标体系可以分为三类:

第一类是单层目标体系,即各个子目标同属总目标下,各子目标之间是并列的关系。如图 11-1 所示。

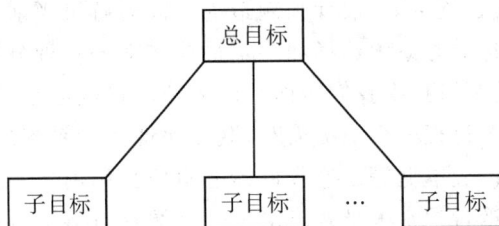

图 11-1　单层目标体系

第二类是树形多层目标体系,即目标可分为多个层次,每个下层目标都隶属于一个上层目标,下层目标是对上层目标更加具体的说明。如图 11-2 所示。

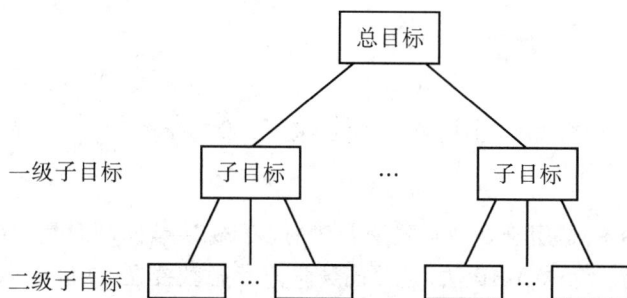

图 11-2　树形多层目标体系

第三类是网状多层目标体系,即目标分为多层,每个下层目标隶属于某几个上层目标,各个目标体系之间的关系如图 11-3 所示:

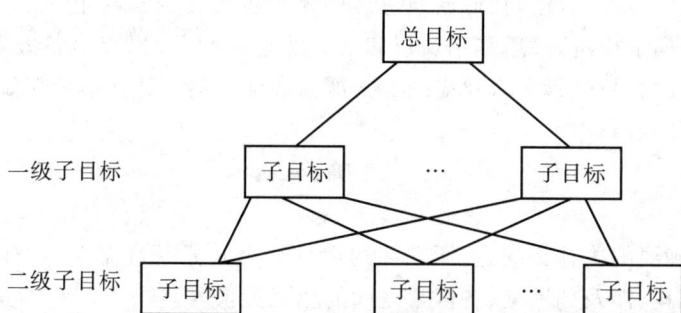

图 11-3　网状多层目标体系

在处理多目标决策问题的时候,一般遵循以下原则:

原则一:在满足决策需要的前提下,应尽量减少目标的个数。通常的做法就是剔除不必要的和从属的目标;如果几个目标之间有明显的客观联系,可以将几个相互联系的目标合并为一个来处理;根据目标的重要性分清主次,将本质性的列为目标,非本质性的列为约束条件;将几个目标通过构造函数等方法构成一个综合性目标。

原则二:目标排序,即决策者根据目标的重要性将其排成一个序列。这样,将注意力首先集中于必须达到的重要目标,然后再考虑后面的次要目标,据此做出决策;综合分析时可以赋予每个目标一个相应的重要性权重。

虽然可以通过一些方法将多目标数目减少,或化为单一目标来解决,但是在有些情况下难以做到这一点,仍然要用多目标的方法加以解决。目前常用的多目标决策的量化方法主要有:线性规划法、层次分析法、优劣系数法和模糊多目标决策法等。

11.2 层次分析法

层次分析法是用于处理有限个方案的多目标决策问题时最常用并且也是最重要的方法,简称 AHP 法,是美国数学家萨蒂教授在 20 世纪 70 年代提出的一种定性和定量相结合的决策方法。

层次分析法把定性分析与定量分析结合起来,能有效处理那些难以完全用定量方法来分析的复杂多目标问题。它的基本思想是:把复杂问题按总目标、子目标、评价标准以及具体方案的顺序分解为不同层次,然后利用求判断矩阵的特征向量的方法,在低层通过两两比较得出各因素对上一层的影响权重,并逐层向上推进,最后利用加权和的方法递阶归并,以求出各方案对总目标的影响权数,权数最大者对应的方案即为最优方案。其基本步骤如下:

一、明确问题

即明确要解决什么问题,所掌握的信息是否充分。这需要弄清问题的范围、目标结构、涉及的因素、各因素之间的相互关系等。

二、建立层次结构

首先,通过分析将复杂问题分解为由元素组成的各个部分。将这些元素按相互之间的关系分为若干组,按最高层、中间层和最低层的形式排列起来,形成多层次的结构模型。本层次的元素作为准则对下一层次的某些元素起支配作用,同时又受到上一层次元素的支配。

(1)最高层。解决问题要达到的预定目标,这一层中只有一个元素,通常也被称为目标层。

(2)中间层。这一层次包括了总目标下的若干级子目标(在一级子目标下还可以有二级、三级子目标),它通常可以细分,可以由若干层次组成,所以也称为准则层。

(3)最低层。实现总目标可供选择的方案,也称为方案层。

典型的层次结构图如图 11-4 所示:

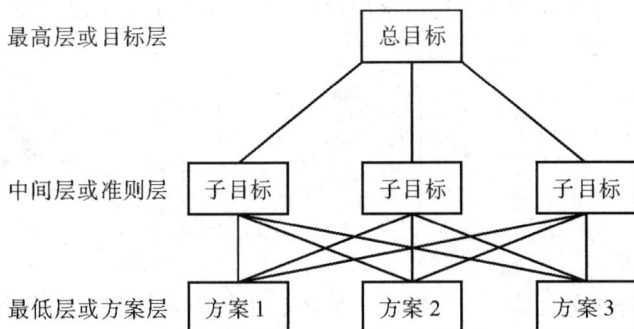

图 11-4　层次结构图

如果某个元素与下一层次的所有元素均有联系,则称该元素与下一层次存在着完全的层次关系,否则称为不完全的层次关系。层次结构中的层次数与研究问题的复杂程度及分析的需要有关,一般可以不受限制。

三、构造判断矩阵

建立层次结构模型之后,要构造出判断矩阵。判断矩阵是从定性过渡到定量的重要环节,是通过两两比较得出的。

在各层元素之间进行两两比较,判断它们对于上一层次各个元素的重要程度,并根据一定的比率标度将这种相对重要性定量化。相对重要性的量化很难精确,层次分析法通常采用 $1 \sim 9$ 标度法,即用自然数 $1 \sim 9$ 及其倒数来表示,标度及其含义如表 11-1 所示。

表 11-1　$1 \sim 9$ 标度及含义

标度	含义
1	两个元素同等重要
3	一个元素与另一个元素相比稍微重要
5	一个元素与另一个元素相比明显重要
7	一个元素与另一个元素相比非常重要
9	一个元素与另一个元素相比极端重要
2,4,6,8	介于上述两相邻判断之间
以上各数的倒数	i 与 j 比较得 a,则 j 与 i 比较得 $\dfrac{1}{a}$

设某层有 n 个元素，a_{ij} 表示该层第 i 个元素与第 j 个元素比较所得的重要性的标度，则矩阵

$$A = \begin{pmatrix} a_{11} & a_{12} & \cdots & a_{1n} \\ a_{21} & a_{22} & \cdots & a_{2n} \\ \vdots & \vdots & & \vdots \\ a_{n1} & a_{n2} & \cdots & a_{nn} \end{pmatrix}$$

称为判断矩阵。

判断矩阵中的元素 a_{ij} 可以由决策者利用知识和经验估计出来。

四、层次单排序(求解判断矩阵)

判断矩阵中的元素 a_{ij} 表明了对于上一层次，某层元素两两比较的重要程度。那么，对于上一层次来说该层所有元素的重要性顺序是什么呢？这就是我们现在要解决的问题 —— 计算每一个层次中各元素对于上一层次的重要性排序权重，即求出判断矩阵的最大特征根和相应的特征向量。常用的方法有和积法、方根法等。

对于目标数较少的层次，可以通过求解方程 $|A - \lambda E| = 0$ 求得最大特征根，进而将其代入 $AW = \lambda_{\max} W$ 得到特征向量，所得向量 W 经正规化后作为各元素在该准则下的排序权重。对于目标数过多的层次，一般采取迭代法在计算机上求得近似的最大特征根及其对应的特征向量。下面介绍方根法的计算步骤。

(1) 计算判断矩阵 A 中每一行元素的乘积 M_i：

$$M_i = \prod_{j=1}^{n} a_{ij} \quad (i = 1, 2, \cdots, n)$$

(2) 计算 M_i 的 n 次方根 β_i：

$$\beta_i = \sqrt[n]{M_i} \quad (i = 1, 2, \cdots, n)$$

(3) 将 $\boldsymbol{\beta} = (\beta_1, \beta_2, \cdots, \beta_n)^{\mathrm{T}}$ 归一化：

$$W_i = \frac{\beta_i}{\sum\limits_{i=1}^{n} \beta_i} \quad (i = 1, 2, \cdots, n)$$

得到的向量 $\boldsymbol{W} = (W_1, W_2, \cdots, W_n)^{\mathrm{T}}$ 就是所求特征向量，即权重向量。

(4) 计算判断矩阵最大特征根 $\lambda_{\max}$：

$$\lambda_{\max} = \frac{\sum_{j=1}^{n} W_j a_{ij}}{W_i}$$

五、一致性检验

当判断矩阵中的元素完全满足 $a_{ii}=1, a_{ij}=\frac{1}{a_{ji}}$ 和 $a_{ij}=\frac{a_{ik}}{a_{jk}}$ 这三个性质时，我们称判断矩阵具有完全的一致性。此时，判断矩阵只有一个非零特征根 $\lambda_{\max}=n$，这也是最大特征根；其余特征根均为零。一般情况下，根据经验判断确定的标度值构成的判断矩阵不一定完全满足这三个性质，这就要求我们检验判断矩阵的一致性。

一致性检验是通过一致性指标和检验系数来进行的。一致性指标为：

$$C.I. = \frac{\lambda_{\max} - n}{n - 1}$$

由于一致偏离可能是由随机因素引起的，所以在检验判断矩阵的一致性时，将 C.I. 与平均随机一致性指标 R.I. 进行比较，得出检验数 C.R.，即：

$$C.R. = \frac{C.I.}{R.I.}$$

不同的矩阵阶数具有不同的 R.I. 值，一般来说，矩阵阶数越大，则出现一致性随机偏离的可能性越大，表 11-2 列举了判断矩阵阶数为 $1 \sim 10$ 时的各 R.I. 值。

表 11-2　平均随机一致性指标 R.I.

矩阵阶数	1	2	3	4	5
R.I.	0	0	0.52	0.89	1.12
矩阵阶数	6	7	8	9	10
R.I.	1.26	1.36	1.41	1.46	1.49

当 C.R. $<$ 0.1 时，就可以认为判断矩阵具有满意的一致性。

六、层次总排序

层次总排序即进行层次间的权重合成，计算多层次结构模型的最低层（方案层)中每一个元素(方案)在最高层(目标层)中的权重。该方法从上到下进行。假设第 $k-1$ 层上的 n_{k-1} 个元素相对于总目标的排序权重向量 $\boldsymbol{W}^{k-1} = (W_1^{k-1}, W_2^{k-1}, \cdots, W_{n_{k-1}}^{k-1})^{\mathrm{T}}$，第 k 层上 n_k 个元素以第 $k-1$ 层上第 j 个元素为准则的排序权重向量为 $\boldsymbol{P}_j^k = (P_{1j}^k, P_{2j}^k, \cdots, P_{nkj}^k)^{\mathrm{T}}$，则第 k 层上元素对总目标的合成排序权重由下式给出：$\boldsymbol{W}^k = \boldsymbol{P}^k \boldsymbol{W}^{k-1}$。同样地，从上到下逐层进行一致性检验。若已求得以 $k-1$ 层元素 j 为准则的一致性比例 C.R.$_j^k$，当检验指标小于 0.1 时，则可以认为递阶层次结构在 k 层水平上的所有判断具有整体满意的一致性。

11.3　优劣系数法

优劣系数法是在罗马尼亚比较流行的选择最优方案的方法，所以也称为"罗马尼亚选择法"。它是由法国运筹学家罗伊(Roy)发明的。其基本思想是：先对备选方案进行两两比较，然后计算出优系数和劣系数的值，以此作为判别标准，通过逐步降低优系数和逐步提高劣系数，而逐一淘汰不很理想的方案，最后留下最优方案。

一、优劣系数法的基本步骤

1.将备选方案的各目标值标准化

这种方法要求对各个目标的取值作标准化处理，将最好方案的标准化值定为 100，最差方案的标准化值定为 1，其余方案的标准化值用线性插值方法求出，按以下公式计算：

$$X = \frac{99(C-B)}{A-B} + 1$$

其中，X 为待评价方案某个目标的标准化值，C 为待评价方案的目标值，A 为最佳方案目标值，B 为最差方案目标值。

2.确定各方案的权数

确定权数的方法有多种，下面介绍几种常见的方法：

(1)主观法。决策者根据具体情况自己设定。这种方法主观性较大，但是较为简单。

(2)简单编码法。该方法是将目标按重要性依次排序，最次要的目标定为1,然后按自然顺序由小到大确定权数。若有甲、乙、丙、丁四个目标,按重要性排序列为丁、甲、乙、丙,则丁、甲、乙、丙对应的权数为4,3,2,1,总权数之和为10,故而权数分别为丁:0.4,甲:0.3,乙:0.2,丙:0.1。这种方法较为简单明了,但是权数差别较小,不尽合理。

（3）优序图法。优序图是一个棋盘式表格,横行和纵列都是要比较的目标,每一行都是两两对比的数字,重要性用1,2,3,4,5来表示,数字越大说明越重要,比较和被比较目标的重要性之和为5(主对角不填数),即表中以主对角为轴,对应元素两两相加为5。例如A方案与B方案相比,A的重要性为3,那么B方案与A方案相比重要性为2。依此类推,填满后,横行相加,得出总数,然后再做归一化处理,得出权数。

3.计算优系数

方案A与方案B比较,优系数的计算公式为:

$$优系数 = \frac{方案A不劣于方案B的那些目标的权重之和}{各目标权重之和}$$

优系数只是反映优的目标有多少,以及这些目标的重要性,而不能反映目标优的程度。表中以主对角为轴,对应元素互补,对角线为1(一般不填)。

4.计算劣系数

劣系数是通过对比两方案的优极差和劣极差来计算的。优极差是指A方案优于B方案的那些目标中,数值相差最大者。劣极差是指A方案劣于B方案的那些目标中,数值相差最大者。

$$劣系数 = \frac{劣极差}{劣极差 + 优极差}$$

劣系数只反映目标劣的程度,不能反映劣的目标数。故而在进行决策时,将优系数和劣系数结合起来,可以发挥两者的优点,从而更适合作为选择方案的标准。

5.根据优劣系数逐步淘汰不理想的方案

显然优系数的最优值为1,劣系数的最优值为0。若方案A与方案B比较,优系数为1,劣系数为0,那么方案B肯定被淘汰。但是通常情况下优系数和劣系数不能达到1和0。在选定方案的时候,先选定一对数(p,q)($0 < p < 1, 0 < q < 1$)。把优系数大于p、劣系数小于q的方案淘汰,然后逐步减小p值,增大q值就可以逐一淘汰方案,最后剩下最优方案。

二、优劣系数法的应用

【例 11-1】某单位计划建造一幢职工宿舍楼,在选址和总建筑面积已经确定的前提下,做出三个设计方案。现要求从以下 6 个目标综合选择出最佳的方案:

(1) 低造价(为了保证质量,同时规定每平方米造价不低于 800 元,不高于 1 500 元)。

(2) 抗震性能(抗震能力不低于里氏震级 5.5 级,不高于 7.5 级)。

(3) 建造所用时间(越快越好)。

(4) 结构合理(单元划分、生活设施及使用面积比例等)。

(5) 造型美观(评价越高越好)。

(6) 投资回收期(越短越好)。

现有各方案对各目标的对应评价如表 11-3 所示:

表 11-3　各方案的评价表

目标	方案 C_1	方案 C_2	方案 C_3
B_1 低造价	1 200	1 400	1 300
B_2 抗震性能	6.6	5.5	6.5
B_3 建筑时间	2	1.5	1
B_4 结构合理性	3(中)	8(优)	5(良)
B_5 造型美观	5(良)	8(优)	3(中)
B_6 投资回收期	3	2.5	2

在允许的范围以内,造价越低越好,抗震性能越强越好,建筑工期越短越好,结构越合理越好,造型越美观越好,投资回收期越短越好。

1.各备选方案标准化

结果如表 11-4 所示。

表 11-4　各方案的标准化目标值表

目标	方案 C_1	方案 C_2	方案 C_3
B_1 低造价	100	1	50.5
B_2 抗震性能	100	1	91
B_3 建筑时间	1	50.5	100

续表

目标	方案 C_1	方案 C_2	方案 C_3
B_4 结构合理性	1	100	40.6
B_5 造型美观	40.6	100	1
B_6 投资回收期	1	50.5	100

2.确定各方案权数

应根据目标的重要性不同,对不同的目标给予不同的权数。这里采用优序图法,结果如表 11-5 所示。

表 11-5 各方案权数

	B_1	B_2	B_3	B_4	B_5	B_6	总数	权数
B_1		3	5	3	4	3	18	0.24
B_2	2		3	2	4	1	12	0.16
B_3	0	2		2	3	2	9	0.12
B_4	2	3	3		4	2	14	0.19
B_5	1	1	2	1		1	6	0.08
B_6	2	4	3	3	4		16	0.21
合计							75	1

3.计算优系数

方案 C_1 与方案 C_2 相比,方案 C_1 在 B_1,B_2 两个目标上优于方案 C_2。由表 11-5 可知,B_1,B_2 所对应的权数分别为 0.24 和 0.16,计算 C_1 对 C_2 的优系数:

$$H(C_1,C_2)=\frac{18+12}{75}=0.24+0.16=0.4$$

依此类推,可计算得到其他优系数,如表 11-6 所示。

表 11-6 各方案的优系数表

比较方案	被比较方案		
	方案 C_1	方案 C_2	方案 C_3
方案 C_1		0.4	0.48
方案 C_2	0.6		0.27
方案 C_3	0.52	0.73	

4.计算劣系数

方案 C_1 优于方案 C_2 的目标有 B_1 和 B_2 ,其差值分别为:$100-1=99$, $100-1=99$。99 为最大差值,即为优极差。

方案 C_1 劣于方案 C_2 的目标有 B_3 , B_4 , B_5 和 B_6 ,其差值分别为:$50.5-1=49.5$, $100-1=99$, $100-40.6=59.4$, $50.5-1=49.5$。99 为最大差值,即为劣极差。

因而劣系数 $\alpha(D_1,D_2)=\dfrac{99}{99+99}=0.5$,依此类推可得到劣系数表,如表 11-7。

表 11-7　各方案的劣系数表

比较方案	被比较方案		
	方案 C_1	方案 C_2	方案 C_3
方案 C_1		0.5	0.67
方案 C_2	0.5		0.48
方案 C_3	0.33	0.52	

5.根据优劣系数不断淘汰不太理想的方案

优系数最好的标准是 1,劣系数最好的标准是 0,但是实际上是不太可能达到的。那就通过放开标准,让优系数不断下降到 1 以下,劣系数上升到 0 以上,然后进行筛选。若有合乎此标准的,则此方案被淘汰。

首先将优系数定为 0.7,劣系数定为 0.52,符合此标准的是 C_3 ,淘汰 C_2;将劣系数不变,将优系数下调至 0.5,比较 C_1 和 C_3 ,符合标准的是 C_3 ,将 C_1 淘汰。因此决策者最终应留下 C_3 。

本方法受权数影响很大,同时也与标准化方法有关。标准化一律取最大值为 100,最小值为 1,这样容易造成优系数和劣系数相差不大,使决策变得比较困难。因此使用本方法时应慎重处理权数和标准化问题。

11.4　层次分析法案例

【例 11-2】某企业现在有四个项目可进行投资,为了选择最满意的项目,企业主要从以下几个方面进行考虑:B_1,投资回收期越短越好;B_2,年产值尽可能大而合理;B_3 对当地环境的影响越小越好。为了使企业的利益最大化,企业需要对四个项目进行比较和评价,按优劣顺序选择合理的项目。

1.建立层次结构模型

决策问题是在四个方案中挑选一个进行投资,其衡量的标准有三个,因而构成了如图 11-5 所示的层次结构模型。

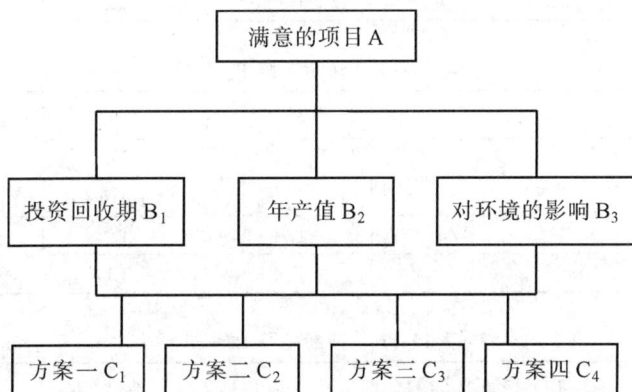

图 11-5 层次结构模型

2.构造判断矩阵

以上一层某一元素为准则,对同层元素两两之间比较其重要性,构造判断矩阵。

(1)相对于满意的项目来说,决策者认为:B_1 与 B_2 相比稍微重要,B_1 与 B_3 相比明显重要,B_2 与 B_3 相比稍微重要,则判断矩阵 $A—B$ 如表 11-8 所示。

表 11-8 判断矩阵 **A—B**

A	B_1	B_2	B_3
B_1	1	3	5
B_2	1/3	1	3
B_3	1/5	1/3	1

(2)以目标层为准则,将方案层各方案两两间进行比较,判断矩阵 $B_1—C$,$B_2—C$,$B_3—C$ 分别如表 11-9、表 11-10、表 11-11 所示。

表 11-9   判断矩阵 B_1—C

B_1	C_1	C_2	C_3	C_4
C_1	1	3	5	7
C_2	1/3	1	3	4
C_3	1/5	1/5	1	2
C_4	1/7	1/4	1/2	1

表 11-10   判断矩阵 B_2—C

B_2	C_1	C_2	C_3	C_4
C_1	1	1	5	5
C_2	1	1	4	4
C_3	1/5	1/4	1	2
C_4	1/5	1/4	1/2	1

表 11-11   判断矩阵 B_3—C

B_3	C_1	C_2	C_3	C_4
C_1	1	6	3	5
C_2	1/6	1	1/3	1/2
C_3	1/3	3	1	3
C_4	1/5	2	1/3	1

3.层次单排序及其一致性检验

对判断矩阵 A—B 的层次单排序及一致性检验计算如下：

（1）计算判断矩阵每一行元素的乘积

$$M_1 = 1 \times 3 \times 5 = 15$$

$$M_2 = \frac{1}{3} \times 1 \times 3 = 1$$

$$M_3 = \frac{1}{5} \times \frac{1}{3} \times 1 = 0.067$$

（2）计算 M_i 的 n 次方根 $\overline{W_i}$

$$\overline{W_1} = \sqrt[3]{M_1} = \sqrt[3]{15} = 2.466$$

$$\overline{W_2} = \sqrt[3]{M_2} = \sqrt[3]{1} = 1$$

$$\overline{W_3} = \sqrt[3]{M_3} = \sqrt[3]{0.067} = 0.405$$

（3）对向量 $\overline{W} = [\overline{W_1}, \overline{W_2}, \overline{W}]^T = (2.466, 1, 0.405)^T$ 正规化

$$\sum_{j=1}^{n} \overline{W}_j = 2.466 + 1 + 0.405 = 3.871$$

$$W_1 = \frac{\overline{W}_1}{\sum\limits_{i=1}^{n} \overline{W}_j} = \frac{2.466}{3.871} = 0.637$$

$$W_2 = \frac{\overline{W}_2}{\sum\limits_{i=1}^{n} \overline{W}_j} = \frac{1}{3.871} = 0.258$$

$$W_3 = \frac{\overline{W}_3}{\sum\limits_{i=1}^{n} \overline{W}_j} = \frac{0.405}{3.871} = 0.105$$

则所求特征向量 $\overline{\boldsymbol{W}} = (0.637, 0.258, 0.105)^{\mathrm{T}}$

（4）计算判断矩阵的最大特征根

$$\boldsymbol{AW} = \begin{pmatrix} 1 & 3 & 5 \\ \dfrac{1}{3} & 1 & 3 \\ \dfrac{1}{5} & \dfrac{1}{3} & 1 \end{pmatrix} \begin{pmatrix} 0.637 \\ 0.258 \\ 0.105 \end{pmatrix} = \begin{pmatrix} 1.936 \\ 0.785 \\ 0.318 \end{pmatrix}$$

$$\lambda_{\max} = \sum_{i=1}^{n} \frac{(AW)_i}{n W_i} = \frac{1.936}{3 \times 0.637} + \frac{0.785}{3 \times 0.258} + \frac{0.318}{3 \times 0.105} = 3.037$$

（5）进行一致性检验

$$\mathrm{C.I.} = \frac{\lambda_{\max} - n}{n - 1} = \frac{3.037 - 3}{3 - 1} = 0.019$$

$$\mathrm{R.I.} = 0.52$$

$$\mathrm{C.R.} = \frac{\mathrm{C.I.}}{\mathrm{R.I.}} = \frac{0.019}{0.52} = 0.037$$

同理可得：

判断矩阵 B_1—C（各方案相对于投资回收期准则的相对重要性排序权重）：

$$\boldsymbol{B}_1 \boldsymbol{W} = \begin{pmatrix} 2.297 \\ 1.005 \\ 0.397 \\ 0.262 \end{pmatrix} \quad \boldsymbol{W} = \begin{pmatrix} 0.581 \\ 0.257 \\ 0.096 \\ 0.066 \end{pmatrix} \quad \begin{aligned} &\lambda_{\max} = 3.982 \\ &\mathrm{C.I.} = -0.006 \\ &\mathrm{R.I.} = 0.89 \\ &\mathrm{C.R.} = -0.007 \end{aligned}$$

判断矩阵 B_2—C（各方案相对于投资回收期准则的相对重要性排序权重）：

$$\boldsymbol{B}_2\boldsymbol{W} = \begin{pmatrix} 1.739 \\ 1.554 \\ 0.444 \\ 0.313 \end{pmatrix} \quad \boldsymbol{W} = \begin{pmatrix} 0.430 \\ 0.385 \\ 0.108 \\ 0.077 \end{pmatrix} \quad \begin{matrix} \lambda_{max} = 4.067 \\ C.I. = 0.022 \\ R.I. = 0.89 \\ C.R. = 0.025 \end{matrix}$$

判断矩阵 B_3—C（各方案相对于投资回收期准则的相对重要性排序权重）：

$$\boldsymbol{B}_3\boldsymbol{W} = \begin{pmatrix} 2.311 \\ 0.307 \\ 0.995 \\ 0.457 \end{pmatrix} \quad \boldsymbol{W} = \begin{pmatrix} 0.569 \\ 0.075 \\ 0.243 \\ 0.112 \end{pmatrix} \quad \begin{matrix} \lambda_{max} = 4.079 \\ C.I. = 0.026 \\ R.I. = 0.89 \\ C.R. = 0.029 \end{matrix}$$

4.层次总排序及其一致性检验

层次总排序一致性检验如下：

$$C.R. = \frac{\sum_{i=1}^{n} B_j C.I._j}{\sum_{i=1}^{n} B_j R.I._j}$$

$$= \frac{0.637 \times (-0.006) + 0.258 \times 0.022 + 0.105 \times 0.026}{0.637 \times 0.89 + 0.258 \times 0.89 + 0.105 \times 0.89}$$

$$= \frac{0.0046}{0.89} = 0.005 < 0.1$$

故而其通过了一致性检验。

表 11-12　层次 C 的总排序权重计算表

层次 C	B₁ 0.637	B₂ 0.258	B₃ 0.105	层次 C 总排序权重
C_1	0.581	0.430	0.569	0.541
C_2	0.257	0.385	0.075	0.271
C_3	0.096	0.108	0.243	0.115
C_4	0.066	0.077	0.112	0.074

由层次总排序结果可以看出，各方案对于挑选满意项目这个总目标来说，相对优先顺序如下：方案 C_1、方案 C_2、方案 C_3 和方案 C_4。

思考与练习 ·~~~~~~

1.什么是多目标决策？进行多目标决策的基本准则和方法有哪些？

2.处理多目标决策问题时,需要遵循哪些原则？

3.简述应用层次分析法的步骤。

4.举例说明层次分析法目标体系的基本类型。

5.简述优劣系数法的基本原理和步骤。

6.人们考虑投资兴建一个旅游点,选择一个最理想的地点就是决策的目标。若干可供选择的地点就是最低层的各元素。用作评选的标准有以下 6 个: B_1 古迹的吸引力; B_2 名胜风光的条件; B_3 费用高低; B_4 生活条件; B_5 交通条件; B_6 接待工作的水平。

这些因素不再细分,因此,中间只有一层,如下图所示:

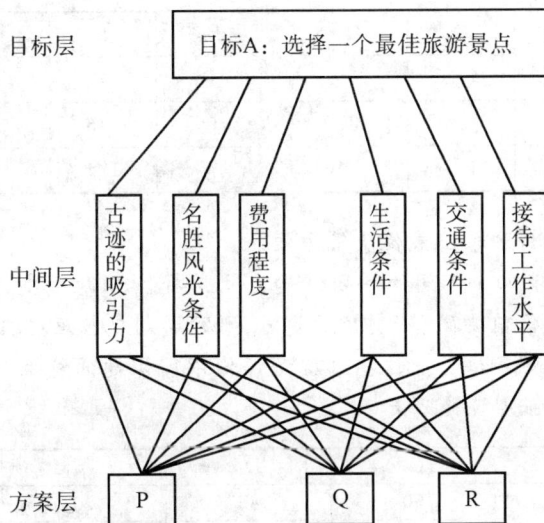

其中,中间层的判断矩阵为:

最佳旅游景点	B_1	B_2	B_3	B_4	B_5	B_6
B_1	1	1	4	3	3	4
B_2	1	1	1/3	5	1	1/3
B_3	1/4	3	1	7	1/5	1
B_4	1/3	1/5	1/7	1	1/5	1/6
B_5	1/3	1	5	5	1	3
B_6	1/4	3	1	6	1/3	1

以目标层为准则,将方案层各方案两两间进行比较,判断矩阵为:

B_1	P	Q	R
P	1	1/3	1/2
Q	3	1	3
R	2	1/3	1

B_2	P	Q	R
P	1	9	7
Q	1/9	1	1/5
R	1/7	5	1

B_3	P	Q	R
P	1	1	1
Q	1	1	1
R	1	1	1

B_4	P	Q	R
P	1	5	1
Q	1/5	1	1/5
R	1	5	1

B_5	P	Q	R
P	1	1/2	1
Q	2	1	2
R	1	1/2	1

B_6	P	Q	R
P	1	6	4
Q	1/6	1	1/3
R	1/4	3	1

请用层次分析法求出最优决策方案。

7.某研究所有四个不同的科研课题可供选择。课题所要达到的目标有:经济价值和科研价值要高、研制经费要省、研究周期应当短些、易于推广、有利于科研队伍的锻炼和培养。这些目标是评价不同课题的标准,据专家估定各课题对目标的贡献如下表所示:

评价标准	D_1	D_2	D_3	D_4
经济价值(万元)	50	85	70	95
科研价值	5	8	2	4
研究经费(万元)	15	32	26	20
研究周期(年)	1	1.5	2.5	2
推广难易	8	2	3	5
人才培养	4	8	5	3

科学价值的标定用数字 $1 \sim 9$,数字越大则科学价值越高。推广难易、人才培养也采用同样的标定方法,数字越大,推广越容易,对人才培养也越有利。由上表显示,没有一个方案是绝对好的,请对不同目标给予不同权数,然后用优劣系数法进行决策。

第十二章　对策论及其应用

前面讲的决策方法都是考虑行为主体在一定条件下的预测与决策的问题，没有考虑到行为主体之间的相互影响和相互作用的关系。而事实上在社会经济活动中行为主体间是相互影响的，这时对策论就提供了解决这一问题的方法。对策论（Game Theory）又称为博弈论、策略运筹学等，是研究多人决策问题的理论，在经济研究中运用广泛。对策论是一块新的研究领域，它的发展只是近几十年的事，特别是在美国普林斯顿大学教授约翰·纳什（J.Nash）、加州大学教授约翰·豪尔绍尼（J.Harsanyi）和德国波恩大学教授赖因哈德·泽尔腾（Reinhard Selten）获得了诺贝尔经济学奖以后，对策论在世界范围内影响更大，在各领域的运用更为广泛。在微观研究中，交易机制的模型（诸如讨价还价和拍卖模型）就涉及对策论；在中观经济研究中，劳动力经济学和金融理论都有关于企业要素投入品市场的对策论模型；在宏观经济研究中，国际经济学中有关于国家间的相互竞争，如选择关税或其他贸易政策的模型等都运用了对策论模型。

12.1　对策论的基本概念

一、构成对策论的三个基本要素

对策论研究的是人们在利益相互影响的局势中的策略选择问题，它从现实生活千差万别的对策形势中抽象出最基本的组成要素加以分析，从而形成一种通用性极强的一般性分析方法。在策略型对策中，一个对策由以下三种基本要素组成：

1.局中人(player)

局中人就是在一场竞争或对策中,根据自己的利益需要来决定自己的策略的参与者。局中人可以是自然人,也可以是企业、政府、社团和其他社会组织等。

记第 i 个局中人为 i,局中人集合 $N=\{1,2,\cdots,n\}$,即共有 n 个局中人。为了方便,我们将局中人 i 之外的其他局中人称为"i 的对手",记为 $-i$。

2.策略及策略集

策略型对策中有两种策略概念:一种为纯策略,简称为策略。策略就是局中人都有供自己选择的实际可行的方案,每个局中人均有可供其选择的多种策略。记局中人 i 的策略为 $s_i\in S_i$,S_i 为局中人 i 所有可供选择的策略组成的策略集,又称为局中人 i 的策略空间。n 个局中人各选择一个策略形成的向量 $s=(s_1,s_2,\cdots,s_n)$ 被称为策略组合(strategy profile),称策略组合的集合 S 为该对策的策略空间。另一种策略概念为在纯策略基础上形成的混合策略(mixed strategy)。假设局中人 i 的一个混合策略是一个概率分布 $(p_{i1},p_{i2},\cdots,p_{ik})$,其中 p_{ik} 表示参与者 i 选择战略 s_{ik} 的概率,$k=1,2,\cdots,K$。由于 p_{ik} 是一个概率,对所有 $k=1,2,\cdots,K$,有 $0\leqslant p_{ik}\leqslant 1$ 且 $p_{i1}+p_{i2}+\cdots+p_{ik}=1$,因此我们可以用 p_i 表示基于 S_i 的任意一个混合策略。

3.支付函数

支付是指一局对策结束后,给每一个局中人带来的收益,收益往往采用局中人的效用来表示。由于它是策略组合的函数,所以也被称为支付函数,或收益函数。通常用函数 u_i 来表示第 i 个参与者的支付函数,$u_i(s_1,s_2,\cdots,s_n)$ 即为参与者选择策略 $(s_1,s_2,\cdots,s_n)$ 时第 i 个参与者的支付。

以上三种基本要素构成了策略型对策。 如果对于 $\forall s\in S$,都有 $\sum_{i=1}^{n}u_i(S)=0$,则称这种对策为零和对策;如果此时局中人只有两个,就被称为双人零和博弈,这种博弈曾经在对策论中占据重要的地位。如果对策中局中人的个数和局中人的策略数都为有限时,那么这个对策被称为有限对策。

两人参与的对策可以用矩阵形式进行清晰的表述,也称为矩阵对策,这种对策的局中人只有两个,可以是两个个人,也可以是两个团体。他们有有限个可供选择的策略,每种对策的结果,双方的得失总和为零。有时候三个局中人的有限策略也可以用矩阵形式表示,但是矩阵形式不能用于表现局中人可选策略数目无限(或相当多)的情形,也很少用于四人及更多局中人的情形。在不宜用矩阵形式表现的情况下,只能用数学公式或者语言加以描述。

二、对策论的分类

对策论可以划分为合作博弈和非合作博弈,这两者之间的区别主要在于局中人的行为相互作用时,局中人能否达成一个具有约束力的协议,如果能,就是合作博弈,否则就是非合作博弈。合作博弈强调的是集体理性,强调效率、公平和公正;非合作博弈强调的是个人理性和个人最优策略,结果可能是有效率的,也可能是无效率的。

非合作博弈可以从两个角度来划分:

(1) 从时间角度来划分,即根据局中人行动的先后顺序,分为静态博弈和动态博弈。静态博弈是指博弈实际进行时,每个局中人的策略选择同时进行而且仅进行一次。其中的"同时"并不要求时间上的完全一致,只要每个局中人在选择策略时不知道其他局中人所选择的策略就可以称为静态博弈。动态博弈指的是局中人的行动有先后顺序,并且后行动者能够看到先行动者所采取的行动。

(2) 从信息方面来划分,即根据局中人对有关其他局中人的特征、策略空间及支付函数等信息的掌握情况分为完全信息博弈和不完全信息博弈。完全信息是指每个局中人对所有其他局中人的特征、策略空间及支付函数都掌握准确的信息。

综上所述,非合作博弈大致分为四种类型:完全信息静态博弈、完全信息动态博弈、不完全信息静态博弈、不完全信息动态博弈。

三、博弈的标准式表达

在博弈的标准表达中,每一个参与者同时各选择一个战略,所有参与者选择的组合决定了每个参与者的收益。下面用一个经典的例子来加以说明。

【例 12-1】囚徒困境(prisoners' dilemma)

两个犯罪嫌疑人被捕并受到指控,被警方关在不同的房间内审讯。他们面临的形势是:他们之间除非一个人招认犯罪,否则警方并无充分的证据来证明其有罪并判刑。警方对他们阐述了不同的行动会带来的不同后果:如果两人都不招认,将均被判处 2 个月;如果两人都招认,均被判处 6 个月;如果一方招认而另一方不招认,招认的一方将马上获得释放,不招认的一方被判处 9 个月。他们的收益矩阵如图 12-1:

局中人1

		招认	不招认
局中人2	招认	(−6，−6)	(0，−9)
	不招认	(−9，0)	(−2，−2)

图 12-1 "囚徒困境"的收益矩阵

括号中第一个数字代表局中人 2 的收益,第二个数字代表局中人 1 的收益,这个矩阵也被称为支付矩阵,有时也被称为双支付矩阵。

不同的著作中收益矩阵有不同的数值,但原理都是一样的,这其中反映的关键是数值的相对水平而不是绝对水平。

四、基本假设

(1) 博弈规则是共同知识(common knowledge)。

(2)"局中人是理性的"是共同知识。

(3) 并且每个局中人在不确定下的效用函数都具有期望效用函数性质。

五、优超(重复剔除严格劣策略)

如果一个局中人在任何情况下从某种策略中得到的支付均大于从另一种策略中得到的支付,那么对于他而言,前一种策略优于后一种策略,这就是优超的含义。

定义 11.1:在标准式的博弈 $G = \{S_1, S_2, \cdots, S_n; u_1, u_2, \cdots, u_n\}$ 中,令 s_i' 和 s_i'' 代表参与者 i 的两个可行策略。 如果对其他参与者每一个可能的策略组合,i 选择 s_i' 的收益都小于其选择 s_i'' 的收益,则称策略 s_i' 相对于策略 s_i'' 是严格劣策略,即 $u_i(s_1, s_2, \cdots, s_{i-1}, s_i', s_{i+1}, \cdots, s_n) < u_i(s_1, s_2, \cdots, s_{i-1}, s_i'', s_{i+1}, \cdots, s_n)$ 对其他参与者在其策略空间 $S_1, S_2, \cdots, S_{i-1}, S_{i+1}, \cdots, S_n$ 中每一组可能的策略 $(s_1, s_2, \cdots, s_{i-1}, s_{i+1}, \cdots, s_n)$ 都成立。

理性人都不会选择严格劣策略。

利用优超的概念,我们可以通过重复剔除被严格优超策略的方法对对策局势求解,其方法是:为每个局中人寻找被严格优超的策略,因为它不会被局中人选择实施,所以只要找到它的严格优超策略就可以将其从对策局势中剔除,从而得到一种新的缩减后的对策局势。对这种局势重复上述过程,直到找到新的被优超策略为止。策略剔除的顺序不影响结果。下面通过一个案例加以说明。

【例12-2】图12-2表示抽象博弈的例子,局中人1有"上""下"两种策略可以选择,局中人2有"左""中""右"三种策略可以选择。

局中人2

	左	中	右
局中人1 上	(1, 1)	(1, 3)	(0, 1)
下	(0, 3)	(0, 1)	(1, 0)

图 12-2 支付矩阵

对于局中人1来讲,"上"和"下"都不严格占优,因为如果局中人2选"左"和"中",局中人1选"上"优于"下",但如果局中人2选"右",局中人1选择"下"优于"上"。对于局中人2来讲,"中"严格优于"右",因为无论局中人1选择"上"还是"下",局中人2选择"中"的收益都比选择"右"的大。所以应该把右边一列从矩阵中剔除,得到如图12-3所示的新矩阵。

局中人2

	左	中
局中人1 上	(1, 1)	(1, 3)
下	(0, 3)	(0, 1)

图 12-3 剔除局中人2的严格劣策略后的支付矩阵

从图12-3中可以看出,对于局中人1来讲,"上"就成为"下"的严格优策略,因为局中人1是理性的,而且局中人2知道局中人1是理性的。又因为局中人1与局中人2是理性的是共同知识,局中人2又可以把"左"从图12-4中剔除掉,仅剩(上,中)为此博弈的结果。

局中人2

	左	中
局中人1 上	(1, 1)	(1, 3)

图 12-4 剔除局中人1的严格劣策略后的支付矩阵

上述过程即为"重复剔除严格劣策略"的过程。但是这一原则具有两个缺陷:第一,每一步剔除都需要参与者间相互了解,而这一假设显得过于严格;第二,这一方法对博弈结果的预测经常是不精确的。因为在有些博弈中没有可以剔除的严格劣策略,如图12-5的博弈,重复剔除法对所有策略都不起作用,因此这种方法有一定局限作用。

	左	中	右
上	(0, 4)	(4, 0)	(5, 3)
中	(4, 0)	(0, 4)	(5, 3)
下	(3, 5)	(3, 5)	(6, 6)

图 12-5　重复剔除法不适用的博弈

12.2　纳什均衡

纳什均衡是对策的解的概念,它可以对类型非常广泛的博弈做出更严格的决策。纳什均衡绝对不会在重复剔除严格劣策略的过程中被剔除掉,而重复剔除劣策略后的策略并不一定满足纳什均衡,所以可以通过证明得到纳什均衡是一个比重复剔除严格劣策略更强的解的概念。在扩展型博弈中,纳什均衡给出的博弈的结果也可能不是精确的,需要定义条件更为严格的均衡概念。不论怎样,纳什均衡是现代对策论研究的核心内容和重要基础,许多理论和应用研究都是围绕这一基本概念展开的。所以,理解和掌握对策均衡思想和理论体系必须以纳什均衡为起点。

一、纳什均衡的导出和定义

定义 11.2: 在 n 个参与者标准式博弈 $G=\{S_1,S_2,\cdots,S_n;u_1,u_2,\cdots,u_n\}$ 中,如果策略组合 $(s_1^*,s_2^*,\cdots,s_n^*)$ 满足对任意一个参与者 i,s_i^* 是他针对其他 $n-1$ 个参与者所选策略 $(s_1^*,s_2^*,\cdots,s_{i-1}^*,s_{i+1}^*,\cdots,s_n^*)$ 的最优反应策略,则称 $(s_1^*,s_2^*,\cdots,s_n^*)$ 是该博弈的一个纳什均衡,即 $u_i(s_1^*,s_2^*,\cdots,s_{i-1}^*,s_i^*,s_{i+1}^*,\cdots,s_n^*)\geqslant u_i(s_1^*,s_2^*,\cdots,s_{i-1}^*,s_i,s_{i+1}^*,\cdots,s_n^*)$ 对所有 S_i 中的 s_i 都成立,亦即 s_i^* 是以下最优问题的解:

$$\max_{s_i \in S_i} u_i(s_1^*, s_2^*, \cdots, s_{i-1}^*, s_i, s_{i+1}^*, \cdots, s_n^*)$$

为把该定义与一开始提到的推导思路联系起来,设想有一标准博弈 $G = \{S_1, S_2, \cdots, S_n; u_1, u_2, \cdots, u_n\}$,对策论为它提供的解为战略组合 $(s_1', s_2', \cdots, s_n')$,如果 $(s_1', s_2', \cdots, s_n')$ 不是 G 的纳什均衡,就意味着至少存在一个人 i,s_i' 不是针对 $(s_1', s_2', \cdots, s_{i-1}', s_{i+1}', \cdots, s_n')$ 的最优反应策略,即在 S_i 中存在 s_i'',使得 $(s_1', s_2', \cdots, s_{i-1}', s_i', s_{i+1}', \cdots, s_n') < u(s_1', s_2', \cdots, s_{i-1}', s_i'', s_{i+1}', \cdots, s_n')$。那么对策论提供的策略组合 $(s_1', s_2', \cdots, s_n')$ 就不是纳什均衡,因为至少存在一个局中人有动机去偏离这个策略组合,使得对策真实结果和理论预测出现严重不一致。因此决策者之间要商定一个协议决定对策如何进行,那么这个有效组合一定是纳什均衡的策略组合,否则,至少有一个人是要偏离这个协议组合的。

命题 11.1:在 n 个局中人的博弈 $G = \{S_1, S_2, \cdots, S_n; u_1, u_2, \cdots, u_n\}$ 中,如果 $s^* = (s_1^*, s_2^*, \cdots, s_n^*)$ 是 G 的一个纳什均衡解,那么重复剔除严格劣策略法一定不会将它剔除。

命题 11.2:在 n 个局中人的博弈 G 中,如果重复剔除严格劣策略法排除了除 $s^* = (s_1^*, s_2^*, \cdots, s_n^*)$ 之外的所有策略组合,那么 s^* 一定是该博弈唯一的纳什均衡解。

二、纳什均衡的应用

在各种对策局势中,纳什均衡解的数目不一定相同,可分为以下几种情况:

1.存在唯一的纯策略纳什均衡解

在例 12-2 中,通过剔除严格劣策略的方法得到最后唯一的一个策略,这个唯一的策略就是唯一的纳什均衡解。

2.存在多个纯策略纳什均衡解

在某些对策局势中,纳什均衡解不是唯一的,而是存在多个纳什均衡解,这种情况很常见。下面用一个简单的例子加以说明,在这里介绍一种求解纳什均衡的方法 —— 画线法。

【**例 12-3**】在局中人 j 针对局中人 i 的每一个可选策略采取最优反应策略时的收益下面画横线。如图 12-6 所示,对于局中人 1 来说,当局中人 2 选择"左"的时候,局中人 1 会选择"上",故而在"4"下面画横线。对于局中人 2 来说,当局中人 1 选择"上"的时候,他会选择"左",也就是在"4"下面画横线,以此类推。

局中人2

	左	中	右
上	(<u>4</u>, <u>4</u>)	(<u>4</u>, 0)	(5, 3)
中	(3, 0)	(0, <u>4</u>)	(5, 3)
下	(3, 5)	(3, 5)	(<u>6</u>, <u>6</u>)

局中人1 上/中/下

图 12-6 画线法

如果在一对策略中,每一个参与人的策略都是对方策略的最优反应策略,那么这对策略满足定义 11.2 中的不等式条件,即双变量矩阵相应单元的两个收益值下面都被画了横线。这样,利用画线法就得到了两个纯策略纳什均衡,即(上,左) 和(下,右)。

3.不存在纯策略的纳什均衡解

在有些对策局势中没有纯策略纳什均衡解,而只有混合策略纳什均衡解,这就是需要在对策论中引入混合策略概念的原因。下面通过一个实例来对这种情况加以说明。

【例 12-4】猜硬币游戏

两个小孩玩游戏,一个小孩将一枚硬币握在手中,另一个小孩猜硬币是正面还是反面朝上,猜中了赢 1 元钱,猜错了输 1 元钱。这种对策虽然存在行动上的先后,但是由于后者不知道前者的硬币摆放情况,所以仍然可以利用完全信息静态对策来描述,它可以用矩阵形式表现如图 12-7:

局中人2

	正面	背面
正面	(-1, <u>1</u>)	(<u>1</u>, -1)
背面	(<u>1</u>, -1)	(-1, <u>1</u>)

局中人1 正面/背面

图 12-7 猜硬币游戏

用画线法可知道该种情况不存在纯策略纳什均衡。无论是何种结局,都有局中人可以通过改变策略将输赢结果颠倒获利。所以这种情况只存在混合策略纳什均衡。

12.3 混合策略和纳什均衡的存在性

一、混合策略

【**例 12-5**】以例 12-4 中的数据为例,记局中人 1 的混合策略为 $\sigma_1 = (p, 1-p)$,即局中人猜正面的概率为 p,猜反面的概率为 $1-p$,同理,局中人 2 的混合策略为 $\sigma_2 = (r, 1-r)$。需要计算最优的 p 值,用 $p^*(r)$ 表示,从而使得 $(p, 1-p)$ 成为局中人 1 对局中人 2 策略 $(r, 1-r)$ 的最优反应策略。

局中人 1 的支付函数(收益函数)为:

$$u_1(\sigma_1, \sigma_2) = p[r(-1) + (1-r)] + (1-p)[r + (1-r)(-1)]$$
$$= (2p-1)(1-2r)$$

局中人 1 需要选择使其支付函数最大的 p。由于 $u_1(\sigma_1, \sigma_2)$ 是线性函数,根据线性函数的性质可以得到局中人 1 的策略为:当 $1-2r > 0$,即 $r < 0.5$ 时,p 取 1;当 $1-2r < 0$,即 $r > 0.5$ 时,p 取 0;当 $1-2r = 0$,即 $r = 0.5$ 时,p 取任意值。

同理,对于局中人 2 来说,他的支付函数为:

$$u_2(\sigma_1, \sigma_2) = (2r-1)(2p-1)$$

局中人 2 需要选择使其支付函数最大的 r。局中人 2 的策略为:当 $2p-1 > 0$,即 $p > 0.5$ 时,r 取 1;当 $2p-1 < 0$,即 $p < 0.5$ 时,r 取 0;当 $2p-1 = 0$,即 $p = 0.5$ 时,r 取任意值。

图 12-8 表示局中人 1 对局中人 2 的混合策略的最优反应。

图 12-9 表示局中人 2 对局中人 1 的混合策略的最优反应。

将图 12-8 和图 12-9 加以合并得出图 12-10。这里最优反应策略对应的 $q^*(r)$ 和 $r^*(q)$ 的交点给出了猜硬币对策的纳什均衡解,即如果参与者 1 的策略是 $\left(\dfrac{1}{2}, \dfrac{1}{2}\right)$,则参与者 2 的最优策略为 $\left(\dfrac{1}{2}, \dfrac{1}{2}\right)$,它满足纳什均衡的要求。

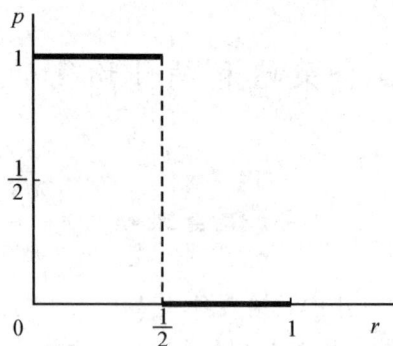

图 12-8　局中人 1 的最优反应策略

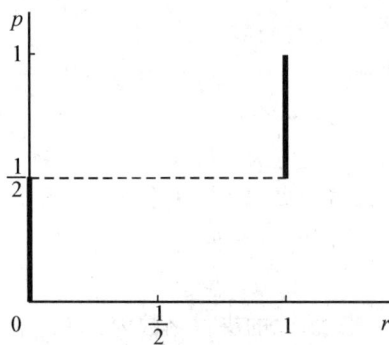

图 12-9　局中人 2 的最优反应策略

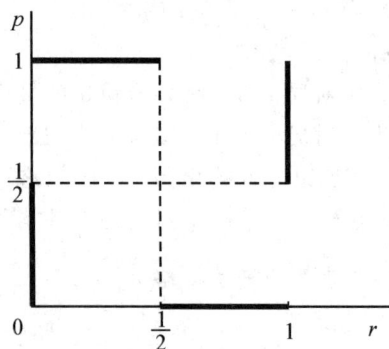

图 12-10　局中人的最优反应策略

二、纳什均衡的存在性

纳什定理(Nash,1950):在 n 个参与者的标准式对策 $G=\{S_1,S_2,\cdots,S_n;u_1,u_2,\cdots,u_n\}$ 中,如果 n 是有限的,且对于每个 i,S_i 也是有限的,则对策存在至少一个纳什均衡,均衡可能包含混合策略。

纳什定理可以利用不定点定理得以证明。详细证明过程可参看艾里克·拉斯缪森的著作《博弈与信息:博弈论概论》(2003)。

三、纳什均衡多重性

纳什在 1950 年证明了在任何有限博弈中,都存在至少一个纳什均衡。这也是纳什均衡的弱点所在,它并不能保证唯一性,当存在多个纳什均衡的时候,哪一个会成为参与博弈的局中人理性选择的最终结果,这是问题的关键所在。

下面用一个经典的例子来说明这一问题。

【例 12-6】性别战博弈

一男(彼特)一女(莉莎)谈恋爱,他们决定在周末的一个晚上去娱乐。彼特更喜欢拳击,莉莎更喜欢歌剧,但是两人更愿意在一起度过周末,不愿分开。图 12-11 反映了他们的支付矩阵。

彼特

		歌剧	拳击
莉莎	歌剧	(2, 1)	(0, 0)
	拳击	(0, 0)	(1, 2)

图 12-11　支付矩阵

通过画线法,我们知道(歌剧,歌剧)和(拳击,拳击)都是纳什均衡。也就是给定一方去听歌剧,那么对方也会去听歌剧;一方去看拳击,另一方也去看拳击。

在许多博弈中,存在多个纳什均衡,有时存在无穷个纳什均衡。这也成为对策论中的一个重要研究课题。

12.4　对策论案例

古诺双头垄断模型

古诺(1838)早在一个多世纪前就提出了纳什均衡所定义的均衡(但是只是在特定的双头垄断模型中)。他的研究成为对策论的经典文献,同时也是产业组织理论的重要里程碑。本例只讨论古诺模型中最简单的一种情况。通过本例要说明以下内容:(a)如何把对一个问题的非正式描述转化为对策论的标准表述;(b)如何计算对策的纳什均衡;(c)反映存在唯一纳什均衡模型的特点。

企业1、企业2同时生产同质产品,令q_1, q_2分别表示企业1、企业2的产量,假设该种产品在市场上只有这两家企业生产,那么市场中该产品的总供给为$Q = q_1 + q_2$,令$P(Q) = a - Q$表示市场出清时的价格,即市场均衡时的价格(需要说明的是,当$Q < a$时,$P(Q) = a - Q$;当$Q \geqslant a$时,$P(Q) = 0$)。假设企业i生产产量q_i的总成本$C_i(q_i) = cq_i$,即假设企业不存在固定成本,且生产产品的边际成本为常数c,假设$c < a$。两企业根据以上信息决定自己的产量。

为了求出其纳什均衡,先将其转化为标准的对策论形式,先列出对策论标准式的三要素:

(1) 对策的局中人。古诺双头垄断模型中有两个局中人,即模型中的两个垄断企业 —— 企业1和企业2。

(2) 每一个局中人可选择的策略。在该模型中,每一个局中人可选择的只是其产品的产量,我们在此假定产量是可分的。由于产量不可能为负,所以每一企业的产量决策空间必须大于0。而且特别大的产量也是不可能的,因为当$Q \geqslant a$时,$P(Q) = 0$,所以任何一家企业也不会生产出比a大的产出,所以每个企业可选择的策略空间为$0 \leqslant q_i \leqslant a$。

(3) 针对每一个可能出现的局中人的策略组合估计每一局中人的收益。

要全面地表述这一对策并求出其均衡解,还需要把企业自己的收益表示为他自己和另一企业所选策略的函数。假定企业的收益就是其利润额,这样在拥有两个局中人的对策中,企业i的收益$u_i(s_i, s_j)$就可以表示为:

$$u_i(q_i, q_j) = q_i[p(q_i + q_j) - c] = q_i[a - (q_i + q_j) - c]$$

根据纳什均衡的定义可以看出,对于每一个参与者i,最优策略s_i^*应该满

足 $u_i(s_i^*, s_j^*) \geqslant u_i(s_i, s_j^*)$，并且对于 S_i 中每一个可选策略 s_i 都成立，这一条件等价于：对于每一个参与者 i, s_i^* 必须是最优化问题 $\max\limits_{s_i \in S_i} u_i(s_i, s_j^*)$ 的解。

若一对产出组合 (q_1^*, q_2^*) 为纳什均衡解，对每一个企业 i, q_i^* 应为下面最大化问题的解：

$$\max\limits_{0 \leqslant q_i \leqslant a} u_i(q_i, q_j^*) = \max\limits_{0 \leqslant q_i \leqslant a} q_i [a - (q_i + q_j^*) - c]$$

设 $q_j^* < a - c$（下面的结果也将会证明这一条件是成立的），企业最优化问题的一阶条件既是必要条件，又是充分条件，其解为：

$$q_i = \frac{1}{2}(a - q_j^* - c)$$

那么，如果产量组合 (q_1^*, q_2^*) 要成为纳什均衡解，企业的产量选择必须满足：

$$q_1 = \frac{1}{2}(a - q_2^* - c)$$

且：

$$q_2 = \frac{1}{2}(a - q_1^* - c)$$

解这一对方程组得：

$$q_1^* = q_2^* = \frac{a - c}{3}$$

均衡解的确小于 $a - c$，满足上面的假设。

从上面这一实例可以看出，这种连续策略对策局势的纳什均衡求解的方法就是，首先求出每个局中人对其他局中人策略组合的反应函数，即在其他局中人策略组合给定时极大化自己的支付，得到的最佳反应策略表现为其他局中人策略组合的函数；得到每个局中人的反应函数后，将这些反应函数联立求解即得到对策的纳什均衡解。

思考与练习

1. 试述决策论与对策论的区别与联系。

2. 简述博弈的分类。

3. 什么是策略的标准式？在策略的标准式中，什么是严格劣策略，什么是纯策略纳什均衡？

4. 在下面的策略的标准式中，哪些策略不会被重复剔除严格劣策略方法剔除？纯策略纳什均衡是什么？

	L	C	R
T	(2, 0)	(1, 1)	(4, 2)
M	(3, 4)	(1, 2)	(2, 3)
B	(1, 3)	(0, 2)	(3, 0)

5.请用画线法求出以下支付矩阵的纳什均衡。

	左	中	右
上	(1, 0)	(1, 3)	(0, 1)
下	(0, 4)	(0, 2)	(0, 0)

6.丈夫喜欢看拳击,妻子喜欢看芭蕾舞。他们宁愿在一起也不愿分开行动。下图是他们的收益矩阵。本例有两种纳什均衡结果会出现,要么一起去看拳击,要么一起去看芭蕾舞,请求出他们的混合策略纳什均衡。

		妻子	
		拳击	芭蕾
丈夫	拳击	(2, 1)	(0, 0)
	芭蕾	(0, 0)	(1, 2)

7.考察一种投票对策:三个局中人 A, B, C 同时投票给彼此,不能弃权,得到最多选票的当选。如果没有一个人得到多数,则 A 当选。对应的支付函数为:

$$u_1(A) = u_2(B) = u_3(C) = 2$$
$$u_1(B) = u_2(C) = u_3(A) = 1$$
$$u_1(C) = u_2(A) = u_3(B) = 0$$

试求出这一局势中所有的纳什均衡。

8.试列举现实中应用了对策论方法的一些经济现象,并对其中某一现象进行详细分析。

第十三章 贝叶斯决策法

在前面所述的风险决策问题中,由于自然状态的发生概率大多是根据过去的资料和经验估计的,因此存在准确性和可靠性的问题。为了做出更准确可靠的决策,就有必要再收集信息,利用这些补充信息修正各种自然状态原有的发生概率估算,使之更接近于实际。运用概率论中的贝叶斯定理能解决这类决策问题,这就是贝叶斯决策法。

13.1 贝叶斯决策概述

一、贝叶斯定理

(一)条件概率

如果两个事件 A 和 B 不是互相独立的,并且知道事件 A 已经发生,则事件 B 在事件 A 已发生条件下的概率简称为条件概率,记为 $P(B\mid A)$,其计算公式为:

$$P(B\mid A)=\frac{P(AB)}{P(A)} \tag{12-1}$$

在贝叶斯决策法中,通常把利用补充信息之前已掌握的有关自然状态的信息称为先验信息,相应的发生概率称为先验概率;把利用补充信息对先验概率进行修正后得到的概率称为后验概率。因此,无条件概率 $P(B)$ 称为事件 B 的先验概率,条件概率 $P(B\mid A)$ 称为事件 B 的后验概率。

（二）贝叶斯定理

假设样本空间 S 被分成一个含有 n 个互斥事件的集合，即：

$$S = \{A_1, A_2, \cdots, A_n\}$$

$$A_i \bigcap A_j = 0 \quad i,j = 1,2,\cdots,n \text{ 且 } i \neq j$$

其中，每个事件 A_i 称为 S 的一个划分。则事件 B 可以表示为 n 个互斥事件的组合，即 $B = BA_1 + BA_2 + \cdots + BA_n$。由全概率定理知：

$$P(B) = P(B \mid A_1)P(A_1) + P(B \mid A_2)P(A_2) + \cdots + P(B \mid A_n)P(A_n)$$

$$= \sum_{j=1}^{n} P(B \mid A_j)P(A_j) \tag{12-2}$$

其中，条件概率 $P(B \mid A_j)$ 被称为似然概率。

根据条件概率的计算公式和全概率定理，可以得到：

$$P(A_j \mid B) = \frac{P(A_jB)}{P(B)} = \frac{P(B \mid A_j)P(A_j)}{\sum_{j=1}^{n} P(B \mid A_j)P(A_j)} \tag{12-3}$$

公式（12-3）称为贝叶斯定理。

二、贝叶斯决策法的概念和一般程序

（一）贝叶斯决策法的概念

贝叶斯决策法就是通过收集补充信息（B），并计算似然概率（B 在自然状态为 $A_j(j = 1,2,\cdots,n)$ 时的条件概率），进而利用贝叶斯定理（式（12-3））修正自然状态（A_j）出现的概率估算，得到更接近于实际的后验概率 $[P(A_j \mid B)]$，并据此后验概率做出决策的方法。

（二）贝叶斯决策法的一般程序

在先验概率已知的情况下，贝叶斯决策法的一般程序如下：

（1）进行预后验分析，权衡补充信息的费用和可靠性对决策效果的影响，即判断是否值得收集补充信息，找出从补充信息中可能得到的结果，然后再决定最优决策。

（2）收集补充信息，根据条件概率的计算公式计算似然概率。

（3）利用贝叶斯定理计算后验概率。

（4）根据后验概率进行决策分析。

13.2　后验分析

如前所述，自然状态的概率根据是否利用了补充信息进行修正分为先验概率与后验概率。类似地，决策分析可分为先验分析与后验分析。

先验分析是指决策者详细列出各种自然状态及其先验概率、各种备选行动方案与自然状态的损益值，并根据这些信息对备选方案进行选择的分析过程。

后验分析是指根据补充信息修正先验概率，得到后验概率，并根据后验概率计算各种备选方案的损益值，并根据这些信息对备选方案进行选择的分析过程。

【例 13-1】一家公司欲增加收益，有两种备选方案，一是向市场投放新产品，二是改进已有产品。根据历史信息，预计目标客户对该公司产品市场需求率有 20% 和 10% 两种可能，其概率分别为 80% 和 20%。市场营销部门经研究认为，在市场需求率为 20% 的情况下，投放新产品每年可盈利 500 万元，改进已有产品每年可盈利 400 万元；在市场需求率为 10% 的情况下，投放新产品每年将亏损 100 万元，改进已有产品每年将亏损 50 万元。为慎重起见，该公司进行了市场需求情况的抽样调查，从 10 万个目标客户中随机抽取了 10 个客户进行调查，其中有 1 个选择了该公司的产品。该公司应该选择投放新产品还是改进已有产品？

（1）先验分析

以 A_1，A_2 分别表示市场需求率为 20% 和 10% 的自然状态，以 a_1，a_2 分别表示投放新产品和改进已有产品两种决策方案。根据题意，可编制该公司的损益矩阵决策表如表 13-1 所示：

表 13-1　先验分析的损益矩阵决策表

方案	A_1	A_2	期望收益值（万元）
	0.80	0.20	
a_1	500	−100	380
a_2	400	−50	310
决策	max(380,310)=380		

其中,第 i 个方案的期望收益值 $E[R(a_i)]$ 的计算过程如下:

$$E[Q(a_1)] = 500 \times 0.8 + (-100) \times 0.2 = 380(万元)$$
$$E[Q(a_2)] = 400 \times 0.8 + (-50) \times 0.2 = 310(万元)$$

由表 13-1 可知,先验分析认为方案 a_1 是最佳方案,即该公司向市场投放新产品能获得较大的期望收益。

(2)后验分析

以 B 表示"10 个目标客户中有 1 个客户选择了该公司的产品"这一补充信息。

首先,计算似然概率。由于样本占总体的比例很小,可用二项分布来近似超几何分布,因此有:

$$P(B \mid A_1) = C_{10}^1 \times 0.2 \times (1 - 0.2)^9 = 0.268\ 4$$
$$P(B \mid A_2) = C_{10}^1 \times 0.1 \times (1 - 0.1)^9 = 0.387\ 4$$

其次,根据贝叶斯定理计算后验概率:

$$P(A_1 \mid B) = \frac{P(A_1) \times P(B \mid A_1)}{P(A_1) \times P(B \mid A_1) + P(A_2) \times P(B \mid A_2)}$$
$$= \frac{0.2 \times 0.268\ 4}{0.2 \times 0.268\ 4 + 0.80 \times 0.387\ 4}$$
$$= 0.147\ 6$$

$$P(A_2 \mid B) = \frac{P(A_2) \times P(B \mid A_2)}{P(A_1) \times P(B \mid A_1) + P(A_2) \times P(B \mid A_2)}$$
$$= \frac{0.80 \times 0.387\ 4}{0.2 \times 0.268\ 4 + 0.80 \times 0.387\ 4}$$
$$= 0.852\ 4$$

再次,根据后验概率计算两种方案的后验期望收益值,如表 13-2 所示:

表 13-2　后验分析的损益矩阵决策表

方案	A_1	A_2	期望收益值
	0.147 6	0.852 4	(万元)
a_1	500	−100	−11.44
a_2	400	−50	16.42
决策	max(−11.44,16.42)=16.42		

由表 13-2 可知,利用了补充信息的后验分析认为方案 a_2 是最佳方案,即该公司改进已有产品能获得较大的期望收益。

13.3 预后验分析

一、信息的价值

贝叶斯分析可以通过收集补充信息来修正先验概率,从而增加期望收益。但是收集补充信息是有成本的。如果补充信息所带来的期望收益的增加不足以弥补成本,则收集补充信息是不值得的。因此,需要计算补充信息能使期望收益增加多少,即计算补充信息的价值。

(一)完全信息价值的期望值

完全信息是指能够反映自然状态发生的真实情况的信息。如果能获得自然状态的完全信息,即事先知道自然状态 A_j 的确切情况,则决策者可以根据这种状态选择能带来最大收益 $[\max\limits_i Q(a_i, A_j)]$ 的方案;如果不能获得自然状态的确切情况,则决策者只能根据先验分析选择一个使期望收益最大的方案。记先验分析最佳决策方案为 a_{opt},其期望收益为 $E[Q(a_{opt})]$,在状态 A_j 下其收益为 $Q(a_{opt}, A_j)$。因此,在状态 A_j 下,完全信息的价值为:

$$\max\limits_i Q(a_i, A_j) - Q(a_{opt}, A_j)$$

A_j 出现的可能性是由状态概率 $P(A_j)$ 决定的。由于有 n 种自然状态,因此,全部完全信息的价值只能通过其期望值来反映,称为完全信息价值的期望值(EVPI,expected value of perfect information),即:

$$EVPI = E[\max\limits_i Q(a_i, A_j) - Q(a_{opt}, A_j)] \tag{12-4}$$

式(12-4)可以写成:

$$EVPI = E[\max\limits_i Q(a_i, A_j)] - E[Q(a_{opt}, A_j)]$$

由于 $E[Q(a_{opt}, A_j)] = E[Q(a_{opt})]$,即先验分析最佳决策方案的期望收益值。所以有:

$$EVPI = E[\max\limits_i Q(a_i, A_j)] - E[Q(a_{opt})] \tag{12-5}$$

若用 $R(a_{opt})$ 表示先验分析最佳决策方案在状态 A_j 下的损失值,即:

$$R(a_{opt}) = \max\limits_i Q(a_i, A_j) - Q(a_{opt}, A_j) \tag{12-6}$$

则式(12-5)可以写成:

$$EVPI = E[R(a_{\text{opt}})] \tag{12-7}$$

根据式(12-7)可以将完全信息价值的期望值理解为,由于决策者不了解确切的自然状态,而采用先验分析最佳决策方案将造成的平均损失。掌握了完全信息之后,就可以避免这种损失。

由于补充信息所包含的信息量不会高于完全信息,因此,补充信息的价值低于完全信息的价值。所以,在先验分析阶段可以把完全信息价值的期望值作为权衡是否考虑收集补充信息的一项重要指标。当收集补充信息的成本 CS 大于或等于 EVPI 时,收集补充信息是没有价值的;当 CS 小于 EVPI 时,才需要进一步考虑是否有必要收集补充信息。

【例 13-2】 某化妆品公司考虑大量投放新产品,根据以往经验,预计市场反应有利和不利的概率分别为 0.7 和 0.3;在市场反应有利的情况下,投放新产品后公司每月可获利 80 万元,不投放新产品公司每月可获利 50 万元;在市场反应不利的情况下,投放新产品公司每月将亏损 30 万元,不投放新产品公司每月将盈利 10 万元。

以 A_1,A_2 分别表示市场反应有利和不利的自然状态,以 a_1,a_2 分别表示投放新产品和不投放新产品两种决策方案。

根据先验信息,可编制该公司的损益矩阵决策表如表 13-3 所示。

表 13-3　先验分析的损益矩阵决策表

方案	A_1	A_2	期望收益值
	0.70	0.30	(万元)
a_1	80	−30	47
a_2	50	10	38
决策	max(47,38)=47		

从表 13-3 可以看出,如果不能获得市场反应的真实情况,根据先验概率只能比较两个方案的期望收益,先验分析认为方案 a_1 是最佳方案,即投放新产品能使该公司获得较大的期望收益(47 万元)。

当掌握了实际情况为市场反应有利的信息以后,公司必然采取方案 a_1,可获得最大收益 80 万元。先验分析最佳方案也为 a_1,因此也获得 80 万元的收益。从而,在市场反应有利的状态下,完全信息的价值为 0 万元。

当掌握了实际情况为市场反应不利的信息以后,公司必然采取方案 a_2,可获得最大收益 10 万元。由于先验分析最佳方案为 a_1,因此获得 −30 万元的收益。从而,在市场反应不利的状态下,完全信息的价值为 40 万元。

根据式(12-4),可计算完全信息价值的期望值为:

$$\text{EVPI} = E\left[\max_i Q(a_i, A_j) - Q(a_{\text{opt}}, A_j)\right]$$
$$= 0 \times 0.70 + 40 \times 0.30 = 12(\text{万元})$$

或者根据式(12-5),有:

$$\text{EVPI} = E\left[\max_i Q(a_i, A_j)\right] - E\left[Q(a_{\text{opt}})\right]$$
$$= (0.70 \times 80 + 0.3 \times 10) - 47 = 12(\text{万元})$$

(二)补充信息价值的期望值

在现实中,自然状态的完全信息难以获得。为了做出更准确可靠的决策,常常需要利用抽样调查、检验、咨询等方式收集补充信息。大多数补充信息的获得也是有成本的,且补充信息也不一定完全准确。因此,在收集补充信息之前,需要先权衡补充信息的费用和可靠性对决策效果的影响,即判断是否值得收集补充信息以及从补充信息可能得到的结果。只有当收集补充信息的成本小于补充信息价值的期望值时,收集补充信息才是值得的。

补充信息价值的期望值(EVAI,expected value of additional information)是指,与利用补充信息之前得到的先验分析最佳决策方案所带来的期望收益值相比较,利用补充信息之后,各种可能的最佳决策方案所能带来的期望收益增加值的期望,即补充信息所能带来的期望收益值。

下面以具体例子来阐述其含义。

【例 13-3】续例 13-2。为了更准确地了解市场反应情况,该公司欲让市场营销部门组织市场调查。根据市场营销部门之前对同类产品的调查记录显示,若市场反应有利,调查结果也为有利的概率为 80%;若市场反应不利,调查结果也为不利的概率为 60%。试求补充信息价值的期望值。

补充信息可以用来修正先验概率,更准确地反映市场的反应情况。以 $B_i(i=1,2)$ 表示补充信息 B 的取值,其中 B_1 表示市场调查结果有利,B_2 表示市场调查结果不利。根据该公司之前对同类产品的调查经验,可以得到似然概率如下:

$$P(B_1 \mid A_1) = 0.8, P(B_2 \mid A_1) = 1 - 0.8 = 0.2$$
$$P(B_2 \mid A_2) = 0.6, P(B_1 \mid A_2) = 1 - 0.6 = 0.4$$

根据贝叶斯定理,可计算出在调查结果分别为 B_1 和 B_2 两种情况下的后验概率,及相应的调整后期望收益。

（1）当调查结果为 B_1，即市场反应有利时：

$$P(A_1 \mid B_1) = \frac{P(A_1) \times P(B_1 \mid A_1)}{P(A_1) \times P(B_1 \mid A_1) + P(A_2) \times P(B_1 \mid A_2)}$$

$$= \frac{0.7 \times 0.8}{0.7 \times 0.8 + 0.3 \times 0.4}$$

$$= 0.823\ 5$$

$$P(A_2 \mid B_1) = \frac{P(A_2) \times P(B_1 \mid A_2)}{P(A_1) \times P(B_1 \mid A_1) + P(A_2) \times P(B_1 \mid A_2)}$$

$$= \frac{0.3 \times 0.4}{0.7 \times 0.8 + 0.3 \times 0.4}$$

$$= 0.176\ 5$$

$$E[Q(a_1) \mid B_1] = 80 \times 0.823\ 5 + (-30) \times 0.176\ 5 = 60.585（万元）$$

$$E[Q(a_2) \mid B_1] = 50 \times 0.823\ 5 + 10 \times 0.176\ 5 = 42.940（万元）$$

可见，$E[Q(a_1) \mid B_1] > E[Q(a_2) \mid B_1]$。所以，当调查结果为市场反应有利时，方案 a_1 是最佳方案，即应该投放新产品。

（2）当调查结果为 B_2，即市场反应不利时：

$$P(A_1 \mid B_2) = \frac{P(A_1) \times P(B_2 \mid A_1)}{P(A_1) \times P(B_2 \mid A_1) + P(A_2) \times P(B_2 \mid A_2)}$$

$$= \frac{0.7 \times 0.2}{0.7 \times 0.2 + 0.3 \times 0.6}$$

$$= 0.437\ 5$$

$$P(A_2 \mid B_2) = \frac{P(A_2) \times P(B_2 \mid A_2)}{P(A_1) \times P(B_2 \mid A_1) + P(A_2) \times P(B_2 \mid A_2)}$$

$$= \frac{0.3 \times 0.6}{0.7 \times 0.2 + 0.3 \times 0.6}$$

$$= 0.562\ 5$$

$$E[Q(a_1) \mid B_2] = 80 \times 0.437\ 5 + (-30) \times 0.562\ 5 = 18.125（万元）$$

$$E[Q(a_2) \mid B_2] = 50 \times 0.437\ 5 + 10 \times 0.562\ 5 = 27.500（万元）$$

可见，$E[Q(a_1) \mid B_2] < E[Q(a_2) \mid B_2]$。所以，当调查结果为市场反应不利时，方案 a_2 是最佳方案，即应该不投放新产品。

（3）由以上分析可知，当调查结果为 B_1 时，该公司根据此补充信息将采取方案 a_1，这与先验分析的结论相同，因此收益也相同。从而，与不补充信息相比较，补充信息 B_1 所能带来期望收益值的增加值，即补充信息 B_1 的价值［记为 $\mathrm{VAI}(B_1)$］为：

$$VAI(B_1) = [Q(a_1 \mid B_1, A_1) - Q(a_1, A_1)] \times P(A_1 \mid B_1) +$$
$$[Q(a_1 \mid B_1, A_2) - Q(a_1, A_2)] \times P(A_2 \mid B_1)$$
$$= (80 - 80) \times 0.823\ 5 + [-30 - (-30)] \times 0.176\ 5$$
$$= 0(万元)$$

当调查结果为 B_2 时,该公司根据此补充信息将采取最佳方案 a_2,这与先验分析建议采取方案 a_1 的结论不同。从而,与不补充信息相比较,补充信息 B_2 所能带来期望收益值的增加值,即补充信息 B_2 的价值为:

$$VAI(B_2) = [Q(a_2 \mid B_2, A_1) - Q(a_1, A_1)] \times P(A_1 \mid B_2) +$$
$$[Q(a_2 \mid B_2, A_2) - Q(a_1, A_2)] \times P(A_2 \mid B_2)$$
$$= (50 - 80) \times 0.437\ 5 + [10 - (-30)] \times 0.562\ 5$$
$$= 9.375(万元)$$

由于调查结果是 B_1 还是 B_2 事先具有不确定性,其发生的概率分别为:

$$P(B_1) = P(A_1) \times P(B_1 \mid A_1) + P(A_2) \times P(B_1 \mid A_2) = 0.68$$
$$P(B_2) = P(A_1) \times P(B_2 \mid A_1) + P(A_2) \times P(B_2 \mid A_2) = 0.32$$

所以,补充信息价值的期望值为:

$$EVAI = VAI(B_1) \times P(B_1) + VAI(B_2) \times P(B_2)$$
$$= 0 \times 0.68 + 9.375 \times 0.32$$
$$= 3(万元)$$

补充信息价值期望值的一般计算公式如下:

$$EVAI = \sum_{k=1}^{n} [VAI(B_k) \times P(B_k)]$$
$$= \sum_{k=1}^{n} \left\langle \left\{ \sum_{j=1}^{n} \{ [Q(a_{opt} \mid B_h, A_j) - Q(a_{opt}, A_j)] \times P(A_j \mid B_k) \} \right\} \times \right.$$
$$\left. P(B_k) \right\rangle \tag{12-8}$$

式中,$a_{opt} \mid B_k$ 表示在补充信息取值为 $B_k (k = 1, 2, \cdots, n)$ 时后验分析的最佳方案。

式(12-8)经过简单变形,可写成:

$$EVAI = \sum_{k=1}^{n} \left\{ \sum_{j=1}^{n} [Q(a_{opt} \mid B_k, A_j) \times P(A_j \mid B_k)] \times P(B_k) \right\} -$$
$$\sum_{k=1}^{n} \left\{ \sum_{j=1}^{n} [Q(a_{opt}, A_j) \times P(A_j \mid B_k)] \times P(B_k) \right\}$$
$$= E[Q(a_{opt} \mid B)] - \sum_{j=1}^{n} \left\{ Q(a_{opt}, A_j) \times \sum_{k=1}^{n} [P(A_j \mid B_k) \times P(B_k)] \right\}$$

$$= E\big[Q(a_{\mathrm{opt}} \mid B)\big] - \sum_{j=1}^{n}\big[Q(a_{\mathrm{opt}}, A_j) \times P(A_j)\big]$$

$$= E\big[Q(a_{\mathrm{opt}} \mid B)\big] - E\big[Q(a_{\mathrm{opt}})\big]$$

即：

$$\mathrm{EVAI} = E\big[Q(a_{\mathrm{opt}} \mid B)\big] - E\big[Q(a_{\mathrm{opt}})\big] \tag{12-9}$$

式(12-9)中,等式右边第一项 $E\big[Q(a_{\mathrm{opt}} \mid B)\big]$ 为利用补充信息之后得到的后验分析最佳决策方案的期望收益值。注意,补充信息 B 有多种可能结果,即有多个值,与此相应,得到多个后验分析最佳决策方案,$E\big[Q(a_{\mathrm{opt}} \mid B)\big]$ 为所有这些最佳决策方案的期望收益值。第二项 $E\big[Q(a_{\mathrm{opt}})\big]$ 为先验分析最佳决策方案的期望收益值。因此,式(12-9)表明:补充信息价值的期望值等于利用补充信息前后,最佳决策方案期望收益值的增加值。

可以进一步证明,经过恒等变换,式(12-9)可以写成

$$\mathrm{EVAI} = E\big[R(a_{\mathrm{opt}})\big] - E\big[R(a_{\mathrm{opt}} \mid B)\big] \tag{12-10}$$

式(12-10)中,$E\big[R(a_{\mathrm{opt}})\big]$ 为先验分析最佳方案期望损失值,也即先验分析中完全信息价值的期望值;$E\big[R(a_{\mathrm{opt}} \mid B)\big]$ 为后验分析中最佳方案期望损失值,也即后验分析中完全信息价值的期望值。因此,补充信息价值的期望值等于利用补充信息前后,最佳决策方案期望损失值的减少量。式(12-10)可以写成:

$$\mathrm{EVAI} = 先验\ \mathrm{EVPI} - 后验\ \mathrm{EVPI} \tag{12-11}$$

如前所述,先验 EVPI 是由于不能获得完全信息而造成的平均损失。在后验分析中,利用补充信息可以减少这种损失,但仍有一部分信息具有不确定性,后验 EVPI 就是由这一部分不确定信息造成的平均损失。因此,式(12-11)表明,补充信息价值的期望值等于利用补充信息后,完全信息造成的平均损失的减少量。

二、预后验分析

如前所述,先验 EVPI 是贝叶斯决策过程中权衡是否有必要收集补充信息的重要指标,但它不是最终的判断标准。由于补充信息的价值不会超过完全信息的价值,所以 EVAI ≤ 先验 EVPI,所以当收集补充信息的成本 CS < 先验 EVPI 时,并不能判断补充信息所带来的价值是否能够完全补偿其消耗的成本。只有当 CS < EVAI 时,收集补充信息才是值得去做的事情。但是,EVAI 的计算需要知道补充信息的种种可能结果(值)。

所谓预后验分析,就是在收集补充信息之前,列出补充信息的各种可能结

果(值),在补充信息的每个可能结果(值)下进行后验分析,找出该种可能结果(值)下的最优决策方案,然后将各种可能的后验分析最佳决策方案的期望收益值与先验分析最佳决策方案的期望收益值相比较,计算补充信息价值的期望值,据此对是否值得进一步收集补充信息的问题做出判断,并在此基础上选择最佳决策方案的分析过程。

补充信息价值的期望值减去收集补充信息的成本得到的净值,被称为补充信息期望净收益,记作 ENGS,即 $ENGS = EVAI - CS$。

【例 13-4】续例 13-3,若预计该化妆品公司的市场营销部门组织市场调查的成本为 1.5 万元,判断该公司是否应该让市场营销部门组织市场调查?该公司是否应向市场投放新产品?

(1)先验分析

根据例 13-2 中表 13-3 的计算结果可知,先验分析的最佳决策方案为 a_1。因此,有

$$E[Q(a_{opt})] = E[Q(a_{opt})] = 47(万元)$$

(2)预后验分析

补充信息有 B_1 和 B_2 两种可能结果,在 B_1 和 B_2 下分别进行后验分析,计算最优决策方案的期望收益值,计算过程见例 13-2,结果如下:

$$E[Q(a_{opt}) \mid B_1] = E[Q(a_1) \mid B_1]$$
$$= 80 \times 0.823\,5 - 30 \times 0.176\,5$$
$$= 60.585(万元)$$
$$E[Q(a_{opt}) \mid B_2] = E[Q(a_2) \mid B_2]$$
$$= 50 \times 0.437\,5 + 10 \times 0.562\,5$$
$$= 27.5(万元)$$

因此,后验分析最佳决策方案的期望收益值为:

$$E[Q(a_{opt} \mid B)] = E[Q(a_1) \mid B_1] \times P(B_1) + E[Q(a_2) \mid B_2] \times P(B_2)$$
$$= 60.585 \times 0.68 + 27.5 \times 0.32$$
$$= 49.997\,8(万元)$$

计算补充信息价值的期望值:

$$EVAI = E[Q(a_{opt} \mid B)] - E[Q(a_{opt})] = 49.997\,8 - 47$$
$$= 2.997\,8(万元)$$

计算补充信息的期望净收益:

$$ENGS = EVAI - CS = 2.997\,8 - 1.5 = 1.497\,8(万元)$$

由于 $EVAI > CS$,即 $ENGS > 0$,因此,该公司应该让市场营销部门组织

市场调查。此时,后验最佳决策方案的净期望收益值(扣除调查成本后的期望收益值)为 49.997 8−1.5=48.497 8 万元,要大于先验最佳决策方案的期望收益值 47 万元。

然后,根据市场调查的结果选择最优方案:如果市场调查结果为市场反应有利,则该公司应选择向市场投放新产品;如果市场调查结果为市场反应不利,则该公司应选择不投放新产品。

以上分析过程可用决策图表示,如图 13-1 所示。

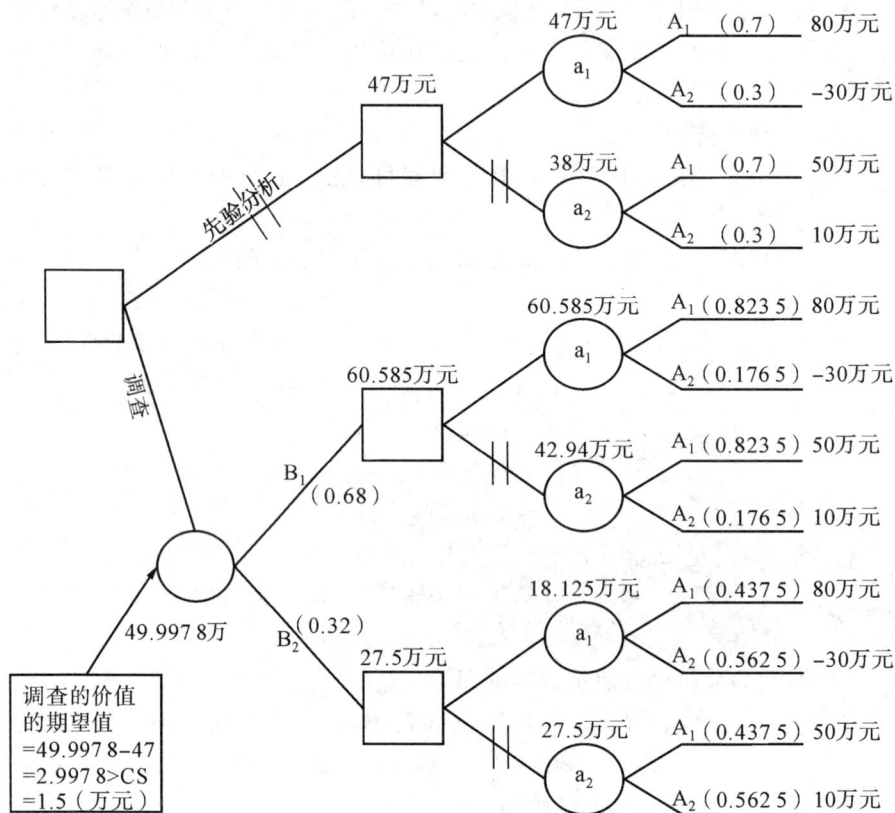

图 13-1 预后验分析决策图

13.4 序贯分析

在许多现实问题的决策过程中,观察实际上是序贯的,即补充信息的收集是多次完成的,而不是一次性完成的。在决策过程的某一阶段,决策者总是根据已经收集到的补充信息来权衡是否有必要在下一阶段继续收集补充信息,从而形成一个多阶段收集补充信息的决策问题。此类决策问题可采用序贯分析来解决。

所谓序贯分析,是指持续进行两个或两个以上阶段预后验分析的分析过程。每一阶段获得补充信息后都根据贝叶斯定理计算后验概率,进行预后验分析,权衡在下一阶段是否有必要继续收集补充信息,且计算出的后验概率在下一段的分析中作为先验概率,通过新的补充信息加以修正。

【例 13-5】续例 13-4,又知如果在第一阶段市场调查的基础上,继续进行第二阶段市场调查,市场反应有利时,第二阶段调查结果也为有利的概率为 90%;市场反应不利时,第二阶段调查结果也为不利的概率为 85%;调查费用为 4 万元。该公司是否应该进行第二阶段的市场调查?应该做出什么样的决策?

以 $B_i, B_j (i, j = 1, 2)$ 分别表示第一、第二阶段补充信息 B 的取值,其中 B_1 表示市场反应有利,B_2 表示市场反应不利,则 $B_i B_j (i, j = 1, 2)$ 表示两个阶段调查结果的组合,例如 $B_1 B_1$ 表示第一阶段调查的结果为市场反应有利,第二阶段调查的结果也为市场反应有利。

(1)根据例 13-3 的计算,可知第一阶段的后验概率为:

$$P(A_1 \mid B_1) = 0.823\ 5, P(A_2 \mid B_1) = 0.176\ 5$$
$$P(A_1 \mid B_2) = 0.437\ 5, P(A_2 \mid B_2) = 0.562\ 5$$

(2)在第二阶段的预后验分析中,第一阶段的后验概率要作为先验概率来计算第二阶段的后验概率,计算过程如下:

① 当第一阶段的调查结果为市场有利时

$$P(B_1 B_1) = 0.823\ 5 \times 0.90 + 0.176\ 5 \times 0.15 = 0.767\ 6$$
$$P(B_1 B_2) = 1 - P(B_1 B_1) = 1 - 0.767\ 6 = 0.232\ 4$$
$$P(A_1 \mid B_1 B_1) = \frac{0.823\ 5 \times 0.90}{0.767\ 6} = 0.965\ 5$$
$$P(A_2 \mid B_1 B_1) = 1 - P(A_1 \mid B_1 B_1) = 1 - 0.965\ 5 = 0.034\ 5$$

$$P(A_1 \mid B_1B_2) = \frac{0.823\ 5 \times 0.10}{0.232\ 4} = 0.354\ 3$$

$$P(A_2 \mid B_1B_2) = 1 - P(A_1 \mid B_1B_2) = 1 - 0.354\ 3 = 0.645\ 7$$

② 当第一阶段的调查结果为市场不利时

$$P(B_2B_1) = 0.437\ 5 \times 0.90 + 0.562\ 5 \times 0.15 = 0.478\ 1$$

$$P(B_2B_2) = 1 - P(B_2B_1) = 1 - 0.478\ 1 = 0.521\ 9$$

$$P(A_1 \mid B_2B_1) = \frac{0.437\ 5 \times 0.90}{0.478\ 1} = 0.823\ 6$$

$$P(A_2 \mid B_2B_1) = 1 - P(A_1 \mid B_2B_1) = 1 - 0.823\ 6 = 0.176\ 4$$

$$P(A_1 \mid B_2B_2) = \frac{0.437\ 5 \times 0.10}{0.521\ 9} = 0.083\ 8$$

$$P(A_2 \mid B_2B_2) = 1 - P(A_1 \mid B_2B_2) = 1 - 0.083\ 8 = 0.916\ 2$$

（3）计算第二阶段补充信息价值的期望值：

① 当第一阶段的调查结果为市场反应有利时

由例 13-3 的计算可知，$E[Q(a_1) \mid B_1] = 60.585$ 万元，$E[Q(a_2) \mid B_1] = 42.94$ 万元。因此，若不进行第二阶段的信息补充，方案 a_1 是最佳方案。

若第二阶段补充信息为市场反应有利，有：

$$E[Q(a_1) \mid B_1B_1] = 80 \times 0.965\ 5 + (-30) \times 0.034\ 5$$
$$= 76.205\ 0(万元)$$

$$E[Q(a_2) \mid B_1B_1] = 50 \times 0.965\ 5 + 10 \times 0.034\ 5$$
$$= 48.620\ 0(万元)$$

此时方案 a_1 仍为最佳方案。

若第二阶段补充信息为市场反应不利，有：

$$E[Q(a_1) \mid B_1B_2] = 80 \times 0.354\ 3 + (-30) \times 0.645\ 7$$
$$= 8.973\ 0(万元)$$

$$E[Q(a_2) \mid B_1B_2] = 50 \times 0.354\ 3 + 10 \times 0.645\ 7$$
$$= 24.172(万元)$$

此时方案 a_2 为最佳方案。

根据式(12.9)，可计算第二阶段补充信息价值的期望值为：

$$EVAI = (76.205\ 0 \times 0.767\ 6 + 24.172 \times 0.232\ 4) - 60.585\ 0$$
$$= 3.527\ 5(万元)$$

由于 $EVAI < CS = 4$ 万元，所以不应该进行第二阶段的市场调查。

② 当第一阶段的调查结果为市场反应不利时

由例 13-3 的计算可知，$E[Q(a_1) \mid B_2] = 18.125$ 万元，$E[Q(a_2) \mid B_2] = 27.5$ 万元。因此，若不进行第二阶段的信息补充，方案 a_2 是最佳方案，即应该不投放新产品。

若第二阶段补充信息为市场反应有利，有：

$$E[Q(a_1) \mid B_2B_1] = 80 \times 0.823\,6 + (-30) \times 0.176\,4$$
$$= 60.596\,0(万元)$$
$$E[Q(a_2) \mid B_2B_1] = 50 \times 0.823\,6 + 10 \times 0.176\,4$$
$$= 42.944(万元)$$

因此，方案 a_1 为最佳方案。

若第二阶段补充信息为市场反应不利，有：

$$E[Q(a_1) \mid B_2B_2] = 80 \times 0.083\,8 + (-30) \times 0.916\,2$$
$$= -20.782\,0(万元)$$
$$E[Q(a_2) \mid B_2B_2] = 50 \times 0.083\,8 + 10 \times 0.916\,2$$
$$= 13.352\,0(万元)$$

因此，方案 a_2 为最佳方案。

同理，根据式(12.9)，可计算第二阶段补充信息价值的期望值为：

$$\text{EVAI} = (60.596\,0 \times 0.478\,1 + 13.352\,0 \times 0.521\,9) - 27.5$$
$$= 8.439\,4(万元)$$

由于 $\text{EVAI} > \text{CS} = 4$ 万元，所以应该进行第二阶段的市场调查。

(4) 综上所述，决策为：

① 若该公司第一阶段调查结果为市场反应有利，则采取方案 a_1，即投放新产品，而不必进行第二阶段的市场调查。

② 若该公司第一阶段调查结果为市场反应不利，则应进行第二阶段的市场调查。若第二阶段的调查结果为市场反应有利，则应采取方案 a_1，即投放新产品；若第二阶段的调查结果为市场反应不利，则应采取方案 a_2，即不投放新产品。

以上分析过程可用决策图表示，如图 13-2 所示。

第二阶段调查的
价值的期望值
=64.112 5-60.585
=3.527 5<CS
=4（万元）

76.205万元　A₁（0.965 5）80万元
a₁
64.112 5万元　76.205万元　　　　　　A₂（0.034 5）-30万元
（0.767 6）　48.62万元　A₁（0.965 5）50万元
a₂
第二阶
段调查　　　　　　　　　　　A₂（0.034 5）10万元

（0.232 4）　8.973万元　A₁（0.354 3）80万元
24.172万元　a₁
60.585万元　　　　　　　　　　A₂（0.645 7）-30万元
24.172万元　A₁（0.354 3）50万元
a₂
A₂（0.645 7）10万元

不调查　60.585万元　60.585万元　A₁（0.7）80万元
B₁（0.68）　a₁
A₂（0.3）-30万元
42.94万元　A₁（0.7）50万元
a₂
第一　　　　　　　　　　　A₂（0.3）10万元
阶段
调查

18.125万元　A₁（0.7）80万元
27.5万元　a₁
B₂（0.32）　　　　　　　　　　A₂（0.3）-30万元
27.5万元　A₁（0.7）50万元
不调查　a₂
A₂（0.3）10万元

60.596万元　A₁（0.823 6）80万元
60.596万元　a₁
35.939 4万元　　　　　　　　　　A₂（0.176 4）-30万元
42.944万元　A₁（0.823 6）50万元
a₂
第二阶　B₂B₁　　　　　　　　A₂（0.176 4）10万元
段调查　（0.478 1）

（0.521 9）　-20.782万元　A₁（0.437 5）80万元
35.939 4万元　13.352万元　a₁
B₂B₂　　　　　　　　A₂（0.562 5）-30万元
13.352万元　A₁（0.437 5）50万元
a₂
第二阶段调查的　　　　　　A₂（0.562 5）10万元
价值的期望值
=35.939 4-27.5
=8.439 4>CS
=4（万元）

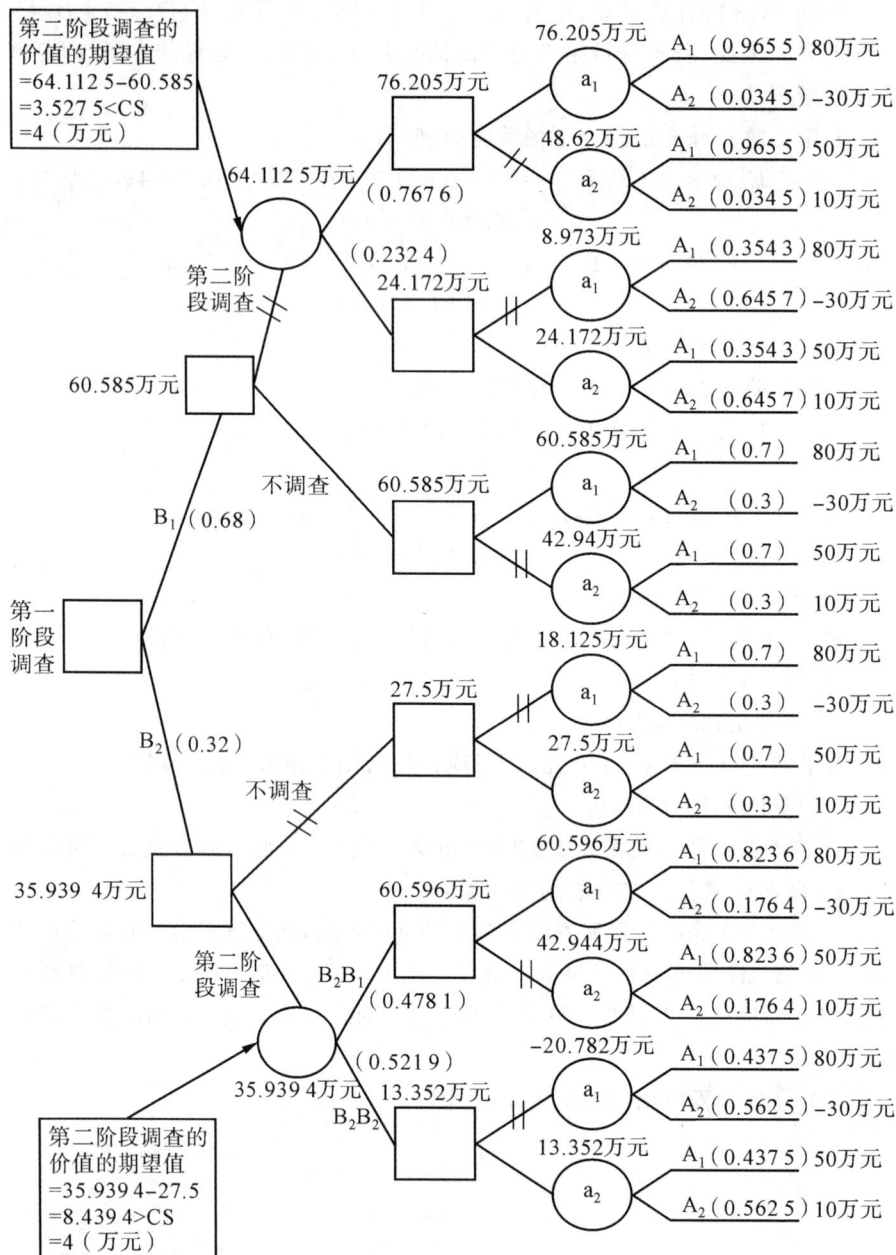

图 13-2　序贯分析决策图

13.5 序贯分析案例

某公司考虑生产一种新产品,已知这种产品的销售状况将取决于市场需求情况。在决策前已预见到生产后销售结果为"好""中""差"三种情况的概率及相应的赢利额如表 13-4 所示:

表 13-4 新产品的先验销售情况表

销售结果		好	中	差
先验概率		0.25	0.30	0.45
盈利额（万元）	生产	15	1	−6
	不生产	0	0	0

为了更准确地掌握市场需求情况,该公司考虑进行市场调查。根据以前的调查经验可知,第一阶段调查的费用为 0.6 万元,当销售结果为好时,调查结论为"好"的概率是 0.65,为"中"的概率是 0.25,为"差"的概率为 0.10;当销售结果为"中"时,调查结论为"好"的概率是 0.25,为"中"的概率是 0.45,为"差"的概率是 0.30;当销售结果为"差"时,调查结论为"好"的概率是 0.10,为"中"的概率是 0.15,为"差"的概率是 0.75。第二阶段调查费用 1 万元,当销售结果为好时,调查结论为"好"的概率是 0.85,为"中"的概率是 0.10,为"差"的概率为 0.05;当销售结果为"中"时,调查结论为"好"的概率是 0.08,为"中"的概率是 0.85,为"差"的概率是 0.07;当销售结果为"差"时,调查结论为"好"的概率是 0.03,为"中"的概率是 0.12,为"差"的概率是 0.85。试对该问题做出以下决策:

(1) 是否有必要进行市场调查？如果有必要,应进行一阶段的市场调查还是两阶段的市场调查？

(2) 是否应该生产新产品？

解:以 A_1,A_2,A_3 分别表示销售结果为"好""中""差"三种情况;以 a_1,a_2 分别表示生产新产品、不生产新产品的两种方案;以 B_1,B_2,B_3 分别表示市场调查为"好""中""差"的结论。根据题意有 $P(A_1)=0.25$,$P(A_2)=0.30$,$P(A_3)=0.45$。

1.先验分析

根据先验概率,可分别计算两个方案的先验期望收益:

$$E[Q(a_1)] = 15 \times 0.25 + 1 \times 0.3 - 6 \times 0.45 = 1.35(万元)$$

$$E[Q(a_2)] = 0 \times 0.25 + 0 \times 0.3 + 0 \times 0.45 = 0(万元)$$

$$\max(1.35, 0) = 1.35(万元)$$

因此,先验分析认为方案 a_1 是最佳方案,即该公司生产新产品能获得较高的期望收益。

2. 第一阶段预后验分析

根据该公司以前的调查经验,可以得到似然概率如下:

$P(B_1 \mid A_1) = 0.65, P(B_2 \mid A_1) = 0.25, P(B_3 \mid A_1) = 0.10;$

$P(B_1 \mid A_2) = 0.25, P(B_2 \mid A_2) = 0.45, P(B_3 \mid A_2) = 0.30;$

$P(B_1 \mid A_3) = 0.10, P(B_2 \mid A_3) = 0.15, P(B_3 \mid A_3) = 0.75。$

$$\begin{aligned}
P(B_1) &= P(A_1) \times P(B_1 \mid A_1) + P(A_2) \times P(B_1 \mid A_2) + P(A_3) \times P(B_1 \mid A_3) \\
&= 0.25 \times 0.65 + 0.3 \times 0.25 + 0.45 \times 0.10 \\
&= 0.282\,5
\end{aligned}$$

$$\begin{aligned}
P(B_2) &= P(A_1) \times P(B_2 \mid A_1) + P(A_2) \times P(B_2 \mid A_2) + P(A_3) \times P(B_2 \mid A_3) \\
&= 0.25 \times 0.25 + 0.3 \times 0.45 + 0.45 \times 0.15 \\
&= 0.265\,0
\end{aligned}$$

$$\begin{aligned}
P(B_3) &= 1 - P(B_1) - P(B_2) \\
&= 1 - 0.282\,5 - 0.265\,0 \\
&= 0.452\,5
\end{aligned}$$

根据贝叶斯定理,可计算出当调查结果分别为 B_1, B_2, B_3 情况下的后验概率,及相应的调整后期望收益。

(1) 当调查结论为 B_1,即"好"时

$$P(A_1 \mid B_1) = \frac{P(A_1) \times P(B_1 \mid A_1)}{P(B_1)} = \frac{0.25 \times 0.65}{0.282\,5} = 0.575\,2$$

$$P(A_2 \mid B_1) = \frac{P(A_2) \times P(B_1 \mid A_2)}{P(B_1)} = \frac{0.3 \times 0.25}{0.282\,5} = 0.265\,5$$

$$\begin{aligned}
P(A_3 \mid B_1) &= 1 - P(A_1 \mid B_1) - P(A_2 \mid B_1) \\
&= 1 - 0.575\,2 - 0.265\,5 \\
&= 0.159\,3
\end{aligned}$$

$$\begin{aligned}
E[Q(a_1) \mid B_1] &= 15 \times 0.575\,2 + 1 \times 0.265\,5 - 6 \times 0.159\,3 \\
&= 7.937\,7(万元)
\end{aligned}$$

$$E[Q(a_2) \mid B_1] = 0(万元)$$

可见, $E[Q(a_1) \mid B_1] > E[Q(a_2) \mid B_1]$。此时方案 a_1 为最佳方案。

（2）当调查结论为 B_2，即"中"时

$$P(A_1 \mid B_2) = \frac{P(A_1) \times P(B_2 \mid A_1)}{P(B_2)} = \frac{0.25 \times 0.25}{0.265\,0} = 0.235\,8$$

$$P(A_2 \mid B_2) = \frac{P(A_2) \times P(B_2 \mid A_2)}{P(B_2)} = \frac{0.3 \times 0.45}{0.265\,0} = 0.509\,4$$

$$\begin{aligned} P(A_3 \mid B_2) &= 1 - P(A_1 \mid B_2) - P(A_2 \mid B_2) \\ &= 1 - 0.235\,8 - 0.509\,4 \\ &= 0.254\,8 \end{aligned}$$

$$\begin{aligned} E[Q(a_1) \mid B_2] &= 15 \times 0.235\,8 + 1 \times 0.509\,4 - 6 \times 0.254\,8 \\ &= 2.517\,6(\text{万元}) \end{aligned}$$

$$E[Q(a_2) \mid B_2] = 0(\text{万元})$$

可见，$E[Q(a_1) \mid B_2] > E[Q(a_2) \mid B_2]$。此时方案 a_1 为最佳方案。

（3）当调查结论为 B_3，即"差"时

$$P(A_1 \mid B_3) = \frac{P(A_1) \times P(B_3 \mid A_1)}{P(B_3)} = \frac{0.25 \times 0.10}{0.452\,5} = 0.055\,2$$

$$P(A_2 \mid B_3) = \frac{P(A_2) \times P(B_3 \mid A_2)}{P(B_3)} = \frac{0.3 \times 0.30}{0.452\,5} = 0.198\,9$$

$$\begin{aligned} P(A_3 \mid B_3) &= 1 - P(A_1 \mid B_3) - P(A_2 \mid B_3) \\ &= 1 - 0.055\,2 - 0.198\,9 \\ &= 0.745\,9 \end{aligned}$$

$$\begin{aligned} E[Q(a_1) \mid B_3] &= 15 \times 0.055\,2 + 1 \times 0.198\,9 - 6 \times 0.745\,9 \\ &= -3.448\,5(\text{万元}) \end{aligned}$$

$$E[Q(a_2) \mid B_3] = 0(\text{万元})$$

可见，$E[Q(a_1) \mid B_3] < E[Q(a_2) \mid B_3]$。此时方案 a_2 为最佳方案。

由以上分析结果，可计算第一阶段补充信息价值的期望值如下：

$$\begin{aligned} \text{EVAI} &= \{E[Q(a_1) \mid B_1] \times P(B_1) + E[Q(a_1) \mid B_2] \times P(B_2) + \\ &\quad E[Q(a_2) \mid B_3] \times P(B_3)\} - E[Q(a_1)] \\ &= (7.937\,7 \times 0.282\,5 + 2.517\,6 \times 0.265\,0 + 0 \times 0.452\,5) - 1.35 \\ &= 1.559\,6(\text{万元}) \end{aligned}$$

已知第一阶段的调查费用 CS＝0.6 万元，所以有 EVAI＞CS。因此，应进行第一阶段的市场调查。

3.第二阶段预后验分析

（1）当第一阶段的调查结论为 B_1 时

$$P(B_1B_1) = 0.575\ 2 \times 0.85 + 0.265\ 5 \times 0.08 + 0.159\ 3 \times 0.03$$
$$= 0.514\ 9$$

$$P(B_1B_2) = 0.575\ 2 \times 0.10 + 0.265\ 5 \times 0.85 + 0.159\ 3 \times 0.12$$
$$= 0.302\ 3$$

$$P(B_1B_3) = 1 - 0.514\ 9 - 0.302\ 3$$
$$= 0.182\ 8$$

① 若第二阶段调查结论为 B_1，有：

$$P(A_1 \mid B_1B_1) = \frac{0.575\ 2 \times 0.85}{0.514\ 9} = 0.949\ 5$$

$$P(A_2 \mid B_1B_1) = \frac{0.265\ 5 \times 0.08}{0.514\ 9} = 0.041\ 2$$

$$P(A_3 \mid B_1B_1) = 1 - 0.949\ 5 - 0.041\ 2 = 0.009\ 3$$

$$E[Q(a_1 \mid B_1B_1)] = 15 \times 0.949\ 5 + 1 \times 0.041\ 2 - 6 \times 0.009\ 3$$
$$= 14.227\ 9(万元)$$

由于 $E[Q(a_1 \mid B_1B_1)] > E[Q(a_2 \mid B_1B_1)] = 0$ 万元，所以此时方案 a_1 为最佳方案。

同理，可计算得出如下结论：

② 若第二阶段调查结论为 B_2，有：

$P(A_1 \mid B_1B_2) = 0.190\ 3, P(A_2 \mid B_1B_2) = 0.746\ 5, P(A_3 \mid B_1B_2) = 0.063\ 2$

$$E[Q(a_1 \mid B_1B_2)] = 3.221\ 1(万元)$$

由于 $E[Q(a_1 \mid B_1B_2)] > E[Q(a_2 \mid B_1B_2)] = 0$ 万元，所以此时方案 a_1 为最佳方案。

③ 若第二阶段调查结论为 B_3，有：

$P(A_1 \mid B_1B_3) = 0.157\ 4, P(A_2 \mid B_1B_3) = 0.101\ 7, P(A_3 \mid B_1B_3) = 0.740\ 9$

$$E[Q(a_1 \mid B_1B_3)] = -1.983\ 3(万元)$$

由于 $E[Q(a_1 \mid B_1B_3)] < E[Q(a_2 \mid B_1B_3)] = 0$ 万元，所以此时方案 a_2 为最佳方案。

由以上分析可计算，当第一阶段的调查结论为 B_1 时，第二阶段补充信息价值的期望值为：

$$EVAI = (14.227\ 9 \times 0.514\ 9 + 3.221\ 1 \times 0.302\ 3 + 0 \times 0.182\ 8) - 7.937\ 7$$
$$= 0.362 < CS = 1(万元)$$

因此,当第一阶段的调查结论为 B_1 时,不应当进行第二阶段的市场调查。

(2) 当第一阶段的调查结果为 B_2 时

$P(B_2B_1)=0.248\ 9,P(B_2B_2)=0.487\ 1,P(B_2B_3)=0.263\ 9$

① 若第二阶段调查结论为 B_1,有:

$P(A_1 \mid B_2B_1)=0.805\ 9,P(A_2 \mid B_2B_1)=0.163\ 7,P(A_3 \mid B_2B_1)=0.030\ 7$

$E[Q(a_1 \mid B_2B_1)]=12.063\ 2>E[Q(a_2 \mid B_2B_1)]=0(万元)$

所以此时方案 a_1 为最佳方案。

② 若第二阶段调查结论为 B_2,有:

$P(A_1 \mid B_2B_2)=0.048\ 4,P(A_2 \mid B_2B_2)=0.888\ 8,P(A_3 \mid B_2B_2)$
$\qquad\qquad =0.062\ 8$

$E[Q(a_1 \mid B_2B_2)]=1.238\ 8>E[Q(a_2 \mid B_2B_2)]=0(万元)$

所以此时方案 a_1 为最佳方案。

③ 若第二阶段调查结论为 B_3,有:

$P(A_1 \mid B_2B_3)=0.044\ 7,P(A_2 \mid B_2B_3)=0.135\ 1,P(A_3 \mid B_2B_3)$
$\qquad\qquad =0.8202$

$E[Q(a_1 \mid B_2B_3)]=-4.115\ 9<E[Q(a_2 \mid B_2B_3)]=0(万元)$

所以此时方案 a_2 为最佳方案。

由以上分析可计算,当第一阶段的调查结论为 B_2 时,第二阶段补充信息价值的期望值为

$\text{EVAI}=(12.063\ 2\times0.248\ 9+1.238\ 8\times0.487\ 1+0\times0.263\ 9)-2.519\ 7$
$\qquad =1.086\ 2>\text{CS}=1(万元)$

因此,当第一阶段的调查结论为 B_2 时,应当进行第二阶段的市场调查。

(3) 当第一阶段的调查结果为 B_3 时

$P(B_3B_1)=0.085\ 2,P(B_3B_2)=0.264\ 1,P(B_3B_3)=0.650\ 7$

① 若第二阶段调查结论为 B_1,有:

$P(A_1 \mid B_3B_1)=0.550\ 6,P(A_2 \mid B_3B_1)=0.186\ 7,P(A_3 \mid B_3B_1)=0.262\ 6$

$E[Q(a_1 \mid B_3B_1)]=6.870\ 8>E[Q(a_2 \mid B_3B_1)]=0(万元)$

所以此时方案 a_1 为最佳方案。

② 若第二阶段调查结论为 B_2,有:

$P(A_1 \mid B_3B_2)=0.020\ 9,P(A_2 \mid B_3B_2)=0.640\ 2,P(A_3 \mid B_3B_2)=0.338\ 9$

$E[Q(a_1 \mid B_3B_2)]=-1.079\ 9<E[Q(a_2 \mid B_3B_2)]=0(万元)$

所以此时方案 a_2 为最佳方案。

③ 若第二阶段调查结论为 B_3,有:

$P(A_1 \mid B_3B_3) = 0.004\,2, P(A_2 \mid B_3B_3) = 0.021\,4, P(A_3 \mid B_3B_3) = 0.974\,4$

$E[Q(a_1 \mid B_3B_3)] = -5.761\,1 < E[Q(a_2 \mid B_3B_3)] = 0(万元)$

所以此时方案 a_2 为最佳方案。

由以上分析可计算,当第一阶段的调查结论为 B_3 时,第二阶段补充信息价值的期望值为:

$$EVAI = (6.870\,8 \times 0.085\,2 + 0 \times 0.264\,1 + 0 \times 0.650\,7) - 0$$
$$= 0.585\,4 < CS = 1(万元)$$

因此,当第一阶段的调查结论为 B_3 时,不应当进行第二阶段的市场调查。

(4)综上所述,可做出如下决策:

应当进行第一阶段的市场调查。当第一阶段的调查结论为 B_1 时,不应当进行第二阶段的市场调查,应直接做出生产新产品的决策;当第一阶段的调查结论为 B_2 时,应当进行第二阶段的市场调查,若第二阶段市场调查结论为"好"或"中"时应做出生产新产品的决策,否则不生产新产品;当第一阶段的调查结论为 B_3 时,不应当进行第二阶段的市场调查,应直接做出不生产新产品的决策。

思考与练习 ～～～～～～～～～～～～～～～～～～～～～～～～～～～～～～～～～～

1.试述后验分析与先验分析的区别与联系。

2.试述贝叶斯决策法的基本思想。

3.试述 EVPI 和 EVAI 的含义及其在贝叶斯决策中的应用。

4.预后验分析的基本思想是什么?

5.以两阶段收集补充信息的决策问题为例,试述序贯分析中后验概率的计算方法。

6.为了提高产品的质量,企业决策者考虑引进新生产设备或者改进原生产设备,其收益情况见下表:

单位:万元

方案	需求好	需求差
引进新设备	150	30
改进原设备	90	60

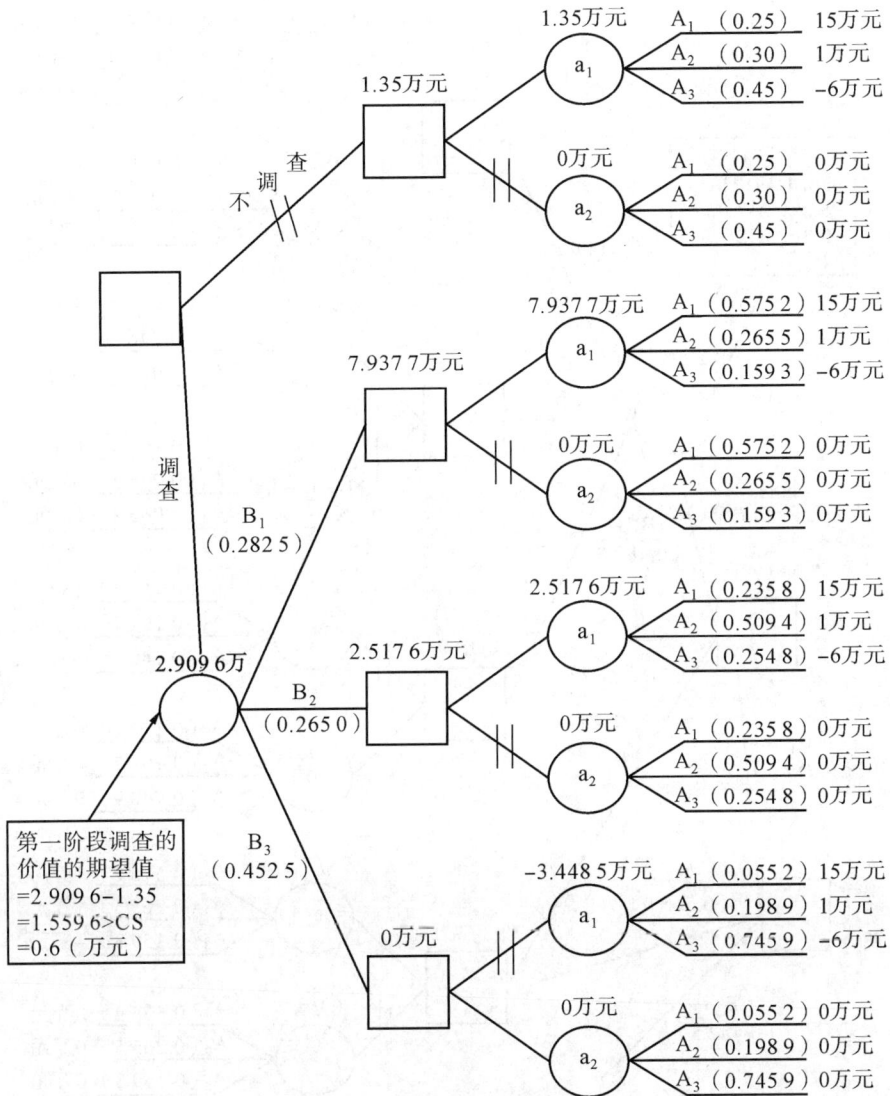

图 13-3　预后验分析决策图

决策者预计未来市场需求好的概率为 70%，市场需求差的概率为 30%。为慎重起见，公司考虑做一个小规模市场调查。根据经验，市场需求好时调查结果也为好的概率为 85%，市场需求差时调查结果也为差的概率为 80%。

（1）试求完全信息价值的期望值。

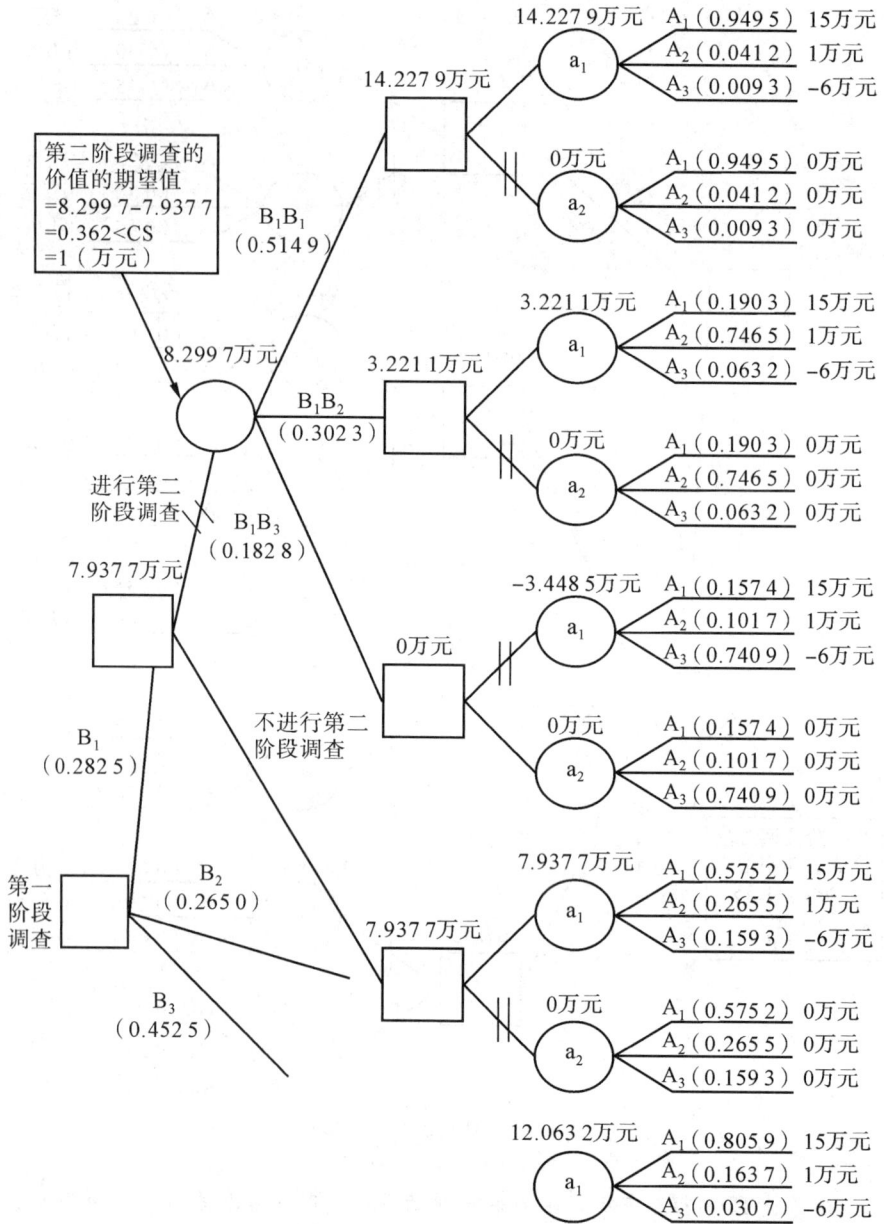

第二阶段调查的
价值的期望值
=8.299 7-7.937 7
=0.362<CS
=1（万元）

14.227 9万元 A_1（0.949 5） 15万元
            A_2（0.041 2） 1万元
a_1 A_3（0.009 3） -6万元

14.227 9万元

B_1B_1
（0.514 9）

0万元 A_1（0.949 5） 0万元
            A_2（0.041 2） 0万元
a_2 A_3（0.009 3） 0万元

8.299 7万元

B_1B_2
（0.302 3）

3.221 1万元 A_1（0.190 3） 15万元
            A_2（0.746 5） 1万元
a_1 A_3（0.063 2） -6万元

3.221 1万元

0万元 A_1（0.190 3） 0万元
            A_2（0.746 5） 0万元
a_2 A_3（0.063 2） 0万元

进行第二
阶段调查

B_1B_3
（0.182 8）

7.937 7万元

-3.448 5万元 A_1（0.157 4） 15万元
            A_2（0.101 7） 1万元
a_1 A_3（0.740 9） -6万元

0万元

不进行第二
阶段调查

0万元 A_1（0.157 4） 0万元
            A_2（0.101 7） 0万元
a_2 A_3（0.740 9） 0万元

B_1
（0.282 5）

7.937 7万元 A_1（0.575 2） 15万元
            A_2（0.265 5） 1万元
a_1 A_3（0.159 3） -6万元

7.937 7万元

第一
阶段
调查

B_2
（0.265 0）

0万元 A_1（0.575 2） 0万元
            A_2（0.265 5） 0万元
a_2 A_3（0.159 3） 0万元

B_3
（0.452 5）

12.063 2万元 A_1（0.805 9） 15万元
            A_2（0.163 7） 1万元
a_1 A_3（0.030 7） -6万元

图 13-4(1)　序贯分析决策图

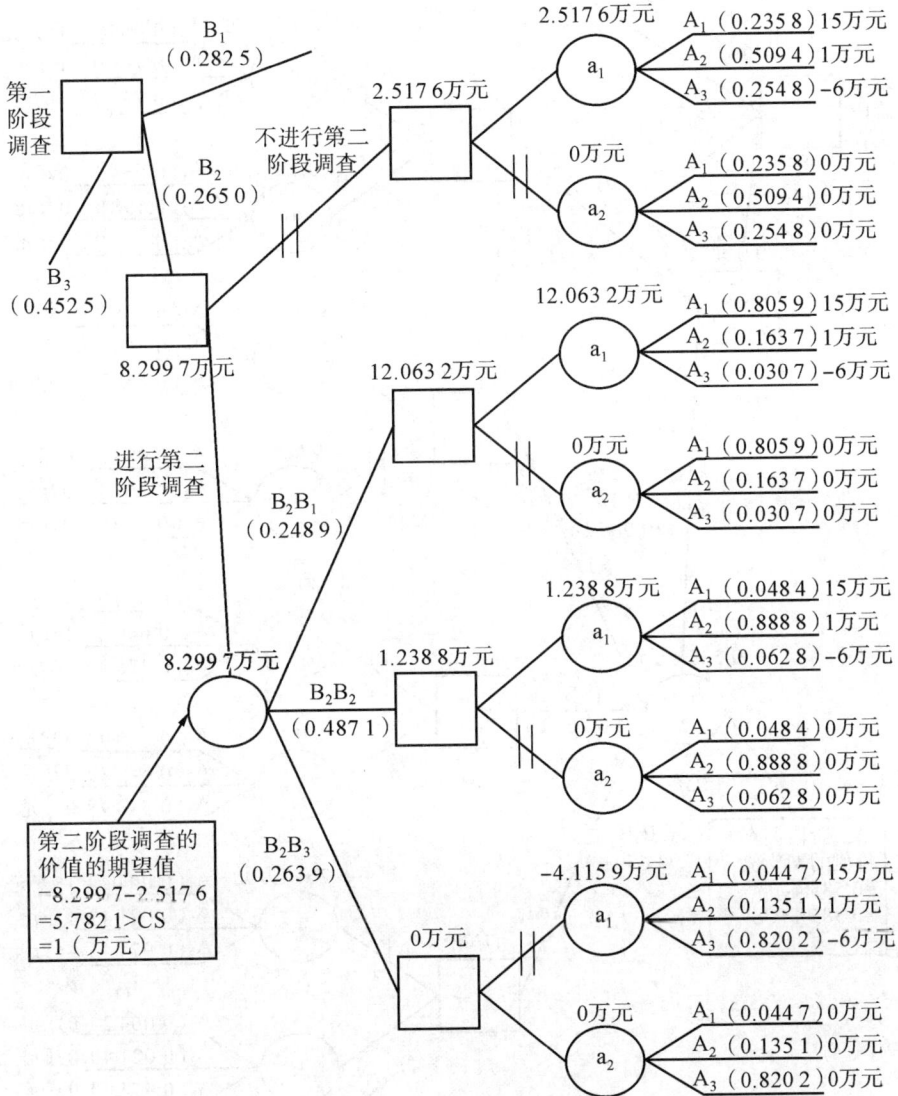

图 13-4(2)　序贯分析决策图

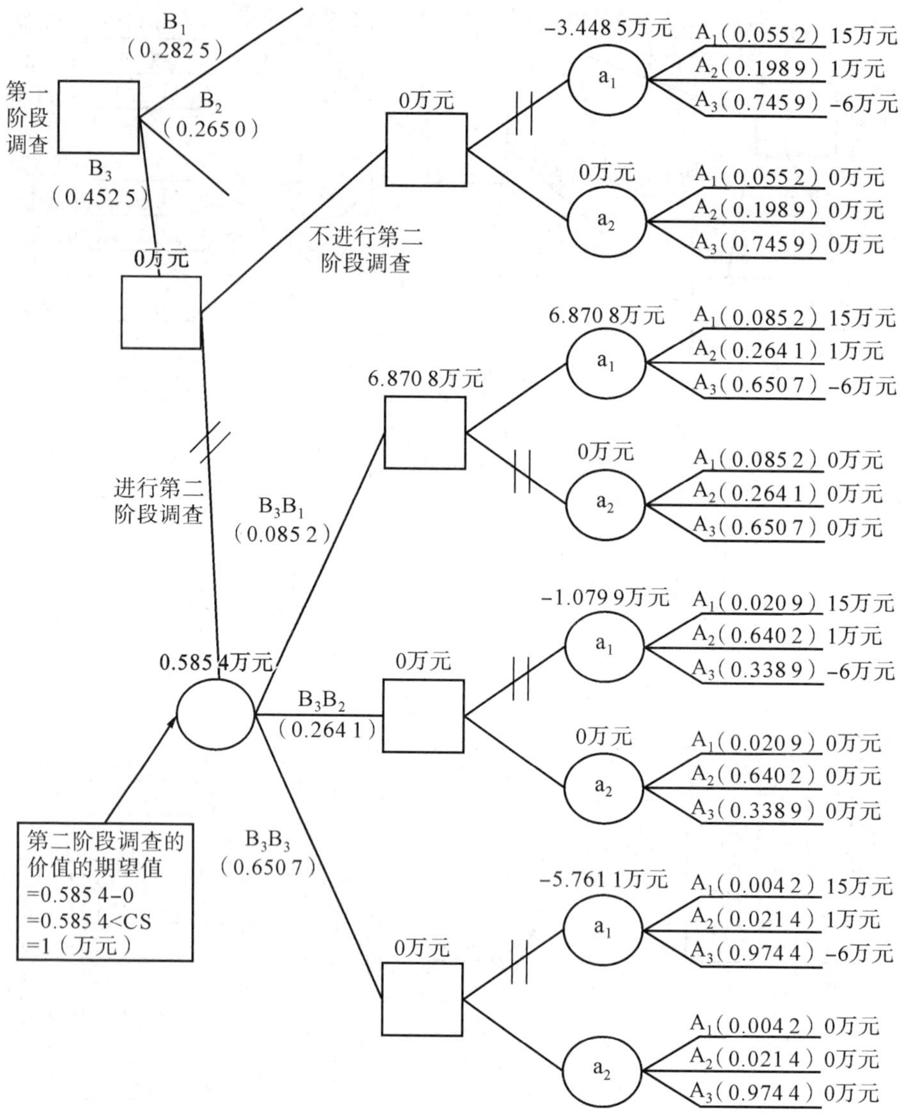

B₁
（0.282 5）

第一
阶段
调查

B₂
（0.265 0）

B₃
（0.452 5）

不进行第二
阶段调查

0万元

−3.448 5万元

a₁

A₁（0.055 2）15万元
A₂（0.198 9）1万元
A₃（0.745 9）−6万元

0万元

a₂

A₁（0.055 2）0万元
A₂（0.198 9）0万元
A₃（0.745 9）0万元

0万元

进行第二
阶段调查

6.870 8万元

6.870 8万元

a₁

A₁（0.085 2）15万元
A₂（0.264 1）1万元
A₃（0.650 7）−6万元

0万元

a₂

A₁（0.085 2）0万元
A₂（0.264 1）0万元
A₃（0.650 7）0万元

B₃B₁
（0.085 2）

0.585 4万元

B₃B₂
（0.264 1）

0万元

−1.079 9万元

a₁

A₁（0.020 9）15万元
A₂（0.640 2）1万元
A₃（0.338 9）−6万元

0万元

a₂

A₁（0.020 9）0万元
A₂（0.640 2）0万元
A₃（0.338 9）0万元

第二阶段调查的
价值的期望值
=0.585 4−0
=0.585 4<CS
=1（万元）

B₃B₃
（0.650 7）

0万元

−5.761 1万元

a₁

A₁（0.004 2）15万元
A₂（0.021 4）1万元
A₃（0.974 4）−6万元

0万元

a₂

A₁（0.004 2）0万元
A₂（0.021 4）0万元
A₃（0.974 4）0万元

图 13-4(3)　序贯分析决策图

（2）试求补充信息价值的期望值。

（3）已知市场调查的费用为 5 万元，有必要进行市场调查吗？

7.某压缩机生产厂家拟向另一电子元件厂购买某种电子元器件，根据过去的经验，该电子元件厂产品发生不同次品率的概率分布和收益如下表所示。但据说，该厂的产品质量最近有所提高。现从市场上该电子元件厂出售的该种元器件中，随机抽取了 10 件，结果未发现次品。

单位：万元

次品率		0.05	0.10	0.15	0.20
先验概率		0.2	0.3	0.3	0.2
收益	购买	50	30	−20	−60
	不购买	0	0	0	0

试分析该压缩机生产厂家应该购买该电子元器件吗？

8.某水利工程公司拟对大江截流的施工工期做出决策。可供选择的方案有两种：一是在 9 月份施工，二是在 10 月份施工。假定其他条件都具备，影响截流的唯一因素是天气与水文状况。10 月份的天气与水文状况肯定可以保证截流成功。而 9 月份的天气与水文状况有两种可能。如果天气好，上游没有洪水，9 月底前截流成功，可使整个工程的工期提前，从而能比 10 月施工增加利润 1 000 万元；如果天气坏，上游出现洪水，截流失败，则比 10 月施工增加 500 万元的损失。根据以往经验，9 月份天气好的可能性是 0.6，天气坏的可能性是 0.4。为了帮助决策，公司拟请某气象站对气象作更进一步的预测与分析。过去的资料表明，该气象站预报好天气的准确率是 0.9，预报坏天气的准确率是 0.7。试通过预后验分析，判断水利工程公司是否应购买气象预报？是否应在 9 月份施工？

9.某制鞋企业欲向市场投放一新款皮鞋。销售部门认为，如果销售该产品，若市场反应有利，每月可获利 100 万元；若市场反应不利，则每月将亏损 40 万元。如果不销售该产品，两种情况下，获利均为 0 万元。根据经验，预计市场反应有利和不利的概率分别为 0.75 和 0.25。若考虑委托市场咨询公司进行两阶段的市场调查，根据经验可知，在市场反应有利的情况下，第一阶段调查的结果为有利的概率为 80%；在市场反应不利的情况下，第一阶段调查的结果为不利的概率为 75%。第二阶段市场调查的可靠性均为 90%。第一阶段的调查费用为 2.3 万元，第二阶段的调查费用为 6 万元。

（1）根据经验分析，应做出销售新款皮鞋还是不销售新款皮鞋的决策？

（2）判断是否有必要进行市场调查。如果有必要，是要进行一阶段的调查还是两阶段的调查？

（3）该企业应该怎样决策？

附　录　常用统计表

附表 1　*t* 分布临界值表

$$P[\,|\,t(v)\,|\,>t_a(v)\,]=\alpha$$

单侧	$\alpha=0.10$	0.05	0.025	0.01	0.005
双侧	$\alpha=0.20$	0.10	0.05	0.02	0.01
$v=1$	3.078	6.314	12.706	31.821	63.657
2	1.886	2.920	4.303	6.965	9.925
3	1.638	2.353	3.182	4.541	5.841
4	1.533	2.132	2.776	3.747	4.604
5	1.476	2.015	2.571	3.365	4.032
6	1.440	1.943	2.447	3.143	3.707
7	1.415	1.895	2.365	2.998	3.499
8	1.397	1.860	2.306	2.896	2.355
9	1.383	1.833	2.262	2.821	3.250
10	1.372	1.812	2.228	2.764	3.169
11	1.363	1.796	2.201	2.718	3.106
12	1.356	1.782	2.179	2.681	3.055
13	1.350	1.771	2.160	2.650	3.012
14	1.345	1.761	2.145	2.624	2.977
15	1.341	1.753	2.131	2.602	2.947
16	1.337	1.746	2.120	2.583	2.921
17	1.333	1.740	2.110	2.567	2.898
18	1.330	1.734	2.101	2.552	2.878
19	1.328	1.729	2.093	2.539	2.861
20	1.325	1.725	2.086	2.528	2.845
21	1.323	1.721	2.080	2.518	2.831
22	1.321	1.717	2.074	2.508	2.819
23	1.319	1.714	2.069	2.500	2.807

附表1(续)

单侧	$\alpha=0.10$	0.05	0.025	0.01	0.005
双侧	$\alpha=0.20$	0.10	0.05	0.02	0.01
24	1.318	1.711	2.064	2.492	2.797
25	1.316	1.708	2.060	2.485	2.787
26	1.315	1.706	2.056	2.479	2.779
27	1.314	1.703	2.052	2.473	2.771
28	1.313	1.701	2.048	2.467	2.763
29	1.311	1.699	2.045	2.462	2.756
30	1.310	1.697	2.042	2.457	2.750
40	1.303	1.684	2.021	2.423	2.704
50	1.299	1.676	2.009	2.403	2.678
60	1.296	1.671	2.000	2.390	2.660
70	1.294	1.667	1.994	2.381	2.648
80	1.292	1.664	1.990	2.374	2.639
90	1.291	1.662	1.987	2.368	2.632
100	1.290	1.660	1.984	2.364	2.626
125	1.288	1.657	1.979	2.357	2.616
150	1.287	1.655	1.976	2.351	2.609
200	1.286	1.653	1.972	2.345	2.601
∞	1.282	1.645	1.960	2.326	2.576

附表 2　F 分布临界值表

$$P[F(v_1, v_2) > F_\alpha(v_1, v_2)] = \alpha$$

$$(\alpha = 0.05)$$

v_2	v_1								
	1	2	3	4	5	6	8	10	15
1	161.40	199.50	215.70	224.60	230.20	234.00	238.90	241.90	245.90
2	18.51	19.00	19.16	19.25	19.30	19.33	19.37	19.40	19.43
3	10.13	9.55	9.28	9.12	9.01	8.94	8.85	8.79	8.70
4	7.71	6.94	6.59	6.39	6.26	6.16	6.04	5.96	5.86
5	6.61	5.79	5.41	5.19	5.05	4.95	4.82	4.74	4.62
6	5.99	5.14	4.76	4.53	4.39	4.28	4.15	4.06	3.94
7	5.59	4.74	4.35	4.12	3.97	3.87	3.73	3.64	3.51
8	5.32	4.46	4.07	3.84	3.69	3.58	3.44	3.35	3.22
9	5.12	4.26	3.86	3.63	3.48	3.37	3.23	3.14	3.01
10	4.96	4.10	3.71	3.48	3.33	3.22	3.07	2.98	2.85
11	4.84	3.98	3.59	3.36	3.20	3.09	2.95	2.85	2.72
12	4.75	3.89	3.49	3.26	3.11	3.00	2.85	2.75	2.62
13	4.67	3.81	3.41	3.18	3.03	2.92	2.77	2.67	2.53
14	4.60	3.74	3.34	3.11	2.96	2.85	2.70	2.60	2.46
15	4.54	3.68	3.29	3.06	2.90	2.79	2.64	2.54	2.40
16	4.49	3.63	3.24	3.01	2.85	2.74	2.59	2.49	2.35
17	4.45	3.59	3.20	2.96	2.81	2.70	2.55	2.45	2.31
18	4.41	3.55	3.16	2.93	2.77	2.66	2.51	2.41	2.27
19	4.38	3.52	3.13	2.90	2.74	2.63	2.48	2.38	2.23
20	4.35	3.49	3.10	2.87	2.71	2.60	2.45	2.35	2.20
21	4.32	3.47	3.07	2.84	2.68	2.57	2.42	2.32	2.18
22	4.30	3.44	3.05	2.82	2.66	2.55	2.40	2.30	2.15
23	4.28	3.42	3.03	2.80	2.64	2.53	2.37	2.27	2.13
24	4.26	3.40	3.01	2.78	2.62	2.51	2.36	2.25	2.11
25	4.24	3.39	2.99	2.76	2.60	2.49	2.34	2.24	2.09
26	4.23	3.37	2.98	2.74	2.59	2.47	2.32	2.22	2.07
27	4.21	3.35	2.96	2.73	2.57	2.46	2.31	2.20	2.06
28	4.20	3.34	2.95	2.71	2.56	2.45	2.29	2.19	2.04
29	4.18	3.33	2.93	2.70	2.55	2.43	2.28	2.18	2.03
30	4.17	3.32	2.92	2.69	2.53	2.42	2.27	2.16	2.01
40	4.08	3.23	2.84	2.61	2.45	2.34	2.18	2.08	1.92
50	4.03	3.18	2.79	2.56	2.40	2.29	2.13	2.03	1.87
60	4.00	3.15	2.76	2.53	2.37	2.25	2.10	1.99	1.84
70	3.98	3.13	2.74	2.50	2.35	2.23	2.07	1.97	1.81
80	3.96	3.11	2.72	2.49	2.33	2.21	2.06	1.95	1.79
90	3.95	3.10	2.71	2.47	2.32	2.20	2.04	1.94	1.78
100	3.94	3.09	2.70	2.46	2.31	2.19	2.03	1.93	1.77
125	3.92	3.07	2.68	2.44	2.29	2.17	2.01	1.91	1.75
150	3.90	3.06	2.66	2.43	2.27	2.16	2.00	1.89	1.73
200	3.89	3.04	2.65	2.42	2.26	2.14	1.98	1.88	1.72
∞	3.84	3.00	2.60	2.37	2.21	2.10	1.94	1.83	1.67

附表 2(续) $(\alpha = 0.01)$

v_2	v_1								
	1	2	3	4	5	6	8	10	15
1	4 052	4 999	5 403	5 625	5 764	5 859	5 981	6 056	6 157
2	98.50	99.00	99.17	99.25	99.30	99.33	99.37	99.40	99.43
3	34.12	30.82	29.46	28.71	28.24	27.91	27.49	27.23	26.87
4	21.20	18.00	16.69	15.98	15.52	15.21	14.80	14.55	14.20
5	16.26	13.27	12.06	11.39	10.97	10.67	10.29	10.05	9.72
6	13.75	10.92	9.78	9.15	8.75	8.47	8.10	7.87	7.56
7	12.25	9.55	8.45	7.85	7.46	7.19	6.84	6.62	6.31
8	11.26	8.65	7.59	7.01	6.63	6.37	6.03	5.81	5.52
9	10.56	8.02	6.99	6.42	6.06	5.80	5.47	5.26	4.96
10	10.04	7.56	6.55	5.99	5.64	5.39	5.06	4.85	4.56
11	9.65	7.21	6.22	5.67	5.32	5.07	4.74	4.54	4.25
12	9.33	6.93	5.95	5.41	5.06	4.82	4.50	4.30	4.01
13	9.07	6.70	5.74	5.21	4.86	4.62	4.14	3.94	3.66
14	8.86	6.51	5.56	5.04	4.69	4.46	4.14	3.94	3.66
15	8.86	6.36	5.42	4.89	4.56	4.32	4.00	3.80	3.52
16	8.53	6.23	5.29	4.77	4.44	4.20	3.89	3.69	3.41
17	8.40	6.11	5.19	4.67	4.34	4.10	3.79	3.59	3.31
18	8.29	6.01	5.09	4.58	4.25	4.01	3.71	3.51	3.23
19	8.18	5.93	5.01	4.50	4.17	3.94	3.63	3.43	3.15
20	8.10	5.85	4.94	4.43	4.10	3.87	3.56	3.37	3.09
21	8.02	5.78	4.87	4.37	4.04	3.81	3.51	3.31	3.03
22	7.95	5.72	4.82	4.31	3.99	3.76	3.45	3.26	2.98
23	7.88	5.66	4.76	4.26	3.94	3.71	3.41	3.21	2.93
24	7.82	5.61	4.72	4.22	3.90	3.67	3.36	3.17	2.89
25	7.77	5.57	4.68	4.18	3.85	3.63	3.32	3.13	2.85
26	7.72	5.53	4.64	1.14	3.82	3.59	3.29	3.09	2.81
27	7.68	5.49	4.60	4.11	3.78	3.56	3.26	3.06	2.78
28	7.64	5.45	4.57	4.07	3.75	3.53	3.23	3.03	2.75
29	7.60	5.42	4.54	4.04	3.73	3.50	3.20	3.00	2.73
30	7.56	5.39	4.51	4.02	3.70	3.47	3.17	2.98	2.70
40	7.31	5.18	4.31	3.83	3.51	3.29	2.99	2.80	2.52
50	7.17	5.06	4.20	3.72	3.41	3.19	2.89	2.70	2.42
60	7.08	4.98	4.13	3.65	3.34	3.12	2.82	2.63	2.35
70	7.01	4.92	4.07	3.60	3.29	3.07	2.78	2.59	2.31
80	6.96	4.88	4.04	3.56	3.26	3.04	2.74	2.55	2.27
90	6.93	4.85	4.01	3.53	3.23	3.01	2.72	2.52	2.42
100	6.90	4.82	3.98	3.51	3.21	2.99	2.69	2.50	2.22
125	6.84	4.78	3.94	3.47	3.17	2.95	2.66	2.47	2.19
150	6.81	4.75	3.91	3.45	3.14	2.92	2.63	2.44	2.16
200	6.76	4.71	3.88	3.41	3.11	2.89	2.60	2.41	2.13
∞	6.63	4.61	3.78	3.32	3.02	2.80	2.51	2.23	2.04

附表 3　Durbin-Watson 检验上下界

(5%)

n	$K'=1$		$K'=2$		$K'=3$		$K'=4$		$K'=5$	
	d_L	d_U	d_L	d_U	d_L	d_U	d_L	d_U	d_L	d_U
15	1.08	1.36	0.95	1.54	0.82	1.75	0.69	1.97	0.56	2.21
16	1.10	1.37	0.98	1.54	0.86	1.73	0.74	1.93	0.62	2.15
17	1.13	1.38	1.02	1.54	0.90	1.71	0.78	1.90	0.67	2.10
18	1.16	1.39	1.05	1.53	0.93	1.69	0.82	1.87	0.71	2.06
19	1.18	1.40	1.08	1.53	0.97	1.68	0.86	1.85	0.75	2.02
20	1.20	1.41	1.10	1.54	1.00	1.68	0.90	1.83	0.79	1.99
21	1.22	1.42	1.13	1.54	1.03	1.67	0.93	1.81	0.86	1.96
22	1.24	1.43	1.15	1.54	1.05	1.66	0.96	1.80	0.86	1.94
23	1.26	1.44	1.17	1.54	1.08	1.66	0.99	1.79	0.90	1.92
24	1.27	1.45	1.19	1.55	1.10	1.66	1.01	1.78	0.93	1.90
25	1.29	1.45	1.21	1.55	1.12	1.66	1.04	1.77	0.95	1.89
26	1.30	1.46	1.22	1.55	1.14	1.65	1.06	1.76	0.98	1.88
27	1.32	1.47	1.24	1.56	1.16	1.65	1.08	1.76	1.01	1.86
28	1.33	1.48	1.26	1.56	1.18	1.65	1.10	1.75	1.03	1.85
29	1.34	1.48	1.27	1.56	1.20	1.65	1.12	1.74	1.05	1.84
30	1.35	1.49	1.28	1.57	1.21	1.65	1.14	1.74	1.07	1.83
31	1.36	1.50	1.30	1.57	1.23	1.65	1.16	1.74	1.09	1.83
32	1.37	1.50	1.31	1.57	1.24	1.65	1.18	1.73	1.11	1.82
33	1.38	1.51	1.32	1.58	1.26	1.65	1.19	1.73	1.13	1.81
34	1.39	1.51	1.33	1.58	1.27	1.65	1.21	1.73	1.15	1.81
35	1.40	1.52	1.34	1.58	1.28	1.65	1.22	1.73	1.16	1.80
36	1.41	1.52	1.35	1.59	1.29	1.65	1.24	1.73	1.18	1.80
37	1.42	1.53	1.36	1.59	1.31	1.66	1.25	1.72	1.19	1.80
38	1.43	1.54	1.37	1.59	1.32	1.66	1.26	1.72	1.21	1.79
39	1.43	1.54	1.38	1.60	1.33	1.66	1.27	1.72	1.22	1.79
40	1.44	1.54	1.39	1.60	1.34	1.66	1.29	1.72	1.23	1.79
45	1.48	1.57	1.43	1.62	1.38	1.67	1.34	1.72	1.29	1.78
50	1.50	1.59	1.46	1.63	1.42	1.67	1.38	1.72	1.34	1.77
55	1.53	1.60	1.49	1.64	1.45	1.68	1.41	1.72	1.38	1.77
60	1.55	1.62	1.51	1.65	1.48	1.69	1.44	1.73	1.41	1.77
65	1.57	1.63	1.54	1.66	1.50	1.70	1.47	1.73	1.44	1.77
70	1.58	1.64	1.55	1.67	1.52	1.70	1.49	1.74	1.46	1.77
75	1.60	1.65	1.57	1.68	1.54	1.71	1.51	1.74	1.49	1.77
80	1.61	1.66	1.59	1.69	1.56	1.72	1.53	1.74	1.51	1.77
85	1.62	1.67	1.60	1.70	1.57	1.72	1.55	1.75	1.52	1.77
90	1.63	1.68	1.61	1.70	1.59	1.73	1.57	1.75	1.54	1.78
95	1.64	1.69	1.62	1.71	1.60	1.73	1.58	1.75	1.56	1.78
100	1.65	1.69	1.63	1.72	1.61	1.74	1.59	1.76	1.57	1.78

附表 3（续）   （2.5%）

n	$K'=1$		$K'=2$		$K'=3$		$K'=4$		$K'=5$	
	d_L	d_U	d_L	d_U	d_L	d_U	d_L	d_U	d_L	d_U
15	0.95	1.23	0.83	1.40	0.71	1.61	0.59	1.84	0.48	2.09
16	0.98	1.24	0.83	1.40	0.75	1.59	0.64	1.80	0.53	2.03
17	1.01	1.25	0.90	1.40	0.79	1.58	0.68	1.77	0.57	1.98
18	1.03	1.26	0.93	1.40	0.82	1.56	0.72	1.74	0.62	1.93
19	1.06	1.28	0.96	1.41	0.86	1.55	0.76	1.72	0.66	1.90
20	1.08	1.28	0.99	1.41	0.89	1.55	0.79	1.70	0.70	1.87
21	1.10	1.30	1.01	1.41	0.92	1.54	0.83	1.69	0.73	1.84
22	1.12	1.31	1.04	1.42	0.95	1.54	0.86	1.68	0.77	1.82
23	1.14	1.32	1.06	1.42	0.97	1.54	0.89	1.67	0.80	1.80
24	1.16	1.33	1.08	1.43	1.00	1.54	0.91	1.66	0.83	1.79
25	1.18	1.34	1.10	1.43	1.02	1.54	0.94	1.65	0.86	1.77
26	1.19	1.35	1.12	1.44	1.04	1.54	0.96	1.65	0.88	1.76
27	1.21	1.36	1.13	1.44	1.06	1.54	0.99	1.64	0.91	1.75
28	1.22	1.37	1.15	1.45	1.08	1.54	1.01	1.63	0.93	1.74
29	1.24	1.38	1.17	1.45	1.10	1.54	1.03	1.63	0.96	1.73
30	1.25	1.38	1.18	1.46	1.12	1.54	1.05	1.63	0.98	1.73
31	1.26	1.39	1.20	1.47	1.13	1.55	1.07	1.63	1.00	1.72
32	1.27	1.40	1.21	1.47	1.15	1.55	1.08	1.63	1.02	1.71
33	1.28	1.41	1.22	1.48	1.16	1.55	1.10	1.63	1.04	1.71
34	1.29	1.41	1.24	1.48	1.17	1.55	1.12	1.63	1.06	1.70
35	1.30	1.42	1.25	1.48	1.19	1.55	1.13	1.63	1.07	1.70
36	1.31	1.43	1.26	1.49	1.20	1.56	1.15	1.63	1.09	1.70
37	1.32	1.43	1.27	1.49	1.21	1.56	1.16	1.62	1.10	1.70
38	1.33	1.44	1.28	1.50	1.23	1.56	1.17	1.62	1.12	1.70
39	1.34	1.44	1.29	1.50	1.24	1.56	1.19	1.63	1.13	1.69
40	1.35	1.45	1.30	1.51	1.25	1.57	1.20	1.63	1.15	1.69
45	1.39	1.48	1.34	1.53	1.30	1.58	1.25	1.63	1.21	1.69
50	1.42	1.50	1.38	1.54	1.34	1.59	1.30	1.64	1.26	1.69
55	1.45	1.52	1.41	1.56	1.37	1.60	1.33	1.64	1.30	1.69
60	1.47	1.54	1.44	1.57	1.40	1.61	1.37	1.65	1.33	1.60
65	1.49	1.55	1.40	1.59	1.43	1.62	1.40	1.66	1.36	1.60
70	1.51	1.57	1.48	1.60	1.45	1.63	1.42	1.66	1.39	1.70
75	1.53	1.58	1.50	1.61	1.47	1.64	1.45	1.67	1.42	1.70
80	1.54	1.59	1.50	1.62	1.49	1.65	1.47	1.67	1.44	1.70
85	1.56	1.60	1.53	1.63	1.51	1.65	1.49	1.68	1.46	1.71
90	1.57	1.61	1.55	1.64	1.53	1.66	1.50	1.69	1.48	1.71
95	1.58	1.62	1.56	1.65	1.54	1.67	1.52	1.69	1.50	1.71
100	1.59	1.63	1.57	1.65	1.55	1.67	1.53	1.70	1.51	1.72

参考文献

[1] 黄良文.统计学原理[M].北京:中国统计出版社,2000.

[2] 王美今.经济预测与决策[M].厦门:厦门大学出版社,1997.

[3] 徐国祥.统计预测与决策[M].上海:上海财经大学出版社,1998.

[4] 冯文权.经济预测与决策技术[M].武汉:武汉大学出版社,2002.

[5] 冯忠铨.经济预测与决策[M].北京:中国财政经济出版社,1995.

[6] 张桂喜.经济预测、决策与对策[M].北京:首都经济贸易大学出版社,2003.

[7] 张保法.经济预测与经济决策[M].北京:经济科学出版社,2004.

[8] 孙静娟.经济预测理论·方法·评价[M].北京:中国经济出版社,1999.

[9] 艾里克·拉斯缪森.博弈与信息:博弈论概论[M].王晖等,译.北京:北京大学出版社,2003.

[10] 陶靖轩.经济预测与决策[M].北京:中国计量出版社,2004.

[11] 卢卫,雷鸣.现代经济预测[M].天津:天津社会科学院出版社,2004.

[12] 李宝仁.经济预测:理论、方法及应用[M].北京:经济管理出版社,2005.

[13] 言茂松.贝叶斯风险决策工程[M].北京:清华大学出版社,1989.

[14] James O.Berger.统计决策论及贝叶斯分析[M].贾乃光,译.北京:中国统计出版社,1998.